LA PLUS BELLE HISTOIRE DE LA PHILOSOPHIE

Luc Ferry
Claude Capelier

LA PLUS BELLE HISTOIRE DE LA PHILOSOPHIE

Robert Laffont

Ce livre est édité par Dominique Simonnet.

TEXTE INTÉGRAL

ISBN 978-2-7578-4897-5
(ISBN 978-2-221-13121-3, 1re publication)

Avant-propos

Dans un monde en crise où la logique de la concurrence propre à la mondialisation semble se déployer aveuglément sans que personne, ni les chefs d'État les plus puissants ni les patrons des multinationales, puisse en infléchir le cours, la philosophie suscite assurément un intérêt grandissant, l'espoir peut-être de retrouver des repères et du sens à notre existence. Le désir de sortir de ce sentiment de dépossession de notre destin est d'autant plus fort que les idéaux traditionnels, les grands récits (spirituels, patriotiques ou révolutionnaires) dont on s'inspirait pour orienter nos vies et les sublimer, ont largement perdu leur force de conviction face à une réalité sur laquelle ils n'ont plus guère de prise. Dès lors que nous n'y adhérons plus assez, nous n'avons pas d'autre choix, sauf à nous complaire dans une sorte de ressentiment nostalgique, que de chercher une autre planche de salut. Qu'est-ce qui fait désormais, à nos yeux, que la vie vaut d'être vécue, en dépit de la mort même, et justifie que nous y consacrions l'essentiel de nos efforts ? Rien d'étonnant si ce contexte favorise un regain de curiosité à l'égard de la pensée philosophique.

Le paradoxe, c'est que, malgré cet engouement, la philosophie paraît extraordinairement énigmatique à la plupart des non-spécialistes, même cultivés. C'est d'ailleurs peut-être le seul grand domaine de notre tradition culturelle dont l'immense majorité de nos contemporains serait bien en peine d'avancer une définition, fût-elle approximative ; d'autant que les philosophes eux-mêmes donnent souvent l'impression de ne pas s'accorder sur une conception commune de leur discipline.

C'est pourquoi, avant d'en raconter l'histoire, qui est celle de la fascinante découverte par l'humanité de ses potentialités et du sens qu'elles peuvent donner à nos vies, nous devrons répondre à quelques questions préalables : qu'est-ce que la philosophie ? Que peut-on en attendre et à quoi « sert »-elle ? En avons-nous encore besoin ? Et, si oui, en quoi peut-elle nous aider dans une époque où la condition humaine paraît soumise au déploiement incessant des innovations technologiques et des stratégies économiques (ce que Heidegger appelait le « monde de la technique »), tout entières vouées à multiplier les *moyens* sans se préoccuper des *fins* auxquelles les humains pourraient aspirer ? À cette question que posait Jean-François Revel dans un pamphlet resté célèbre *Pourquoi des philosophes ?*, nous verrons qu'il y a une réponse, autre que dérisoire.

Car la philosophie est bien autre chose que cette « école de la pensée critique » à laquelle on prétend trop souvent la réduire. Si elle n'était que cela, pour parler comme Pascal, elle ne vaudrait pas « une heure de peine ». Où a-t-on vu, d'ailleurs, que les scientifiques, les techniciens, les juristes, les commerçants, les agriculteurs auraient besoin des philosophes pour avoir une pensée critique ? En revanche, les découvertes scientifiques et techniques, les réformes politiques, les créations artistiques, si fécondes soient-elles, ne nous disent pas quel genre de vérité nous pouvons atteindre, elles ne suffisent pas à légitimer nos valeurs morales, ni n'assouvissent nos interrogations sur ce que devrait être notre vie, une *vie bonne* pour les mortels que nous sommes, propre à sauver nos existences de l'insignifiance dont les menacent leur brièveté et leur contingence. Répondre à ce défi par les moyens purement humains de la pensée rationnelle, c'est précisément l'objet ultime de la philosophie.

C'est ce fil d'Ariane que nous suivrons pour progresser dans l'histoire de la philosophie, pour en vivre les rebondissements, les spectaculaires changements de cap, et découvrir les trouvailles qui ont changé notre vision du monde. Nous verrons comment, au fil des époques, apparaissent des enjeux existentiels inédits qui, soudain, dévalorisent les idéaux les mieux admis et amènent les plus grands philosophes à proposer des voies nouvelles, souvent inattendues mais quelquefois si lumineuses qu'elles éclairent encore notre chemin à des siècles de distance.

Bien qu'elle emprunte des détours imprévus, cette histoire se révèle porteuse sinon d'une logique, du moins d'une certaine forme de progression au fil du temps, sur deux plans complémentaires. D'une part, la recherche de cette vie bonne que l'on plaçait à l'origine dans ce qui est extérieur et supérieur à l'humanité (l'harmonie du cosmos, la divinité), va se rapprocher de plus en plus de l'intime, au cœur de l'expérience humaine (dans la raison, puis dans la liberté, enfin dans notre vécu immédiat ou nos sentiments). D'autre part, elle s'attachera à intégrer, d'étape en étape, des dimensions de l'existence jusque-là oubliées, marginalisées ou réprimées (la sexualité, la part de féminité des hommes et de masculinité des femmes, l'enfance, l'animalité et la nature en nous, l'inconscient, lès déterminations économiques, etc.).

Dans cette évolution de la philosophie, on peut repérer cinq grandes époques, que l'on déroulera dans ces pages. En nous attachant à faire revivre la genèse et le développement de l'œuvre des plus grands philosophes, en montrant ce que chacun d'eux nous a apporté d'irremplaçable, nous raconterons ainsi l'une de nos plus belles histoires : celle par laquelle l'humanité a pris conscience, pas à pas, de ce qui la constitue profondément et a changé l'idée qu'elle se fait d'une vie « digne d'être vécue ».

Ce défrichage progressif de l'humanité par elle-même se poursuit, bien évidemment, de nos jours. C'est pourquoi nous compléterons ce grand récit par un regard sur le contexte actuel et les réponses inédites que la philosophie peut apporter au désarroi contemporain, en révélant dans nos aspirations les principes d'une légitime *raison d'être* dont l'idée même semble aujourd'hui si problématique, bien que nous en ressentions comme jamais le besoin.

OUVERTURE

Préparation au voyage

La plus belle histoire de la philosophie en abrégé

CHAPITRE 1

Qu'est-ce que la philosophie ?

La philosophie ne se réduit pas à la morale

Claude Capelier : *Avant de suivre la grande aventure de la philosophie des origines à nos jours, il est bon de nous préparer à ce voyage et de rassembler quelques cartes et quelques outils. Bien que les spécialistes eux-mêmes ne semblent pas bien s'accorder sur la définition de leur propre sujet, essayons quand même de définir le cadre du périple que nous allons entreprendre. Qu'est-ce qui distingue la réponse philosophique de celles que nous apportent les impératifs moraux, les idéaux politiques ou les enseignements des « sages » ?*

Luc Ferry : Pour le comprendre, il faut partir d'une distinction cruciale, trop souvent occultée ou mal interprétée[1]. Nos existences se déploient toujours – et cela, sans doute, depuis l'aube de l'humanité – en référence à deux grandes sphères de valeurs qui sont fondamentalement différentes, même si on tend presque toujours à les confondre dans le débat public voire philosophique : d'un côté les valeurs morales et de l'autre ce que j'appellerais des valeurs « spirituelles »

1. Mes lecteurs les plus fidèles y sont accoutumés, mais il me semble utile de la rappeler pour ceux qui n'auraient pas suivi, comme on dit, les épisodes précédents.

ou « existentielles ». Il est crucial de ne pas confondre ces deux sphères si on veut avoir une chance de comprendre réellement ce qu'est la philosophie.

– *Quelle est donc la différence ?*

– S'agissant de la définition des valeurs morales, on pourrait, bien sûr, leur consacrer un livre entier, mais si l'on s'en tient à l'essentiel, quelques lignes suffiront ici : dans toutes les grandes visions morales du monde, celle des penseurs stoïciens comme celle du Bouddha, celle de Jésus comme celle des pères de l'École républicaine, on retrouve toujours deux grandes exigences : le respect et la générosité. On se comporte moralement avec les autres quand, d'une part, on les respecte (et la charte de ce respect est aujourd'hui symbolisée pour nous, sur le plan collectif, par les Droits de l'homme) et que, d'autre part, on ajoute à ce respect d'autrui, qui reste encore un peu formel, la bonté, la gentillesse, la bienveillance, la bienfaisance si possible. Respect et générosité... Je ne connais aucune vision morale qui recommanderait la violence, le manque de respect et la méchanceté ! Ce rappel est trop banal pour qu'on s'y arrête plus longuement, mais il est nécessaire pour mettre en évidence, par contraste, l'autre sphère de valeurs que j'évoquais et qui touchent, elles, aux questions spirituelles, non pas dans l'acception religieuse du terme, mais au sens large de ce que Hegel appelait la « vie de l'Esprit » : là où s'élaborent les représentations qui structurent notre rapport au monde et la signification que nous donnons à notre existence.

– *En quoi cette sphère spirituelle, ou existentielle, est-elle l'objet, par excellence, de la philosophie ?*

– Faisons un rêve : imaginons que nous disposions d'une baguette magique qui nous permettrait de faire en sorte que les humains, sans exception, se conduisent désormais les uns vis-à-vis des autres de manière parfaitement morale, que chacun soit respectueux d'autrui, bon et gentil non seulement avec ses proches, mais avec le prochain, c'est-à-dire potentiellement avec tous les autres. Vous imaginez bien que le destin de l'humanité en serait radicalement changé : il n'y aurait plus de guerres, de massacres, de génocides ; on ne craindrait plus les viols ni les vols ; on se passerait d'armées, de polices, de prisons ; on mettrait probablement un terme aux inégalités sociales, à tout le moins aux plus criantes. C'est là que vous allez voir immédiatement la différence entre valeurs morales et valeurs spirituelles : même si ma fable devenait réalité, quelle que soit la gentillesse dont vous ferez preuve envers les autres, vous vieillirez et vous mourrez quand même ! Ça ne vous empêchera pas non plus de connaître l'épreuve terrible du deuil d'un être aimé ou de la séparation d'avec un être cher. L'humanité aurait beau connaître l'extraordinaire métamorphose induite par cet « enchantement moral », cela n'empêcherait en rien la mort de ceux qu'on aime, ni la nôtre ni les histoires d'amour qui finissent mal, ou simplement l'ennui d'une vie quotidienne trop répétitive, autant de sujets qui sont pourtant investis d'énormes quantités d'affects et de valeurs. Ce sont ces valeurs-là que j'appelle « spirituelles » ou « existentielles », parce qu'elles touchent directement à la question de la vie bonne pour les mortels, tandis que les valeurs morales ne sont au fond qu'un cadre propre à pacifier les relations entre les êtres humains, mais pas encore une condition suffisante d'une vie réussie.

– *Ne confondons donc pas morale et valeurs spirituelles...*

– Vous comprenez bien que la question du deuil n'est pas une question morale. On peut être un type formidable sur le plan éthique et entendre un soir le gendarme vous annoncer que votre fils ou votre fille a eu un accident de voiture. Or nul n'oserait prétendre que le deuil d'un être aimé n'est pas une expérience investie de valeurs essentielles, d'affects extraordinairement puissants, d'interrogations abyssales ; pourtant c'est une question structurellement et fondamentalement amorale – en quoi vous voyez bien que la distinction que je propose entre ces deux sphères de valeurs est pleinement justifiée. Allons plus loin. L'amour ne relève pas non plus, pour l'essentiel, de la morale. S'il intègre une part de respect d'autrui et de bienveillance, c'est dans de tout autres dimensions qu'il se déploie. L'histoire de la littérature moderne, de *La Princesse de Clèves* jusqu'à *Un amour de Swann*, en passant par *Les Travailleurs de la mer*, le grand livre « amoureux » de Victor Hugo, est remplie d'histoires de gens épatants moralement, mais malheureux en amour. Or, là encore, personne ne contestera sérieusement que l'amour soit porteur de valeurs, voire de valeurs qui sont à nos yeux les plus hautes et les plus sacrées. Pourtant, elles n'ont rien à voir, ou pas grand-chose, avec la morale. Bien d'autres aspects de l'existence encore, parmi ceux auxquels nous attachons le plus d'importance, sont dans le même cas. Je m'arrêterai seulement à un dernier exemple, celui de la banalité quotidienne, avec la charge d'ennui qu'elle recèle. À nouveau, ce n'est pas un problème éthique[1] : on peut être quelqu'un de bien, entouré de modèles de vertu, et s'ennuyer à mourir ! Avoir chaque soir la même femme ou le même homme dans le même lit, voir chaque jour les mêmes nez au milieu des mêmes figures au bureau ou à l'usine, cela peut devenir, à la longue, prodigieusement fastidieux. Face à l'inanité de la routine, face au « métro-boulot-dodo », qui ne s'est jamais pris à penser, comme Rimbaud, que « la vraie vie est ailleurs » ? Qui n'a jamais rêvé d'une autre existence, dans un autre pays, avec d'autres amours, d'une existence à la Sissi, d'un tour du monde à la voile, d'aventures dans les îles, que sais-je encore ?

– *Au fond, la morale fournit les règles qui rendent possibles des relations humaines, civiles et pacifiées, mais ce cadre, si nécessaire soit-il, ne nous dit rien sur ce qui est vraiment au cœur du sens que nous donnons à notre vie : l'amour, l'intensité et l'élargissement de notre existence, face à la tragédie de la mort.*

– C'est exactement ça. Toutes ces grandes questions existentielles, celles des âges de la vie, de la mort, du deuil de l'être aimé, de l'amour, celle de l'éducation de nos enfants, celle de la banalité et de l'ennui, appartiennent, je le répète, à ce que la philosophie allemande appelait à juste titre la « vie de l'Esprit », la spiritualité : autrement dit, elles touchent

1. J'en profite pour préciser que je ne fais pas de différence ici entre « éthique » et « morale ». Les deux mots sont au départ parfaitement synonymes, l'un étant simplement d'origine grecque et l'autre d'origine latine. on peut faire si l'on y tient des distinctions entre eux, mais elles sont arbitraires, conventionnelles, et je n'ai pas besoin ici d'y recourir.

à la question philosophique fondamentale, celle de la vie bonne pour ceux qui vont mourir.

Qu'est-ce qu'une vie bonne pour les mortels ? Telle est la question ultime de toutes les grandes philosophies et vous verrez qu'aucune ne l'a éludée, que toutes y ont apporté de grandes et puissantes réponses. Mais il apparaît bien, comme le suggérait la petite fable que j'esquissais tout à l'heure, que la question du sens de l'existence dépasse de loin la morale. Cette dernière est certes une condition nécessaire de la vie bonne, parce qu'elle pacifie les relations entre les êtres humains, mais elle n'est pas une condition suffisante. Nous pourrions vivre dans un monde moral et avoir une vie peu satisfaisante, ce n'est pas incompatible. À vrai dire, c'est surtout quand la morale n'est pas là qu'on se rend compte combien elle manque. Dans un pays en guerre, rien n'est plus important que de maintenir, restaurer ou instaurer autant qu'il est possible le respect des Droits de l'homme, le respect d'autrui, pour ouvrir les voies qui pourraient permettre de sortir du conflit. En revanche, dans des sociétés pacifiées comme les nôtres qui, très largement tout de même, se conforment aux Droits de l'homme, on s'aperçoit que la question de la morale est secondaire par rapport à celle de savoir ce qui donne vraiment du sens à nos existences – ce que les philosophes appellent, justement, la « vie bonne ».

La philosophie n'est pas la religion

– Quand on cherche ce qui « sauve » la vie humaine de la mort ou, du moins, ce qui lui confère une valeur que même la mort ne peut détruire, on songe

bien sûr aussi aux réponses que peuvent apporter les religions. C'est le moment, je crois, d'expliquer en quoi la philosophie s'en distingue.

– À cette question de la vie bonne pour les mortels, il y a, en effet, deux types de réponses : celles qui passent par Dieu et qui s'appuient sur la foi – ce sont les grandes religions ; celles qui s'efforcent au contraire de repérer au cœur de nos existences, en se fondant sur la simple lucidité de la pensée, voire de la raison, une source de valeurs que la mort même ne saurait abolir ce sont les grandes philosophies...

Les grandes religions représentent des tentatives grandioses pour apporter une solution à la question du « souverain bien » pour les mortels : il s'agit de donner accès à ce que saint Augustin appelle la « vie bienheureuse », mais au prix d'une double soumission de la raison et de la liberté individuelles, d'une part à la puissance *extérieure* de la transcendance divine, d'autre part à la force *intérieure* de la croyance, de la foi. Face aux vérités de la Révélation, la raison doit finalement s'incliner. La philosophie, elle, partage avec la religion le dessein de définir les conditions d'une vie bonne pour les mortels, mais elle entend au contraire y parvenir par l'autonomie de la raison et la lucidité de la conscience, avec les seuls moyens du bord, si je puis dire, grâce aux seules capacités dont l'être humain dispose par lui-même. Cela n'empêche pas, bien entendu, certains philosophes d'intégrer l'idée de Dieu dans leur doctrine, voire de lui reconnaître parfois un rôle central. Malgré tout, même dans ce cas, leur démarche demeure différente de l'approche religieuse, en ce sens que leur apport philosophique proprement dit s'appuie non sur la foi ou l'autorité des textes sacrés, mais sur le libre exercice du raisonnement. Nous verrons d'ailleurs que dans les temps où l'on a voulu réduire la philosophie au rôle de « servante de la religion », on a dû en limiter autoritairement le champ de réflexion, en lui interdisant non seulement de critiquer le dogme, mais aussi de s'occuper des fins dernières, du salut, de la sagesse, bref, de la vraie question, celle de la vie bonne, dont la religion voulait à tout prix conserver le monopole.

Une spiritualité laïque

– Il faut dissiper ici un possible malentendu : nombre d'œuvres philosophiques traitent d'autres sujets que la vie bonne, notamment des problèmes qui portent sur les conditions de la connaissance, la définition de la vérité, mais aussi sur les fondements de la morale, de la politique ou de l'expérience esthétique... Il s'agit pourtant aussi de philosophie.

– De toute évidence, la philosophie se divise en plusieurs domaines : la connaissance (qu'est-ce que la vérité ?), la morale et la politique (qu'est-ce que le juste ?), la question des critères du beau et, finalement, la question du salut (qu'est-ce que la vie bonne ?). Je n'oublie pas que la philosophie s'intéresse aussi, et même d'abord, à ce qui rend possible la connaissance objective, à la réflexion éthique sur la définition du juste, à la théorie politique ou aux sources du sentiment esthétique. Je n'oublie pas non plus que certains philosophes, qui ont incontestablement marqué l'histoire des idées, ne se sont penchés que sur quelques-uns de ces sujets, voire n'en ont traité qu'un seul. Machiavel, par exemple, ne s'est guère intéressé à autre chose qu'à la vie politique et nul ne contestera qu'il appartient pleinement à l'histoire de la philosophie. Ce que je veux dire, c'est que la question de la vie bonne pour les mortels est la question ultime de la philosophie, celle qui commande plus ou moins secrètement toutes les autres sans pour autant les exclure. Si Spinoza ou les stoïciens, par exemple, développent des théories de la connaissance « déterministes », c'est pour en venir finalement à une définition de la sagesse comme réconciliation avec le monde, comme amour du réel – je rassure les non-philosophes qui s'apprêtent à lire cet ouvrage : nous allons y revenir et expliquer ces choses que je n'évoque ici que par anticipation. Cette interrogation sur la sagesse se retrouvera dans toutes les grandes visions philosophiques d'ensemble, sans aucune exception, même chez les philosophes les plus opposés à la pensée d'un idéal, même chez les grands déconstructeurs comme Nietzsche ou Heidegger. On le voit bien aussi chez Spinoza qui nous promet que si on le suit sur la voie ouverte par son grand livre l'*Éthique*, on parviendra à une « éternité de joie » : le but de sa philosophie n'est donc pas seulement théorique, il ne s'agit pas seulement de parvenir à connaître la vérité, mais là aussi à bien vivre (évidemment, pour y arriver, il faut toujours partir de la vérité, ne jamais chercher à la biaiser). J'insiste, car c'est vraiment l'essentiel, et c'est un point qui ne fait pas malheureusement partie de nos programmes de classe terminale : *toutes les grandes philosophies, sans aucune exception, culminent avec la question de la vie bonne, qui est toujours liée, explicitement ou non, à celle de la victoire sur les peurs, notamment celle de la mort, de la finitude humaine.* On peut bien sûr, à titre personnel, n'être pas d'un tempérament angoissé, reste que la vie est brève et que même si on pense, avec Spinoza, que la philosophie est une « méditation de la vie, non de la mort », on doit de toute façon s'interroger sur ce qu'il convient de faire de notre existence entre son origine et sa fin : comment la mener au mieux, avec les autres, notamment avec ceux que nous aimons et qui, comme nous, sont mortels ?

C'est en cela que la philosophie s'affirme dans ce que j'ai appelé une « spiritualité laïque ». C'est à la fois très simple et extraordinairement profond : nous avons besoin de donner un sens à notre vie – même Spinoza, même Schopenhauer le disent explicitement – valable par-delà les contingences qui s'imposent à nous et que la mort n'annihile pas complètement ; la philosophie se propose d'en définir les conditions et les moyens avec les seules ressources humaines, et donc totalement nôtres, de la raison, de la pensée et de la lucidité, sans passer par Dieu ni par la foi – en quoi, tout au long de l'histoire de la pensée européenne, elle apparaîtra comme la grande concurrente des religions.

CHAPITRE 2

Les cinq grandes réponses philosophiques

– Bien vivre, donner un sens à notre existence, définir ce qu'est une vie bonne pour nous mortels : c'est donc la question à laquelle ont tenté de répondre, selon vous, toutes les philosophies, ces « spiritualités laïques » comme vous les qualifiez, sans passer par Dieu ou les croyances, par les simples moyens de la raison humaine et de la pensée. Mais pourquoi les philosophies ont-elles changé au cours de l'Histoire comme nous allons le voir, et comment expliquer que, malgré tout, les plus anciennes continuent de nous « parler » ? Autant on comprend aisément qu'il puisse y avoir plusieurs religions, correspondant aux diverses intuitions ou croyances touchant la meilleure façon de conduire son existence, autant il est problématique de constater qu'il y a de nombreuses philosophies concurrentes alors que chacune prétend déduire les critères de la vie bonne de la simple raison ! On s'attendrait soit à ce que la raison conduise à une seule solution légitime, soit à ce qu'elle produise une succession de progrès vers des réponses toujours plus satisfaisantes, sur le modèle de la science – mais dans cette seconde hypothèse, les philosophies du passé n'auraient plus grand intérêt pour nous. Or ce n'est pas ainsi que les choses se passent : des philosophies nouvelles

apparaissent au cours du temps, qui apportent des réponses inédites à la question de la vie bonne, sans que cela conduise à rejeter les précédents systèmes dans les « poubelles de l'Histoire ».

– C'est, en effet, une question passionnante et c'est aussi la première clé pour aborder l'histoire de la philosophie sous la forme d'un récit, comme nous allons le faire dans ce livre. Au demeurant, cette difficulté est à l'origine d'un courant philosophique qu'on appelle le « scepticisme » : puisqu'il y a plusieurs réponses à la question de la vie bonne, comme d'ailleurs à celle de la vérité ou de la morale, le plus sage ne serait-il pas de s'en tenir au doute ? On dit souvent que « la vérité est une, seule l'erreur est multiple »... Sur fond de cet adage, la pluralité des philosophies ne fournit-elle pas un argument de poids en faveur du scepticisme ? Si les philosophes avaient découvert la vérité, ça se saurait, non ? Et il n'y aurait plus qu'une seule philosophie ! Comment alors répondre à cette objection ? Comment accepter la pluralité des philosophies tout en évitant de tomber dans le piège du scepticisme ? Je vous donne ma réponse d'entrée de jeu, mais je l'argumenterai plus tard. L'histoire de la philosophie ressemble plus à l'histoire de l'art qu'à celle des sciences. Dans le domaine esthétique, on peut aimer des visions du monde totalement différentes, on peut aimer les classiques et les romantiques, l'art ancien et l'art moderne, par exemple. Nous allons voir pourquoi il en va de même avec les grandes visions du monde philosophiques, comment les grandes réponses qu'elles nous proposent à la question de la vie bonne sont toutes en quelque façon « habitables » pour nous, encore aujourd'hui. Mais pour le faire comprendre, trêve de préambules ! On ne peut pas en rester aux considérations abstraites, il faut entrer le plus vite possible dans le vif du sujet.

– *Alors, allons-y... Mais avant de commencer notre voyage, étudions juste encore un peu notre itinéraire... Nous évoquions, dans notre avant-propos, cinq grandes étapes dans l'histoire de la philosophie depuis l'Antiquité...*

– Cinq grandes réponses philosophiques à la question de la vie bonne qui marquent en effet des moments cruciaux de la pensée occidentale, mais que l'on retrouve, me semble-t-il, sous diverses formes, dans d'autres civilisations, notamment en Asie, en Inde ou au Moyen-Orient. Je vais vous en indiquer rapidement les principaux traits, la pointe ultime, avant que nous ne les approfondissions dans la suite de cet ouvrage.

PREMIÈRE RÉPONSE

L'harmonie du cosmos

La première grande réponse apparaît dès l'aube de l'Antiquité grecque, d'abord inscrite comme en filigrane dans les récits mythologiques (tels que les rapportent déjà la *Théogonie* d'Hésiode, écrite au VIIe siècle avant Jésus-Christ, et l'*Odyssée* d'Homère, écrite au VIIIe). Elle sera ensuite reprise, transposée et en quelque sorte sécularisée (débarrassée des dieux) dans un discours rationnellement argumenté et conceptuel par les grands penseurs de la tradition philosophique grecque, Platon, Aristote, les stoïciens notamment (je laisse pour l'instant de côté ce qu'on pourrait appeler la « contre-culture », celle des sophistes, des atomistes et des épicuriens). Cette première réponse à la question de la vie bonne repose sur l'idée fondamentale que le monde n'est pas un chaos, un désordre mais, au contraire, un ordre parfaitement harmonieux, ce que les Grecs appellent un « cosmos », un ordre cosmique, donc, tout à la fois juste, beau et bon, au sein duquel chaque être a sa place assignée, correspondant au rang qu'il occupe dans la hiérarchie universelle en fonction de ses qualités naturelles.

S'accorder à l'ordre divin du monde

Sur fond de cette cosmologie, la vie bonne consiste à s'accorder avec l'ordre du monde, à se mettre pour ainsi dire en harmonie avec l'harmonie de l'univers. Pour y parvenir, il faut d'abord passer par la théorie (*théion orao*, « je contemple le divin », est d'ailleurs l'une des étymologies possibles du mot « théorie »), par la connaissance et la contemplation de la divine perfection du cosmos pour mieux s'y « ajointer », tenir le rôle qui nous y est dévolu en restant à notre place et en cultivant les talents qui nous sont propres. Où l'on voit, au passage, comment la partie théorique de la philosophie (celle qui s'occupe de la connaissance) prépare la partie pratique (celle qui dessine les traits de la vie bonne). Plus nous sentirons que nous participons à la divinité de l'harmonie cosmique éternelle, source et aboutissement de toute vraie valeur, moins nous craindrons la mort – c'est en tout cas la promesse que nous font les philosophes dont nous parlons : car en tant que fragment de cet ordre éternel qu'on appelle le « cosmos », nous sommes pour ainsi dire nous-mêmes des fragments d'éternité, des parties du grand tout cosmique. Selon cette vision du monde, la mort, au fond, ne nous fera perdre que la part la plus insignifiante de notre existence individuelle ; elle ne pourra pas mettre fin à la dimension de notre vie qui participe de la splendeur non périssable des lois de l'univers.

Dans cette perspective, la plus grande faute que l'on puisse commettre, c'est l'*hybris*, la démesure, cet orgueil débridé qui nous fait nous prendre pour plus que ce que nous sommes, qui nous fait sortir de la place qui nous est dévolue et menacer ainsi de rompre l'harmonie divine du cosmos : mythes et tragédies nous rappellent à quelles horreurs s'exposent ceux qui croient pouvoir s'opposer à cet ordre, et combien les dieux veillent à rétablir celui-ci en faisant payer le prix fort aux coupables. Les stoïciens usaient d'une image très parlante, déjà présente chez Homère et Hésiode, pour illustrer leur conception de l'harmonie du cosmos : ils la comparaient au magnifique ordonnancement d'un organisme vivant dont tous les organes interagissent et apportent leur contribution parfaite à l'entretien des fonctions vitales de l'individu comme à la perpétuation de l'espèce. De même que chaque organe a sa place assignée et sa fonction caractéristique au sein de l'organisme, de même chaque être humain a une position particulière et un rôle propre dans l'harmonie du grand tout. Aristote applique ce modèle dans les domaines les plus variés, mais d'abord, bien sûr, dans celui de la physique : si les corps lourds tombent vers le bas quand aucun obstacle n'entrave leur chute, c'est parce qu'ils tendent à rejoindre le centre de la terre, qui est leur « lieu naturel », alors que les flammes et les fumées, qui sont des corps légers, s'élèvent pour se rapprocher du leur, qui est dans les cieux. Plus généralement, on a justifié sa vie, on l'a rendue bonne, bienheureuse, quand on a trouvé sa propre place, son lieu spécifique dans l'ordre universel. Voilà l'idée qui va dominer le monde grec et dont l'*Odyssée*, l'histoire d'Ulysse, nous propose un génial archétype.

Le retour d'Ulysse

Ulysse est littéralement déplacé de son milieu naturel par la guerre de Troie. À partir de cette catastrophe initiale, tous ses efforts visent à retourner dans la cité dont il est roi pour se retrouver, à tous les sens du terme, parmi les siens : il n'y parviendra qu'après dix ans de combats et dix années supplémentaires d'un périple de retour au cours duquel il devra affronter d'effroyables dangers. Ulysse, pour résumer d'une phrase son destin, c'est quelqu'un qui va du chaos de la guerre à l'harmonie retrouvée de la paix, c'est-à-dire de la vie mauvaise à la vie bonne. Il va de la haine à l'amour, de l'exil au chez-soi, de l'arrachement aux siens à la restauration de la condition dans laquelle, seule, sa vie prend tout son sens.

De même, c'est par le chaos que commence la *Théogonie* d'Hésiode, ce poème qui, comme son nom l'indique, raconte la naissance des dieux. Le récit d'Hésiode va lui aussi du chaos au cosmos, de la guerre à la paix, du désordre initial à l'harmonie retrouvée. Il raconte la guerre des dieux, le conflit qui oppose les Titans aux Olympiens, une guerre à l'issue de laquelle va se constituer, sous l'égide de Zeus, un partage paisible, juste, beau et bon du monde dont résultera, précisément, l'harmonie du cosmos au sein de laquelle les humains pourront enfin prendre place.

La menace de la démesure

– *Cette idée d'harmonie cosmique au sein de laquelle chacun a sa place est, dans le cadre d'une telle vision du monde, si indépassable qu'elle conduit Ulysse à refuser l'immortalité que lui propose Calypso. Accepter de devenir un dieu, ce serait trahir sa condition de mortel, en dégrader la valeur propre comme si elle était négligeable. Il préfère être un bon humain qu'un mauvais dieu. Homme, il l'est, et sait l'être mieux que personne ; comme dieu, il serait, pour employer une expression triviale mais parlante, « à côté de ses pompes » !*

– Être à côté de soi, c'est bien l'idée, et votre formule est, en effet, assez appropriée pour exprimer l'idée que celui qui ne reste pas à sa place est exposé, littéralement, à divaguer, à errer dans la confusion en tant qu'individu, en même temps qu'il introduit un déséquilibre dans l'harmonie cosmique. C'est exactement cela que les Grecs appellent l'*hybris*, cet excès d'orgueil auquel je faisais allusion tout à l'heure et qui conduit à la vie mauvaise. Davantage qu'une faute morale, c'est un défaut de sagesse (et je rappelle que la philosophie, c'est, étymologiquement, l'« amour – c'est-à-dire la quête – de la sagesse », cette sagesse qui est la condition de la vie bonne). Pour pénétrer au cœur de cette conception de l'*hybris*, souvenez-vous du fameux mythe de Tantale. Arrogant au point de se prendre pour l'égal des dieux, Tantale prétend se hausser à leur niveau et les rabaisser au sien, double défi à l'ordre cosmique : il ne veut pas croire que les dieux soient omniscients et il entend bien le démontrer en leur tendant un piège. Il les invite chez lui pour un banquet (première manifestation de démesure, d'arrogance, car les mortels n'ont pas à lancer une invitation aux Olympiens, ils doivent humblement se contenter d'aller les honorer dans leurs temples), puis, afin de prouver que les dieux ne sont pas plus perspicaces que les hommes, il tue en cachette son propre fils, Pélops, le fait cuire et le sert à déjeuner à ses hôtes immortels, persuadé qu'ils ne s'apercevront de rien. Mais ce sont bien des dieux ! Ils perçoivent immédiatement le piège et quittent sans délai ce macabre repas. Le criminel sera puni par là où il a péché : il sera envoyé aux enfers, condamné à souffrir éternellement de faim et de soif, en ayant toujours sous les yeux les mets les plus savoureux et les boissons les plus délicieuses auxquels il ne pourra jamais goûter. C'est le fameux supplice de Tantale. Détail très significatif : au-dessus de sa tête se trouve un énorme rocher qui se balance en équilibre précaire et menace sans cesse de l'écraser, pour lui rappeler sa condition de mortel dont il n'aurait jamais dû prétendre s'émanciper.

Les deux célèbres inscriptions du temple d'Apollon à Delphes, « Connais-toi toi-même » et « Rien de trop », expriment mieux que toute autre cette même idée, à savoir le précepte selon lequel on doit rester fidèle à sa condition : ce sont des formules « anti-*hybris* ». Il s'agit de se connaître soi-même pour mieux situer, en fonction de ce que l'on est au plus profond, son rôle dans l'harmonie cosmique, de manière à ne pas risquer d'être en excès, de trop prétendre, donc de menacer tout à la fois notre propre équilibre et celui du cosmos.

Cette vision du monde, de son harmonie, de la place dévolue à chacun dans la hiérarchie universelle, même si elle trouve son aboutissement dans une conception de la vie bonne censée donner une dimension d'éternité à nos existences mortelles, imprègne tous les secteurs de la vie sociale dans l'Antiquité gréco-romaine. Elle inspirera tout le monde ancien, pratiquement jusqu'à la Révolution française, en tout cas jusqu'à la Renaissance. Elle fournit par exemple son principe fondamental au droit romain, « rendre à chacun le sien », traduction juridique de l'idée selon laquelle tout individu a une place que l'on doit lui reconnaître, avec les prérogatives qui lui sont attachées, mais dans des limites qu'il ne saurait remettre en cause. Où l'on retrouve la devise du temple d'Apollon, « Rien de trop ».

Habiter le présent

– On comprend bien, maintenant, le principe de cette vision d'un monde harmonieux et la promesse qu'elle ouvre, pour qui saura conformer son existence à cet ordre divin, d'y gagner une part d'immortalité. Mais tout cela demeure encore assez abstrait ; qu'est-ce que les penseurs qui développaient ces idées espéraient concrètement changer dans la vie de ceux qui se conformeraient à leurs préceptes ?

– Vous soulevez, là encore, un point crucial : quel était le but ultime de cette première grande réponse à la question de la vie bonne ? Il faut rappeler ici qu'aux yeux des Grecs, le passé et le futur apparaissent comme deux grands maux qui pèsent sur la vie humaine. Le passé nous empêche d'habiter le présent, soit qu'il ait été heureux et nous retienne dans les rets de la nostalgie, soit qu'il ait été malheureux et nous plonge dans ce que Spinoza appellera joliment les « passions tristes », les regrets, les remords, les hontes, les culpabilités qui nous détournent d'agir, brident nos initiatives et anémient notre capacité à profiter de l'existence, à vivre dans l'instant. Nous sommes alors tentés de nous en remettre à une autre chimère, tournée celle-là vers le futur : l'espérance. Or, du point de vue de la philosophie gréco-romaine, et notamment du stoïcisme, l'espoir, contrairement à ce que le christianisme affirmera plus tard, ne peut que nous mener à la perte : non seulement il fausse notre rapport à la réalité présente, mais encore il la vide de sa valeur immédiate au profit de spéculations sur un avenir par définition incertain. Penser que ça ira mieux quand on aura changé de voiture, de coiffure, de chaussures, d'amis ou de tout ce qu'on voudra, c'est, aux yeux des Grecs, la grande illusion. La nostalgie comme l'espérance, le passé comme le futur ne sont en effet que néant, car le passé n'est plus et le futur n'est pas encore. Ils ne représentent que des extrapolations imaginaires qui nous font manquer la seule dimension réelle du temps, le présent, que du coup nous n'habitons presque jamais. Selon un mot de Sénèque, l'un des grands stoïciens romains, à force de vivre dans le passé ou le futur, « nous manquons de vivre ». On rejoint là le fameux *Carpe diem* d'Horace : il faut cueillir le jour présent, sans s'en laisser détourner par le souci des lendemains ou la nostalgie du passé. C'est ce que Nietzsche, reprenant une expression de l'empereur philosophe Marc Aurèle, appellera l'*amor fati*, l'amour de ce qui est là, présent devant nous, l'amour de la destinée. Bien sûr, comme nous le verrons plus loin, Nietzsche transposera cette idée dans un autre contexte, celui de sa propre philosophie, qui rompt par ailleurs avec toute idée d'harmonie de l'univers. Reste que sur cette question du présent, du rapport au temps, il est l'héritier des Grecs. Nous aurons plusieurs fois l'occasion de voir ainsi des philosophes « recycler » d'anciennes idées dans un contexte qui les revitalise pour ainsi dire et en rénove la signification : c'est une modalité, parmi d'autres, de la fécondité conceptuelle des grands penseurs.

La peur, ennemie de la sagesse

Mais revenons un instant aux aventures d'Ulysse, qui illustrent parfaitement ce que nous venons de dire sur un plan philosophique : tant qu'il est en guerre, puis en voyage pour retrouver sa cité perdue, sa femme Pénélope et son fils Télémaque, il est soit dans la nostalgie de ceux dont il est séparé, soit dans l'espoir de les retrouver, donc toujours dans le passé ou le futur, jamais dans l'amour du présent. Or vous voyez bien qu'implicitement, cette situation de détresse engage au plus profond son rapport à la mort : c'est seulement lorsqu'un être humain rejoint son « lieu naturel », selon l'expression d'Aristote, et retrouve sa place dans l'harmonie cosmique, comme un organe occupe la sienne dans un organisme, qu'il sent (et c'est le début de la sagesse) qu'il est un fragment du cosmos et, en ce sens, comme je l'indiquais plus haut, un fragment d'éternité. Dès lors, la mort n'est qu'un passage, une transition d'un état à un autre. Le sage qui a compris cela devient capable de vaincre les peurs, à commencer par celle de la mort et, du coup, plus rien ne l'empêche d'habiter sereinement le présent.

C'est en cela que la peur est, pour les Grecs, le premier ennemi de la sagesse. Très simplement dit, elle nous rend à la fois bêtes et méchants. Bêtes parce que nos motifs de peur sont le plus souvent irrationnels, sinon tout à fait stupides : quand on est pris par l'angoisse, que l'on est saisi par ce que les psychanalystes appellent une « phobie » (la peur des algues au fond de l'eau, d'une souris, d'un petit serpent, d'un crapaud ou d'un ascenseur qui tombe en panne), il est évident que cette panique est disproportionnée et nous conduit à des réactions absurdes. La peur, selon la formule consacrée, est ainsi « mauvaise conseillère ». Mais elle nous rend aussi égocentriques, fermés aux autres : sous l'emprise de la peur, on ne pense plus qu'à soi, on ferait n'importe quoi pour se soustraire à la menace, au point d'y abandonner les autres, voire de les sacrifier. Le sage est tout l'inverse du froussard : c'est celui qui est capable de vaincre les peurs et, par conséquent, de penser librement, d'aimer les autres, de s'ouvrir à eux. Vous voyez qu'on tient là déjà une magnifique réponse (même si, je le précise tout de suite pour éviter des malentendus, ce n'est pas la mienne) à la question de la vie bonne. J'ajoute qu'on trouverait, si nous élargissions le propos aux autres régions du monde, et pas seulement à la philosophie occidentale, un équivalent très proche dans le bouddhisme qui lui aussi invite à éviter les pièges du passé et du futur, à habiter le présent comme à vaincre par là la peur de la mort.

DEUXIÈME RÉPONSE

Le principe judéo-chrétien

– *On est impressionné par la force d'invention de cette première création philosophique qui, sans faire appel à des pouvoirs divins, découvre une voie pour nous réconcilier avec le présent et donner en même temps à notre existence une dimension d'éternité en la reliant à l'ordre du monde. Mais force est de constater que l'immortalité qui nous est promise ici ne sauve pas grand-chose de notre expérience personnelle ; elle nous fond dans un ordre et une réalité qui nous sont complètement extérieurs et dont nous ne sommes qu'un fragment. Il faut avoir une tournure d'esprit extraordinairement spéculative, me semble-t-il, pour trouver là de quoi apaiser notre angoisse de la mort. Certes, les dimensions subjectives ou existentielles, aujourd'hui si précieuses à nos yeux, n'avaient peut-être pas la même valeur pour les Grecs de l'Antiquité, qui privilégiaient la gloire dont le souvenir dans les générations futures pouvait seul magnifier et pérenniser le rôle qu'ils avaient tenu au sein de l'ordre du monde. Mais à mesure que les traits de la personnalité individuelle ont semblé plus dignes d'intérêt, la sagesse gréco-romaine a dû paraître moins satisfaisante.*

– C'est en effet l'un des motifs de l'émergence d'une nouvelle réponse, appuyée sur la religion chrétienne, qui va imprégner l'Europe du Moyen Âge après l'effondrement de la philosophie grecque au ve siècle. Si le message chrétien peut, en quelques siècles seulement, susciter une adhésion toujours plus large, puis supplanter le modèle gréco-romain qui avait pourtant atteint le plus haut degré de raffinement, c'est, au moins pour une part, qu'il promet aux croyants une forme de salut plus personnel. Alors que la philosophie grecque ne laissait espérer qu'une immortalité très partielle, inconsciente, aveugle, résorbant l'individu dans un ordre cosmique supérieur aux hommes, la foi chrétienne assume au contraire l'idée d'une résurrection, « corps et âme », des individus dans leur singularité : nous serons sauvés à titre de personnes et non plus comme de simples fragments. Le christianisme va ainsi inventer, à partir du judaïsme, un salut personnel et, avec lui, une véritable victoire sur la mort. Car ce que le Christ promet, c'est bel et bien la « mort de la mort », le fait qu'à la fin des temps, dans le Royaume éternel, nous allons retrouver tous nos disparus, tous ceux que nous avons aimés, et nous serons réunis comme des individus bien réels.

Le salut corps et âme

Au banc d'essai des doctrines du salut, si l'on veut bien me passer l'expression, le christianisme propose donc une vie éternelle beaucoup plus « tentante » que celle visée par les philosophies de l'Antiquité. Mais, pour être juste, reconnaissons qu'il le fait au prix d'une double perte : la raison est de nouveau soumise à la foi et la détermination des voies de la vie bonne n'appartient plus aux hommes, mais à Dieu. Voyez comme c'est plus compliqué qu'on ne l'imagine : la réponse chrétienne est tout à la fois plus humaine que celle des Grecs, parce que plus personnelle, et en même temps moins humaine au sens où la raison grecque y est pour une part détrônée au profit de la révélation et de la foi.

C'est dans le fameux épisode de la mort de Lazare que cette doctrine du salut apparaît à mon sens le plus clairement au sein des Évangiles. Il met en relief le contraste entre l'amour du Christ pour son ami, qu'il pleure, et son intention délibérée de retarder le moment de rejoindre son corps privé de vie : il attend que sa chair se décompose et dégage une odeur de mort avant de ramener Lazare à la vie, de manière à donner le maximum de portée – de « gloire » – au miracle de la résurrection. Le message de fond, bien sûr, c'est que l'amour est plus fort que la mort. C'est l'amour qui sauve, c'est lui qui nous ouvre à l'éternité. Nous ne sommes plus les miettes d'un ordre cosmique anonyme, mais des individualités singulières que l'amour *de* Dieu et, pour parler comme saint Augustin, l'amour de nos semblables *en* Dieu (dans ce qui nous relie tous à lui) rendent immortelles. Bien sûr, on est encore loin de la valorisation moderne de la subjectivité. Le souci de sauver tout ce qui est digne d'amour *en* Dieu dans une personne n'en devient pas moins prédominant : c'est ce que traduit l'idée des « corps glorieux », selon laquelle nous retrouverons dans l'éternité ceux que nous avons aimés avec le visage de l'amour, l'œil, l'intonation de la voix, bref, toute l'apparence physique qu'ils avaient au plus fort de notre attachement pour eux.

Voyez bien qu'il y a un lien essentiel entre la promesse d'un salut individuel, aussi bien charnel que spirituel, et l'affirmation que c'est l'amour qui sauve. Comme le souligne Thomas d'Aquin, le grand théologien du XIIIe siècle dont la pensée inspire encore la théologie catholique d'aujourd'hui, c'est en effet l'amour qui est la clé de l'idéal chrétien et qui supplante les deux autres vertus dites « théologales », la foi et l'espérance que la charité (*agapè*, c'est-à-dire l'amour) vient couronner. La foi n'est au fond qu'une béquille provisoire, destinée à nous soutenir pendant notre existence terrestre : elle perdra tout sens, et disparaîtra d'elle-même quand, morts et ressuscités, nous aurons rejoint le Royaume des cieux, dans la présence effective de Dieu, à laquelle nous n'aurons plus besoin de croire puisque nous y serons ! Pour la même raison, l'espérance cessera, tout simplement parce qu'elle sera comblée. En revanche, l'amour demeure éternellement, et en ce sens, la vie bonne, c'est une vie qui, par l'amour, conduit à l'immortalité. Reste à savoir en quoi l'amour nous sauve, et ce qu'il sauve exactement... C'est l'une des questions auxquelles il nous faudra répondre.

Un progrès...

– À ce stade, on voit déjà se mettre en place cette double progression des conceptions de la vie bonne au cours de l'Histoire que nous annoncions : les principes sur lesquels elles s'appuient, d'abord extérieurs et supérieurs à l'humanité, tendent à se rapprocher de plus en plus de l'expérience vécue, et ils intègrent des dimensions toujours plus nombreuses de l'expérience humaine. Le message chrétien marque une deuxième avancée dans cette voie : d'abord parce

que c'est l'individu, corps et âme, qu'il propose de sauver pour l'éternité ; ensuite parce qu'il s'appuie, à cette fin, sur la relation individuelle de chacun avec Dieu, où priment le libre choix de la conscience, la générosité des intentions, la capacité d'amour. Mais ce progrès se paie, si l'on peut dire, d'une régression : la soumission de la raison à la foi qu'il implique peut apparaître comme un recul par rapport à l'autonomie de la raison dont les philosophes grecs avaient été les grands artisans.

– Attention, il faut, je crois, préciser ces idées d'« avancée » et de « régression » car elles sont parfois trompeuses. En philosophie comme en art, il n'y a pas forcément de progrès, mais plutôt des conceptions du monde différentes, qui se succèdent certes dans l'Histoire mais qu'on ne peut juger ou hiérarchiser qu'à condition de bien expliciter son critère de jugement. Il faut toujours préciser le point de vue à partir duquel on peut dire qu'une ligne directrice se manifeste dans cette Histoire et, qui plus est, une ligne qui irait vers le mieux, ce qui ne va nullement de soi. Je veux cependant jouer cartes sur table : je pense, en effet, qu'une ligne directrice apparaîtra dans son évidence à la fin de ce récit et qu'on peut la juger positive, du moins si l'on est humaniste, car elle correspond à une logique d'humanisation des réponses à la question de la vie bonne. Voyez tout de suite en quoi : ce qui nous sauve chez les Grecs, c'est un ordre cosmique impersonnel ; ce qui nous sauve chez les chrétiens, c'est un Dieu qui a déjà, si je puis dire, figure humaine, puisque c'est un Dieu personnel. Avec les premières formes de l'humanisme, on va franchir un pas de plus dans cette humanisation et, de mon point de vue, c'est un progrès. Mais on peut aussi être hostile à l'humanisme moderne, on peut le juger arrogant, plein d'*hybris* et, du coup, préférer des réponses anciennes – en quoi, à nouveau, l'histoire de la philosophie ressemble plus à celle des arts qu'à celle des sciences.

Cela dit, l'humanisation des réponses au fil de l'Histoire est patente, et elle commence déjà avec les Grecs. Ce qu'ils appelaient le « divin » (*théion*), c'était le cosmos tout simplement, l'ordre éternel de l'univers, dont la théorie philosophique est la contemplation. Les dieux grecs, en particulier ceux de la première génération, ne sont pas, à proprement parler, des « personnes », ils sont peu individualisés, parce qu'ils sont d'abord et avant tout des fragments du cosmos, des forces de l'univers : *Gaïa* c'est la terre, *Ouranos* le ciel, *Pontos* les flots, *Poséidon* les mers, *Tartare* le sous-sol, etc. À cet égard, la *Théogonie* d'Hésiode raconte non seulement la naissance des dieux, mais aussi bien celle de l'univers, car c'est au fond exactement la même chose. C'est par rapport à cette entité cosmique, on l'a vu, que les Grecs ont élaboré leur réponse à la question du sens de la vie.

Dans le christianisme, en revanche, nous avons déjà affaire à un Dieu personnel et bienveillant qui, d'ailleurs, se fait Homme-Dieu. Le divin se fait humain, il s'incarne dans la personne de Jésus et, de ce fait, autorise une réponse à la question de la vie bonne elle aussi plus humaine que la réponse cosmologique. Il y a donc déjà une double dynamique d'humanisation dans la réponse chrétienne : en quelque sorte une humanisation du divin et une divinisation de l'humain.

... et une régression

Mais du point de vue d'une philosophie laïque, il est vrai qu'on peut parler aussi d'une régression par rapport à la philosophie grecque, en ceci qu'entre la foi et la raison (*fides et ratio*), le christianisme impose un déséquilibre au détriment de la raison, qui est sinon muselée (elle a aussi sa part dans la religion, comme on le voit notamment chez saint Thomas), du moins reléguée dans un rôle subalterne, encadré par le dogme. Pierre Damien, un théologien du XIe siècle proche de la papauté, déclare que la philosophie doit être « servante de la religion ». Elle doit se borner à expliciter les Écritures, à entendre et commenter les interprétations de l'Église, ainsi que les grandes notions qu'elle mobilise. On attend seulement d'elle qu'elle aide à mieux comprendre les splendeurs du divin, du monde comme création divine, et le sens des paraboles dont use le Christ... Reste qu'il est désormais interdit au philosophe, sous peine d'excommunication, voire de condamnation à mort, d'aborder les questions ultimes, celles de la sagesse, du salut, de la vie bonne, qui deviennent le domaine réservé de la théologie.

C'est en ce sens que le christianisme marque un recul par rapport au rationalisme grec, celui de Platon, des stoïciens ou d'Aristote. Il bride la liberté de réflexion critique et nous maintient dans le culte d'une vérité révélée, par essence mystérieuse et qui doit le rester ; en d'autres termes, la raison ne saurait remplacer la révélation. Comme le dit un adage bien connu de l'Église, *credo ut intelligam*, ce qui signifie qu'il faut croire d'abord et comprendre ensuite autant qu'il est possible, la compréhension s'arrêtant là où la révélation devient impossible à suivre, comme c'est le cas par exemple lorsqu'il s'agit de la sainte Trinité.

TROISIÈME RÉPONSE

Le principe humaniste

– *Cette humanisation progressive se fraye un chemin en tirant parti de visions du monde successives dont les sources sociales et culturelles peuvent être très différentes, voire opposées. Cela explique que, dans la philosophie d'une même époque, tout n'avance pas du même pas : nous venons de l'indiquer, l'autonomie de la raison, par exemple, autrefois conquise par la philosophie grecque, est à nouveau partiellement perdue par le christianisme. Ce qui nous amènera à notre troisième période : comment va-t-elle pouvoir réconcilier l'humanisation du salut et l'autonomie de la raison ?*

– La troisième époque commence avec la Renaissance qui va entreprendre de fonder le sens de l'existence non plus sur le cosmos ou la divinité, mais sur l'homme en tant que tel, sur sa raison et sa liberté, sur la conviction que, grâce à ses facultés uniques qu'il ne partage pas avec les autres vivants, pas même avec les animaux, il peut, voire doit devenir le créateur de son propre destin. Pour la première fois, le salut ne va plus prendre sa source ni sa finalité ultime dans une réalité extérieure et supérieure à l'humanité, mais en l'homme même. Si ces thèmes commencent à être développés dès le XVe siècle par des penseurs d'envergure, comme Pic de la Mirandole sur l'œuvre magistrale duquel nous reviendrons, c'est Descartes qui, au XVIIe siècle, va donner un fondement premier et solide à cette vision du monde. Il va faire ainsi franchir un pas décisif à la philosophie sur cette voie de l'humanisation des réponses à la question du sens de la vie.

Le doute cartésien

Descartes inaugure une démarche de pensée qui se fonde, comme on sait, sur son fameux doute méthodique, radical. Il s'agit pour lui de mettre en doute tout ce que nous croyons, tout ce qui nous est venu de l'extérieur, des parents, de l'École, de la tradition, bref, tous les pré-jugés, pour voir si on ne pourrait pas d'aventure découvrir une évidence qui résiste à toute contestation. Et cette évidence qui résiste au doute même le plus féroce se situe au cœur du fameux *Cogito ergo sum*, « Je pense donc je suis ») du *Discours de la méthode*, dont les *Méditations* proposeront un peu plus tard une nouvelle formulation, moins sujette à caution, que je vous cite exactement : « Cette proposition, *je suis, j'existe*, est nécessairement vraie, toutes les fois que je la prononce ou que je la conçois en mon esprit. » Le « donc je suis » de la première version était problématique parce qu'il supposait, en effet, un passage par une déduction, « donc », dont la légitimité n'était pas encore assurée à ce stade de la réflexion cartésienne. De là la seconde formulation, sans le « donc », qui désigne la certitude immédiate, intuitive en quelque sorte, que nous avons de notre propre existence dès que nous y pensons.

Avec cette proposition première, nous tenons une idée qui échappe au doute (du moins selon Descartes) et à partir de quoi nous allons pouvoir reconstruire tout l'édifice de la science et de la philosophie. C'est ce que Descartes appelle une « *évidence* », mot qui vient du latin, *video*, « je vois » : je me vois moi-même en train de penser, et même si le monde extérieur n'existe pas, même si j'imagine l'existence d'un « malin génie » qui s'emploierait à me tromper sur tout ce que je crois percevoir ou comprendre, reste que quand bien même je pense, et s'il me trompe, c'est bien que j'existe !

Nous reviendrons sur ces raisonnements qui n'ont pas toujours convaincu les collègues de Descartes, mais précisons déjà le but de cette opération. On se tromperait du tout au tout si l'on y voyait l'expression d'un relativisme sceptique ; il s'agit au contraire de trouver, au sein de l'expérience humaine, si imparfaite et limitée soit-elle, un élément de vérité absolue sur la base duquel il sera possible de reconstruire une vision du monde objective par nos propres moyens. Ce qui est en jeu ici, c'est le rejet de tous les arguments d'autorité par le libre exercice de l'esprit critique, c'est-à-dire le refus de se soumettre sans examen aux « idées reçues » de l'extérieur, et cela au nom d'une exigence fondamentale : penser par soi-même.

La table rase

Descartes inaugure ainsi le fameux geste révolutionnaire de la « table rase » : il balaie tout ce qui vient du passé, tous les préjugés, allant jusqu'à mettre en doute l'existence du monde extérieur à sa conscience. C'est le fameux argument du rêve : il lui est arrivé, en songe, de croire qu'il était éveillé, qu'il était en train d'écrire, alors qu'il était, comme il dit, « tout nu dedans mon lit ». Il n'est donc pas impossible que la vie éveillée ne soit qu'une autre forme de rêve qui nous donne l'illusion d'une réalité extérieure. Encore une fois, le projet de Descartes est de sortir de cette incertitude générale en mettant au jour l'intuition d'une vérité incontestable par les seuls pouvoirs de la raison humaine : « Je pensais, écrit-il dans le *Discours de la méthode*, qu'il fallait que je rejetasse comme absolument faux tout ce en quoi je pourrais imaginer le moindre doute, afin de voir s'il ne resterait point après cela quelque chose en ma créance qui fût entièrement indubitable. »

– Descartes s'est lancé dans une extraordinaire aventure de pensée, et il fait montre d'une incroyable audace, pour ne pas dire d'un sacré culot, en jetant par-dessus bord tout l'héritage de la civilisation passée pour trouver une certitude absolue par le seul « bon sens », dont il souligne qu'il est, chez les humains, justement, « la chose du monde la mieux partagée ». Il libère ainsi l'humanité de la contrainte, jusqu'alors difficilement évitable, d'avoir à chercher la source du sens de sa vie ailleurs qu'en soi-même, dans l'ordre cosmique ou la splendeur de Dieu : les hommes peuvent enfin devenir, selon son expression, « comme maîtres et possesseurs de la nature ».

– C'est exactement cela. Ce n'est plus à partir de l'idée de cosmos ni même de l'idée de Dieu que l'on va répondre à la question de la vie bonne, mais à partir de l'être humain. Comment ? Si Descartes vise d'abord à trouver en l'homme les conditions d'une vérité pérenne afin, écrit-il, d'« établir quelque chose de ferme et constant dans les sciences », sa démarche inaugure un rapport au monde et à l'Histoire qui conduit l'humanité à s'affranchir autant qu'elle le peut des contraintes naturelles et sociales pour leur substituer ses propres desseins. Par la liberté qui caractérise l'esprit critique (ce que Descartes lui-même appelle l'« esprit usant de sa liberté »), je suis libre de me retourner contre ma tradition, contre mon histoire, pour pratiquer à l'encontre des préjugés hérités du passé ce que certains appelleraient aujourd'hui un « droit d'inventaire ». Comme le dira l'un de nos grands révolutionnaires, Rabaut-Saint-Étienne, « notre histoire n'est pas notre code ». Autrement dit, la liberté nous permet de nous arracher à notre tradition, de la critiquer pour entrer dans une nouvelle histoire, celle des innovations et du progrès, une histoire portée par un incessant réformisme, voire par des poussées révolutionnaires. Tocqueville a parfaitement saisi la dynamique de ce renversement de perspective, qu'il résume de façon, dit-il en substance, géniale au début de *La Démocratie en Amérique* : les jacobins sont des cartésiens sortis des écoles et descendus dans la rue. Le geste de la table rase, initié par Descartes avec son doute méthodique, s'est déployé jusque dans l'espace concret des relations collectives où il a fini par bouleverser tant les finalités que les structures politiques et sociales.

À l'horizon de cette philosophie nouvelle se dessinent les deux traits qui vont caractériser la vie bonne selon l'humanisme moderne : le premier valorise les connaissances, la culture, l'éducation qui civilise et humanise pour nous faire accéder à ce que Kant appelait une « pensée élargie » ; le second, c'est la conviction qu'on a justifié sa vie, qu'on l'a pour ainsi dire sauvée quand on a apporté par son génie littéraire, artistique ou encore par la grandeur de son action sa contribution à l'Histoire, sa petite pierre à l'édifice du progrès, à la construction d'un avenir meilleur pour tous les êtres humains. C'est en ce sens que dans l'école de notre enfance, on nous parlait des « savants et bâtisseurs » qui, comme Pasteur, Hugo, Jules Ferry ou Marie Curie (on n'osait pas parler de politique, sinon on aurait évoqué Jaurès ou de Gaulle), avaient, par leur génie, leur travail, leur volonté, apporté une contribution exemplaire au progrès, à l'amélioration du sort des hommes. Désormais, on gravera le nom de ces personnalités grandioses dans le marbre ou sur les plaques des rues, on leur érigera des statues, leurs cendres reposeront, pour certaines d'entre elles, au Panthéon... où on retrouve le rapport à la mort, l'idée qu'un apport éminent à la marche de l'humanité vers un avenir meilleur, plus libre, plus juste et plus savant, confère à celui qui en est l'auteur une dimension d'éternité. Comme si, en gravant son nom dans l'Histoire, les bibliothèques et les monuments, on participait de l'infini. Cette « éternité »-là apparaît dans l'univers humaniste et laïque, voire le cas échéant athée, comme un substitut, pour ne pas dire un ersatz du salut chrétien. Voilà pourquoi l'humanisme va nous faire peu à peu entrer dans l'ère des grandes « religions de salut terrestre » dont le marxisme constituera incontestablement l'apogée.

Sauvé par le progrès ?

– Autant cette reconquête de l'humanité par elle-même impressionne, autant l'idéal d'immortalité à quoi elle aboutit paraît fragile : si le mieux que l'on puisse espérer, c'est d'être l'un des innombrables rouages du progrès général de l'humanité, force est de reconnaître que la part de notre vie susceptible d'être sauvée de la mort est infime et assez dérisoire (dans le meilleur des cas, il ne restera de nous qu'un nom et le souvenir de nos œuvres). Alors qu'il a fallu tant de puissance dans la pensée et tant de courage dans la liberté pour que l'homme apprenne à ne compter que sur ses propres forces dans son projet de devenir, à lui seul, la source et la finalité ultime du sens de la vie, voilà que, loin d'en sortir magnifié, il se trouve à nouveau réduit à une fraction minime et impersonnelle de ce qui fait la richesse de nos vies individuelles. Contre toute attente, le principe humaniste retombe ainsi sur une difficulté comparable à celle que posait la dilution de l'individu dans l'ordre cosmique chez les philosophes grecs !

– De même que dans la cosmologie grecque les humains ne sont sauvés que comme fragments cosmiques, de même, avec l'humanisme moderne, on n'est sauvé que comme fragment de l'histoire du progrès, un simple nom gravé dans le marbre. Ce qui, à nouveau, n'est pas très satisfaisant, surtout si l'on compare avec la promesse chrétienne d'être sauvé comme une personne aimée qui va retrouver d'autres personnes aimées ! Cela explique, du reste, pourquoi l'humanisme moderne ne va pas chasser le christianisme du paysage européen, mais plutôt coexister tant bien que mal avec lui. Car dans cette philosophie du progrès – ce que j'ai appelé le « premier humanisme » –, la part personnelle de l'individu, tout ce qui tient à son caractère, à sa sensibilité, à ses amours, bref, à sa singularité irréductible, meurt, pour l'essentiel, avec lui. Et l'on voit, à nouveau, que s'il y a là un progrès dans l'humanisation de la réponse à la question de la vie bonne, il y a plutôt régression dans la prise en compte de la personne.

Certes, ce qui apparaît avec Descartes, c'est bien le fait que la connaissance, la morale, le salut même ne s'enracinent plus dans le cosmos, ni dans le divin, mais dans le *Cogito*, la *subjectivité* : au regard des quatre grands types de problèmes dont s'occupe la philosophie (la recherche de la vérité, de la justice, de la beauté et de la vie bonne), l'humain en tant que tel devient désormais l'unique source de légitimation du vrai, du juste, du beau et du bon. Là est la grande rupture. Cependant, comme il s'appuie essentiellement sur la raison et la liberté en l'homme, cet humanisme, qui va s'épanouir avec les Lumières, sera pour l'essentiel un humanisme des droits, de la science et de l'Histoire. C'est un humanisme *abstrait*, au sens propre du terme, comme on le voit dans la Déclaration des Droits de l'homme, qui en est le fleuron sur le plan politique et moral : l'être humain a des droits, il mérite d'être protégé et respecté *abstraction faite de tous ses enracinements communautaires*. Quelles que soient sa langue, sa culture, son ethnie, sa nation, sa religion, l'être humain, abstrait de tous les communautarismes, mérite le respect. C'est la naissance de la laïcité républicaine en ce sens que les communautarismes religieux ne font plus la loi de la république.

Une nouvelle idée de l'humanité

Les contre-révolutionnaires concentreront d'ailleurs leurs critiques et leurs sarcasmes sur cette conception, à leurs yeux illusoire et désincarnée, de l'homme en général. Dès l'époque de la Révolution française se profile ainsi une opposition, promise en France à un long avenir politique, entre une droite communautariste et différentialiste, pour laquelle la valeur de l'homme tient à ses racines (le peuple, la terre, la tradition dont il est le fruit), et des mouvances républicaines attachées à l'humanisme abstrait qui place au contraire la grandeur de l'humanité dans la capacité des individus à s'arracher aux déterminations naturelles, culturelles ou sociales. Nous y reviendrons.

Au fond, l'humanisme ne découvre pas seulement un fondement et un but purement humains au sens de la vie, il invente, dans le même mouvement, une nouvelle idée de l'humanité (une conception inédite de ce qui lui confère un statut irremplaçable). Il privilégie en elle, comme jamais auparavant, le pouvoir de choisir son destin, de se réinventer en permanence par sa liberté et sa raison. Formidable renversement dans l'histoire de notre civilisation : la volonté de préparer un futur meilleur remplace la fidélité à un passé idéalisé, l'avenir prend la place de la tradition, comme l'aspiration à l'autonomie démonétise peu à peu la soumission à l'ordre cosmique ou aux commandements divins. Cette révolution se paie, néanmoins, d'un manque, d'une vision restreinte de l'humain, qui marginalise des pans entiers de l'existence. Certes, elle le fait de manière délibérée, puisqu'il s'agit de se focaliser sur les caractéristiques de l'homme les plus abstraites et les plus universelles, sur les dispositions à la raison et à la liberté potentiellement présentes en chacun, et dont le développement doit nous permettre de nous assurer une maîtrise croissante de notre destin. Il n'en reste pas moins que l'humain que l'on entend magnifier ainsi est, en quelque sorte, incomplet. Que faire alors de toute cette part d'humanité concrète et charnelle, laissée, pour ainsi dire, en lisière du sens de la vie par le principe de ce premier humanisme ? Cette question critique nous fait entrer dans la quatrième période de l'histoire de la philosophie, celle des penseurs de la déconstruction.

QUATRIÈME RÉPONSE

Le principe de la déconstruction

– Le projet grandiose de réduire le sens de la vie à la raison et à la morale a montré tragiquement ses insuffisances dès la période de la Terreur pendant la Révolution française. Il devenait donc impératif de réintroduire, dans la compréhension de l'existence humaine, d'autres composantes que l'on avait cru pouvoir négliger mais qui se rappelaient à nous de façon catastrophique. D'où ce paradoxe : alors que l'humanisme des Lumières allait imprégner, au XIX*e siècle, la vie politique d'un certain nombre de pays (inspirant, en particulier, la démocratie anglaise et, de manière plus directe encore, le républicanisme à la française), les plus grands penseurs de cette époque (Schopenhauer, Nietzsche, Marx) se sont pourtant appliqués à* déconstruire *sans*

relâche les idéaux fondés sur la religion ou sur les principes humanistes eux-mêmes ! C'est le quatrième temps de notre histoire. En effectuant leur travail de sape, les philosophes de la déconstruction espèrent nous délivrer des carcans « idéologiques » qui nous entravent et ainsi libérer *des dimensions de l'existence jusqu'alors oubliées, étouffées ou réprimées comme l'inconscient ou l'animalité en nous...*

– Commençons par la question de savoir ce qui va susciter cette quatrième époque. Nietzsche en analyse de manière lumineuse les sources, les motivations et la dynamique, dans des textes qui demeurent essentiels pour comprendre le fil conducteur de cette histoire. Nous aborderons plus loin d'autres grands déconstructeurs – Schopenhauer, Marx et Heidegger notamment –, mais pour ce préambule, c'est Nietzsche qui nous servira de guide, parce qu'il est celui qui porte au plus haut les traits typiques de ce moment de la civilisation.

Philosopher au marteau

C'est Nietzsche, en effet, qui invente l'idée de *déconstruction*, bien avant Heidegger et Derrida (dont on oublie trop souvent combien ils lui sont à cet égard redevables). Il veut, dit-il, « philosopher au marteau » pour casser les « idoles », c'est-à-dire les grands idéaux portés par les religions et la métaphysique classique, mais aussi par toutes les idéologies « progressistes » qui, au nom de la raison, de la morale et de l'Histoire, prétendent soumettre la vie à de prétendues « valeurs supérieures idéales » – le communisme, la démocratie, les droits de l'homme, la justice sociale, etc. D'où le titre d'un de ses livres majeurs, *Le Crépuscule des idoles*. Il s'agit d'ouvrir une tout autre forme d'approche critique, à partir de laquelle on pourra mettre au jour les motivations secrètes des « idéalistes » de tous horizons : il suffira alors d'arracher leur masque de fausse sagesse pour délégitimer leurs raisonnements en apparence les plus solides en faisant voir leurs intentions cachées. En quoi la pensée de Nietzsche, comme déjà celle de Schopenhauer, va prendre la forme, et cela bien avant la psychanalyse, de ce que Nietzsche lui-même appellera la « généalogie », c'est-à-dire l'étude des racines cachées des illusions véhiculées secrètement par les idoles.

Avec cette philosophie au marteau, il ne s'agit pas de discuter de la validité des déductions de ses adversaires, mais de briser celles-ci à la racine, en dévoilant le double jeu plus ou moins conscient dont elles sont l'expression, en cassant les illusions auxquelles elles donnent forme comme autant de boursouflures mensongères. Dans la préface d'*Aurore*, un autre de ses grands livres, il se présente à la fois comme un héritier des Lumières et comme leur adversaire ou, pour mieux dire, leur adversaire *parce que* leur héritier : il se réclame de cet esprit critique que les encyclopédistes ont repris de Descartes, mais il entend le pousser jusque dans ses dernières conséquences, ce qui l'amène à le retourner contre les Lumières mêmes, coupables de s'être arrêtées en chemin dans leur combat contre les illusions métaphysiques qu'elles n'ont pas su déceler dans les nouvelles idoles de l'humanisme. Dans la croyance au progrès, dans les vertus de la science, de la démocratie, des droits de l'homme, Nietzsche voit autant de traits symptomatiques d'une religion, qui pour être de salut terrestre n'en reste pas moins religieuse : ces idéaux, comme ceux de toute religion, prétendent justifier que l'on se sacrifie pour eux, que l'on condamne ceux qui refusent de s'y soumettre, qu'on les impose à tous en tant que seule source légitime de sens pour l'existence humaine ; bref, ils sont supposés constituer une vérité supérieure à la vie, vers laquelle celle-ci aurait le devoir de tendre, quitte à réprimer en elle tout ce qui ne convient pas au projet.

Tout idéal nie la vie

C'est précisément cette négation de la vie au nom de valeurs supposées la dépasser que Nietzsche juge à la fois illusoire, dangereuse et perverse : illusoire parce qu'étant nous-mêmes *dans* la vie, il nous est en réalité impossible de la juger « de l'extérieur » ; dangereuse parce qu'elle conduit à nous affaiblir, à étouffer nos forces vitales ; perverse parce que ce refoulement de nos instincts nous pousse à les réinvestir secrètement pour les assouvir sous les apparences trompeuses de la moralité la plus noble.

De ce point de vue, tout idéal transcendant, fût-il celui du progrès au sens de l'humanisme des Lumières, est pour Nietzsche une négation de la vie, une manière de la mutiler. C'est ce qu'il appelle le « nihilisme », terme auquel il donne un sens tout différent de celui qu'on lui prête généralement. Dans le langage courant, aujourd'hui, un nihiliste est quelqu'un qui ne croit à rien (par exemple, les punks avec leur fameux slogan *No future*) ; aux yeux de Nietzsche, c'est tout le contraire : le nihiliste, selon lui, est quelqu'un qui croit aveuglément en des « valeurs supérieures ». On s'étonnera moins de ce retournement de la signification du mot si l'on se souvient que Nietzsche voit justement dans ces valeurs supérieures une *négation* de la vie, de l'immanence des forces vitales, au nom de la prétendue transcendance d'un idéal, bref, une négation de la terre au nom du ciel, de l'ici-bas au nom de l'au-delà.

La mort de l'homme

Penser par exemple, comme les stoïciens, que le cosmos va donner du sens à la vie, c'est être, aux yeux de Nietzsche, en plein nihilisme : on imagine une harmonie cosmique idéale qui n'existe pas dans le réel pour mettre ensuite toute sa volonté à régler son existence selon cette pure fiction. Même chose avec la foi, la croyance en Dieu et la volonté d'être fidèle à ses commandements : c'est résorber sa vie dans un « autre monde » qui tend finalement à dénier toute valeur à l'ici-bas. Certes le progrès des Lumières et la révolution industrielle vont annoncer la mort de Dieu, la sécularisation des sociétés modernes et le « désenchantement du monde », pour autant il serait tout à fait naïf selon Nietzsche de s'imaginer que nous en aurions fini avec les idéaux qui nient le monde réel, car après le cosmos, après Dieu, on invente l'homme de l'humanisme, « maître de lui comme de l'univers » à l'instar de l'empereur Auguste chez Corneille, tout entier voué à cultiver ses dispositions rationnelles et morales pour les incarner librement dans la poursuite du progrès et du bonheur. L'idéalisation de l'Histoire, du moins pour ceux qui apportent leur petite pierre à l'édifice du progrès, vient, selon Nietzsche, remplacer les religions traditionnelles et recrée la fiction d'un sens de la vie, d'un idéal à servir, de grandes causes auxquelles se sacrifier. L'homme a ainsi remplacé Dieu et le cosmos, mais n'en reste pas moins englué dans le nihilisme. Après avoir tué Dieu, il faudra donc tuer aussi l'homme de l'humanisme ! C'est dans cet esprit que Michel Foucault, en fidèle disciple de Nietzsche, voudra dresser son constat de décès en évoquant la « mort de l'homme », cet homme idéal des Lumières, dépourvu d'inconscient, qui se berce de l'illusion d'être parfaitement transparent à lui-même, sujet absolu, unifié, capable de soumettre à sa volonté réfléchie les pulsions contradictoires, les forces vitales ou sociales dont, en réalité, il n'est, pour une grande part, que l'effet involontaire.

Toutes ces expressions du nihilisme au sens de Nietzsche (la cosmologie grecque, les grandes religions, l'humanisme des Lumières) ont en commun cette structure dualiste qui consiste à nier la terre au nom du ciel, l'ici-bas au nom de l'au-delà, le réel au nom de l'idéal. Mais s'il faut faire exploser au marteau ces idoles illusoires, ce n'est pas seulement pour gagner en lucidité ou nous défaire des carcans qu'elles nous imposent ; c'est, bien plus encore, parce que cette déconstruction doit finalement libérer nos dispositions vitales, nos potentialités jusque-là réprimées et nous ouvrir ainsi à une vie plus intense et plus riche.

Une vie plus intense

« Par-delà le bien et le mal », la valeur la plus profonde de la vie, selon Nietzsche, est donc son intensité. C'est pourquoi toute sa philosophic tend vers un objectif ultime : chercher la réconciliation harmonieuse des forces vitales qui sont en nous, réconciliation qui doit leur permettre de se développer de la manière, la plus « active », sans réprimer ni mutiler certaines pour faire droit à d'autres. Le modèle ici, c'est celui de l'artiste génial dont les œuvres portent au plus haut degré de richesse et d'intensité toutes les ressources qui sont en lui, dans un équilibre qui lui est propre et s'impose immédiatement, sans détours ni démonstrations. C'est dans cette perspective que Nietzsche, par un paradoxe d'une rare profondeur, va apporter une nouvelle réponse à la question du sens de la vie, alors même qu'il avait réfuté d'avance toute prétention à fixer un idéal transcendant. Une fois les idoles détruites, il ne subsiste plus de point de vue absolu, extérieur et supérieur au réel d'où l'on pourrait juger et hiérarchiser les forces vitales. En revanche, et c'est là le point d'appui de la « sagesse » nietzschéenne, la question de savoir comment on atteint à la vie la plus intense et la plus libre possible en fonction des forces dont on dispose devient centrale.

La réponse à la question de la vie bonne passe alors par cette préoccupation qui, cette fois, ne sort pas de l'immanence, qui demeure inscrite dans le domaine de la vie, sans prétendre inventer aucune valeur supérieure à elle pour la juger et la mutiler. Elle va être l'occasion de nous confronter de nouveau, par un biais inattendu, à notre rapport à la mort. Je crois que peu de personnes ont compris cela dans la philosophie de Nietzsche : c'est pourtant ce qui se joue dans sa vision de l'« éternel retour », expression dans laquelle on entend bien, pourtant, un rapport à l'idée d'éternité. L'éternel retour, c'est l'idée que le désir de revivre sans fin ce que nous avons vécu est le critère ultime pour juger des instants de notre vie qui en valent vraiment la peine ; il y a en eux une dimension d'éternité qui les « sauve », qui les rend « plus forts que la mort ». « Combien te faudrait-il aimer et toi-même et la vie pour ne plus aspirer à rien d'autre qu'à donner cette approbation et apposer ce sceau ultime et éternel ? » écrit Nietzsche dans *Le Gai Savoir.* Au fond, la perspective de l'éternel retour nous invite à sélectionner les moments de nos existences qui sont vraiment des instants de liberté et d'intensité au détriment de ceux qui sont contraints et qui nous affaiblissent.

Tout plaisir veut l'éternité

La racine de ce nouveau principe de la vie bonne puise sa force dans cette caractéristique du plaisir que Nietzsche résume d'une belle formule : « Tout plaisir veut l'éternité » (*Alle Lust will Ewigkeit*). Quand nous connaissons des instants d'intensité et de liberté extrêmes, lorsqu'on est fou amoureux d'un amour partagé ou que l'on parvient à créer une œuvre qui nous révèle un pan ignoré du monde ou de l'expérience humaine, on éprouve ce que Nietzsche appelle la « légèreté du danseur », un sentiment de réconciliation avec le réel tel qu'on ne peut pas ne pas souhaiter que ces instants durent éternellement. Ce sont des moments de plein accord avec le présent que l'on habite alors sans réserve, sans penser au passé ni au futur, de telle sorte que le moment actuel n'est plus relativisé par les souvenirs ou les projets et devient comme un grain d'éternité. C'est cela, l'éternel retour. Et là, nous sommes sauvés de l'angoisse de la mort. Dans ces moments de réconciliation avec le présent, nous touchons l'éternité et l'angoisse disparaît. Voilà le message de Nietzsche dont vous voyez comment, par d'autres biais, il rejoint celui des grands Hellènes.

– *On pourrait dire que la dimension d'éternité se manifeste alors de deux façons : d'une part, ces moments de grâce sont, en quelque sorte, parfaits en eux-mêmes, rien ne peut les relativiser, et en cela ils constituent une forme d'éternité dans l'instant ; d'autre part, en raison justement de leur absolue perfection, on ne peut que souhaiter les revivre éternellement. On ne se réfère plus ici à une éternité idéale, au-delà de la vie terrestre ou par-delà nos faits et gestes quotidiens, c'est au sein même de notre existence que nous pouvons atteindre à cette sorte d'éternité immanente.*

– C'est bien l'idée, en effet. Et nous franchissons ainsi un nouveau stade dans notre histoire. Nietzsche propose désormais une voie qui permettrait de faire émerger les conditions de la vie bonne au sein même de l'existence terrestre. Si la « vie intense » nous offre une dimension d'éternité qui demeure fermée à la « vie appauvrie », c'est du seul fait des propriétés inhérentes à la vie. La vie bonne s'appuie sur une parfaite harmonie de nos forces vitales (ce que Nietzsche appelle le « grand style »), tandis que la vie mauvaise s'épuise dans leur conflit anarchique, dans le déchirement des passions dont l'archétype est le romantisme (le héros romantique se complaît dans l'abandon à ses sentiments contradictoires, à ses amours impossibles dont les tensions irrésolues le désespèrent et l'épuisent en pure perte). Voilà donc les valeurs extérieures et supérieures à l'humanité définitivement abolies ; c'est le principe même des philosophies de la déconstruction qui seront hostiles à toutes les formes de transcendance passées, qu'elles soient cosmiques, divines ou même encore humaines.

En prétendant nous délivrer ainsi des chaînes de la transcendance, la déconstruction va libérer les dimensions de l'existence que les contraintes « idéales » avaient jusque-là occultées : les pulsions, l'inconscient, l'irrationnel entre autres vont être délibérément considérés, explorés, valorisés. Nietzsche ouvre ainsi la voie à l'art moderne (même s'il admire Corneille et les classiques français, modèles, à ses yeux, d'une puissante harmonisation des forces vitales antagonistes). Ce n'est pas pour rien qu'Apollinaire, quand il écrit sur les peintres cubistes, se réfère à Nietzsche, comme l'avaient fait avant lui les bohèmes. Nietzsche est le fondateur de toutes les déconstructions qui vont caractériser le XXe siècle : on va déconstruire la figuration en peinture, la tonalité en musique, les règles traditionnelles de la littérature, du théâtre, de la danse, du cinéma, etc. Et, ce faisant, on va faire émerger des dimensions de l'humanité que les « académismes » (comme les appelleront les avant-gardes) ne prenaient pas en compte : le sexe, le corps, la violence, l'animalité en nous, la virilité des femmes, la féminité des hommes. Ce « matériau humain » sera enfin assumé dans toute sa diversité qui participera à la définition de la vie bonne comme vie intense et libre. On aura donc, tout à la fois, vaincu les principes transcendants qui définissaient traditionnellement le sens de la vie et enraciné cette question du sens dans un être humain plus charnel qu'il ne l'avait jamais été.

Les philosophes du soupçon

– Si l'abolition de toute transcendance et la libération potentielle de l'ensemble des dimensions de l'existence humaine constituent un évident progrès sur la voie d'une humanisation, elles nous confrontent à de nouvelles questions. Nietzsche veut, en effet, penser jusqu'au bout les conséquences de ce que l'on appellera la « crise des fondements », la crise de l'universalisme, qui va profondément marquer, au XX*e siècle, les mathématiques, les sciences expérimentales, aussi bien que la sphère des valeurs morales, en même temps qu'elle demeurera centrale pour la philosophie. Si, comme l'écrit Nietzsche, « il n'y a pas de faits, il n'y a que des interprétations », nous ne pouvons plus croire qu'il y ait un fondement ultime et irréfutable à la vérité : chacun est alors tenté d'affirmer son point de vue par des rapports de force ou d'influence. Ce n'est d'ailleurs pas, pour le philosophe au marteau, une objection, puisque c'est la vision même de l'humanité qu'il entendait défendre. Reste que l'on en arrive vite à d'insoutenables contradictions : le souci exclusif de développer ses propres caractéristiques risque de mener à une nouvelle soumission aux déterminations naturelles ou aux contraintes sociales ; cultiver par exemple, sa différence sexuelle, ses « racines » culturelles ou ethniques peut aussi conduire à s'y enfermer. Comment*

tirer parti de cette ouverture à toutes les dimensions de l'existence humaine si chacun les cultive, pour ainsi dire, dans son coin, sans que l'on dispose d'un cadre commun pour en partager les fruits ?

– On pourrait dire de la philosophie de Nietzsche ce que je disais de la pensée chrétienne : elle représente tout à la fois une avancée et une régression. Si on se place dans la logique de l'humanisation des principes de sens (qui suppose à la fois une déconstruction de la transcendance et la prise en compte de nouvelles dimensions de l'existence humaine), la philosophie au marteau de Nietzsche constitue un progrès d'une réelle portée, dont la perspicacité rend impossible à mes yeux tout retour en arrière. Je n'ai cessé, sur ce point, de rendre hommage aux grands déconstructeurs, même si je considère qu'on ne peut pas en rester à leurs positions en raison des impasses auxquelles elles conduisent.

Il me semble depuis toujours, et cela bien que je ne sois pas nietzschéen, que la déconstruction des illusions du *Cogito* cartésien et, plus largement, des Lumières est magistralement menée par Nietzsche et même, d'une manière plus générale, par ceux que Paul Ricœur a appelés les « philosophes du soupçon ». Ils ont dévoilé à juste titre des pans entiers de la condition humaine que nous ne pouvons plus ignorer. Par exemple, il est évidemment faux à nos yeux, en tout cas aux miens, que nous soyons parfaitement transparents à nous-mêmes ; la découverte de l'inconscient, sous diverses formes, par Schopenhauer, Marx et Nietzsche, puis l'exploration de sa dynamique et de ses effets par Freud me paraissent porteuses d'éléments de vérité constitutifs de la compréhension que nous avons de nous-mêmes aujourd'hui. Il ne me viendrait pas à l'idée de me penser comme un *Cogito* parfaitement transparent à lui-même, comme Descartes croit pouvoir le faire dans ses *Méditations*. Le soupçon, qui apparaît chez Nietzsche, et avant lui chez Schopenhauer, que la conscience n'est que la partie émergée de l'iceberg sous laquelle grouille en nous tout un monde dont nous devons entreprendre l'exploration me semble tout simplement juste, pour ne pas dire évident. Il exclut définitivement toute possibilité de retour à la conception naïve d'un sujet qui n'aurait pas d'inconscient. La déconstruction, de ce point de vue, a parfaitement réussi. En revanche, cela soulève deux problèmes de fond. D'une part, la déconstruction de la morale conduit Nietzsche à un éloge de la guerre, à une critique de la pitié, de ce qu'on appellerait aujourd'hui le « souci humanitaire », qui prend parfois chez lui des formes presque délirantes ; par exemple, comme il apprend qu'il y a un tremblement de terre à Nice, une ville que pourtant il aime et où il séjourne, il sort dans la rue tout joyeux, mais aussitôt désespéré qu'il n'y ait pas davantage de mort – ses lettres sur ce sujet sont ahurissantes ! On pourrait mettre ces réactions sur le compte de ses accès de délire liés à sa maladie, mais il y a plus, car sa critique de la vérité débouche d'autre part sur un relativisme absolu dont la radicalité devient à mes yeux intenable. Quand il déclare qu'« il n'y a pas de faits, seulement des interprétations », comment le suivre face, par exemple, aux absurdités révisionnistes ? Ceux qui se réclament de sa pensée sont sans cesse contraints à un double discours : on pose des faits comme absolument certains, par exemple l'existence des chambres à gaz, tout en prétendant que la vérité absolue est une illusion ; on porte des jugements moraux sur tout le monde et son voisin, en déclarant aussitôt que toute morale est nihiliste, etc. Bref, on joue sur tous les tableaux, ce qui devient parfois exaspérant...

Les impasses du relativisme

Deux formules de Nietzsche résument parfaitement les idées qui l'amènent à professer un relativisme absolu : « Ce qui a besoin d'être démontré ne vaut pas grand-chose », parce que ce qui est vraiment intense, profond et riche s'impose de soi-même, sans avoir besoin de justification, avec l'autorité d'un commandement aristocratique ou encore à la manière d'une œuvre d'art qui plaît sans discussion ; du reste, toute démonstration est inutile puisque la notion même de vérité est une illusion comme l'affirme l'aphorisme que nous avons déjà cité, « Il n'y a pas de faits, il n'y a que des interprétations ». Il suffit de réfléchir un instant aux conséquences possibles de ces thèses – du moins si on les prend au sérieux et pas pour des jeux rhétoriques – pour voir qu'elles tournent assez vite à l'absurde. Que répondre, avec de tels principes et pour poursuivre avec le même exemple, à ceux qui contestent l'existence des chambres à gaz ? Que c'est un point de vue possible, ni plus ni moins légitime qu'un autre, puisqu'« il n'y a pas de faits, seulement des interprétations » ? Comment lui opposer une vérité historique s'il n'y a plus de réalité factuelle ? Pris à la lettre, le relativisme de Nietzsche s'abîme dans des difficultés insurmontables : à force de critiquer la morale et la vérité, le débat d'idées devient un simple champ de bataille où ne s'imposent que la puissance et la ruse.

L'un des symptômes les plus évidents des impasses auxquelles mène ce type de pensée est qu'elle contraint inévitablement à des jugements incohérents relevant de ce que les logiciens appellent des « contradictions performatives », c'est-à-dire des affirmations qui ne sont pas contradictoires en elles-mêmes mais sont incompatibles avec la situation de celui qui les énonce – si par exemple quelqu'un déclare : « J'étais sur un bateau qui a fait naufrage et il n'y a eu aucun survivant », il tombe dans une contradiction performative puisque le fait qu'il soit vivant invalide ce qu'il vient de dire. L'exemple du combat contre le négationnisme illustre bien la manière dont le relativisme moral finit tôt ou tard par devenir insoutenable aux yeux mêmes de ses partisans. J'ai des amis nietzschéens, par ailleurs de gauche, que scandalise naturellement tout ce qui peut ressembler au négationnisme faurissonien. D'un côté, ils expliquent, arguments nietzschéens à l'appui, que les valeurs morales sont des illusions funestes cachant des pulsions nihilistes, mais trois secondes après, si la conversation vient à se déplacer vers des sujets plus concrets, ils vous déclarent avec indignation que les négationnistes sont des salauds et que ce jugement n'a rien d'une interprétation relative ! Je prends des exemples simples, volontairement banals, pour ne pas dire triviaux, mais ils vont beaucoup plus loin qu'ils n'en ont l'air a priori. La vérité, c'est qu'on ne peut pas échapper à ce type de contradictions tant qu'on reste dans le cadre des philosophies de la déconstruction, quelles qu'en soient, par ailleurs, la grandeur, la profondeur et même, à bien des égards, la pertinence.

CINQUIÈME RÉPONSE

L'amour, nouveau principe de sens

– Pour résoudre ces nouvelles questions, il faut une nouvelle fois un changement de perspective : c'est la cinquième étape de notre histoire de la philosophie qui nous ramène à la période contemporaine. Cette fois, nous assistons, pour ainsi dire en direct, à l'émergence d'un nouveau principe du sens de la vie, capable à la fois de conserver les acquis de la déconstruction et d'en surmonter les contradictions. Nous allons pouvoir découvrir, au moment même où elles s'ouvrent, les voies par lesquelles la réflexion philosophique cherche à résoudre les problèmes laissés pendants par les générations précédentes, tout en s'efforçant de penser les changements qui affectent les mœurs, le contexte socio-économique, la culture.

– Nous en venons maintenant à ce que je considère comme ma propre philosophie, qui est liée à cette cinquième époque de la pensée, celle que nous sommes en train de vivre et que j'ai appelée le « deuxième humanisme ». À la différence de celui de Descartes et des Lumières, c'est un humanisme postérieur à la déconstruction, qui donne sens aux dimensions de l'existence libérées par ce XXe siècle caractérisé par des innovations éblouissantes et l'érosion radicale des traditions. Au lieu de restreindre la valeur de la vie humaine, comme le faisaient les Lumières, à ce qui relève de la raison et des droits, de l'Histoire et du progrès, ce nouvel humanisme, nous verrons pourquoi, apparaît comme un humanisme de l'amour. Je pense que ce sentiment-là n'est pas un sentiment parmi d'autres, comparable à la peur, la colère ou l'indignation par exemple, et qu'il est devenu un nouveau principe métaphysique en ce que c'est lui, qui donne du sens à nos vies. Il est en effet le seul qui soit capable de magnifier ce qu'il peut y avoir d'aimable, justement, dans toutes les singularités humaines, tout en donnant naissance à de nouveaux idéaux collectifs, car nous voulons laisser un monde vivable, aussi accueillant que possible à ceux que nous aimons, à nos enfants, aux générations futures. De ce point de vue, l'amour de nos proches conduit au souci du prochain (qui est le contraire du proche, celui qu'on ne connaît pas) comme on le voit notamment dans la naissance de l'humanitaire moderne depuis Henri Dunant. Loin de conduire à un repli individualiste sur la sphère privée, la naissance du mariage d'amour et de la famille moderne en Europe a élargi l'horizon et créé un sens nouveau du collectif. C'est du moins ce que je tenterai d'argumenter.

L'amour, valeur en hausse

– *En tout cas, nul ne peut nier que tous les idéaux traditionnels (religieux, moraux, patriotiques, révolutionnaires) perdent en prestige et en force d'entraînement, dans les grandes démocraties au moins, si bien que l'amour apparaît, en quelque sorte, comme la seule valeur « en hausse ».*

– Oui, cela crève les yeux ! Mais la plupart des intellectuels ne s'y intéressent pas, ou pas suffisamment, enfermés qu'ils sont encore dans les principes anciens. Dans nos pays, plus personne, ou presque, ne serait disposé à se sacrifier pour Dieu, pour la patrie ou pour la révolution. Cet abandon des motifs traditionnels du sacrifice politique à de « grandes causes », ce repli des idéaux mortifères, au nom desquels on a tué les individus par dizaines de millions, est à mes yeux la meilleure nouvelle du siècle ! En revanche, nous serions prêts à nous sacrifier pour ceux que nous aimons, s'il le fallait bien sûr, non par plaisir mais si leur vie était en danger ou que nous étions à nouveau en guerre par exemple.

La déconstruction a tiré les marrons du feu pour ce deuxième humanisme, même si elle s'y est brûlé les doigts, faute de parvenir à maîtriser l'incendie qu'elle avait allumé en faisant exploser les fondements de la vérité et de la morale. C'est elle néanmoins qui, en affranchissant l'humanité de toutes les illusions métaphysiques, y compris de celles des Lumières, en libérant ainsi les dimensions de l'existence jusque-là négligées ou réprimées, va donner à l'être humain plus d'autonomie encore, plus de liberté pour inventer son destin et décider des formes de vie qui lui conviennent – cette liberté étant bien sûr aussi angoissante que délicieuse... Pour cela, il faut aussi se donner les moyens intellectuels de dépasser les contradictions inhérentes à la déconstruction, et c'est là, à mes yeux, une des tâches les plus fondamentales de la philosophie contemporaine telle que je la conçois. Il faut bien entendu y parvenir sans revenir sur les acquis de la période précédente. Je prétends que, pour des raisons historiques et philosophiques de fond, ce qui va aujourd'hui dans cette cinquième vision du monde permettre de répondre à la question du sens de la vie, c'est donc le rôle désormais central que nous donnons spontanément à ce sentiment si singulier qu'est la passion d'amour.

La famille moderne

Ce que j'ai appelé la « révolution de l'amour », c'est le passage, en Europe, des mariages arrangés par les villages ou les familles en fonction des intérêts ou des traditions du groupe au mariage choisi librement par les jeunes gens (ou par les moins jeunes) selon leur seule inclination amoureuse et en vue de l'épanouissement de cet amour entre eux mais aussi à l'égard de leurs enfants. C'est donc la naissance de la famille moderne, par opposition à la famille traditionnelle qui, pour l'essentiel, n'était pas choisie mais imposée. Ce bouleversement dans les mœurs est évidemment lié à la révolution industrielle qui a incité un nombre toujours croissant de garçons et de filles à s'installer en ville pour y trouver du travail, se soustrayant ainsi peu à l'emprise des proches et de la communauté villageoise. Ce n'est pas un hasard si le « triomphe de l'amour » ne devient vraiment général qu'après que la déconstruction des valeurs traditionnelles s'est complètement imposée sur le plan philosophique et, surtout, après qu'elle s'est propagée, comme par capillarité, dans la vie quotidienne des individus au sein des sociétés de culture européenne. Ce n'est qu'après la seconde guerre mondiale que le mariage d'amour va vraiment devenir la règle (le terme de « mariage » est pris ici dans un sens très large, non limité à ses définitions légales ou traditionnelles mais englobant toutes les formes d'union que peut prendre aujourd'hui la vie des couples). De fait, les considérations d'intérêt, comme la soumission aux pressions sociales diverses qui s'exerçaient sur les jeunes gens dans les sociétés traditionnelles, s'estompent désormais devant les choix dictés par la seule passion amoureuse. L'amour est valorisé comme jamais parce qu'on y voit l'expression de l'individu qui, libéré des contraintes du conformisme, cherche une vie réussie dans l'ouverture aux autres.

– *Alors que tous les idéaux traditionnels (religieux, patriotiques, révolutionnaires) ne cessent de s'affaiblir, l'amour, selon vous, devient alors la seule grande source du sens de nos existences, non seulement dans la sphère privée mais aussi dans la sphère collective, c'est bien ça ?*

– Tout à fait. La place centrale donnée à l'amour induit un souci constant de tout faire pour offrir à ceux que nous aimons des conditions qui leur permettront de s'épanouir, d'être le plus libres et le plus heureux possible. De là le rôle crucial de l'éducation dans les familles d'aujourd'hui qui va s'élargir à des dimensions qu'elle ignorait auparavant : il ne s'agit pas seulement de transmettre des savoirs, mais de faire en sorte que la personnalité, l'imagination, la « créativité », les talents sportifs ou artistiques puissent s'épanouir au mieux. Mais la révolution de l'amour va bien plus loin, elle dépasse largement la seule sphère de la famille et de la vie privée pour conduire à un véritable renouvellement des idéaux collectifs, liés, j'y reviens, à la préoccupation de laisser un monde vivable à nos enfants, donc aux générations futures en général. Ainsi, loin de nous pousser à un repli individualiste, le primat de l'amour redéploie en nous le sens du collectif.

Pour les générations futures

– Bref, la déconstruction engendre sous nos yeux son propre renversement, une reconstruction des valeurs personnelles et collectives, fondées sur l'amour, seule source d'idéal entièrement immanente à nos existences et qui, pour cette raison, échappe au marteau des philosophes du soupçon.

– On peut dire les choses comme ça. La politique elle-même va en être complètement transformée : sous l'effet de cette histoire de la vie privée, la question des générations futures va remplacer peu à peu les anciens foyers de sens qui animaient la politique traditionnelle (la nation pour la droite, la révolution pour la gauche). Je pense que la question de savoir quel monde nous allons laisser à ceux que nous aimons, c'est-à-dire à notre jeunesse, va remplacer progressivement les finalités autour desquelles s'organisait jusque-là le débat démocratique. Du reste, c'est ce qui explique que le mouvement écologique soit le seul mouvement politique nouveau depuis l'apparition du libéralisme et du socialisme, car il est au fond le premier à avoir mis au cœur du débat politique la question des générations futures.

D'un côté, l'*approche historique* de la révolution de l'amour permet de comprendre pourquoi l'amour acquiert désormais un statut sans précédent, dans la mesure où il devient la source ultime de sens dans tout ce qui touche, directement ou indirectement, aux relations humaines. D'un autre côté, la *perspective philosophique* permet de mettre en évidence les caractéristiques de notre rapport à l'amour qui rendent ce sentiment, pourtant en partie inexprimable et potentiellement instable, propre à fonder l'idée que nous nous faisons de la vie bonne. Car il faut savoir de quoi l'on parle quand on évoque l'amour : s'agit-il d'*éros*, cet amour possessif et jaloux qui prend et qui consomme ? De *philia*, l'amour d'amitié qui se réjouit de la simple existence de l'autre ? D'*agapè*, l'amour qui donne gratuitement sans rien attendre en retour et qui peut aller jusqu'à englober l'ennemi ? Ou bien des trois à la fois ? C'est une question philosophique de fond qui nous demandera une clarification de ces notions.

Une nouvelle forme de transcendance

– *L'amour nous ouvre en tout cas à une expérience de ce que vous appelez, avec Husserl, la « transcendance dans l'immanence » de la vie : il donne une dimension sacrée au vécu lui-même, sans tomber pour autant dans les illusions métaphysiques traditionnelles dénoncées par les philosophies de la déconstruction.*

– Oui, et pour le comprendre, il ne faut pas en rester à une simple analyse de notions mais il faut se livrer à ce qu'on pourrait appeler une « description phénoménologique » de l'amour, de la façon dont il nous ouvre à une *expérience de la transcendance de l'autre enfin vécue dans l'immanence à nos vies réelles*, donc débarrassée de tout présupposé métaphysique. L'amour s'impose à nous comme une dimension d'absolu, de sacré au sein même de la contingence de notre existence. La preuve, nous serions prêts à tout pour ceux que nous aimons. C'est en quoi la cinquième époque de la philosophie va plus loin que celle de la déconstruction qui la précédait : tout en souscrivant assez largement à sa remise en cause des valeurs réputées supérieures et extérieures à nous, elle découvre, en allant au bout de ce mouvement, une nouvelle forme de transcendance, cette fois située de part en part à l'intérieur de notre expérience terrestre, une transcendance grâce à laquelle nous allons pouvoir refonder des idéaux communs mais qui ne seront plus instaurés « contre la vie », comme le Nietzsche le craignait a priori de toute transcendance.

On retrouve donc une transcendance du sens dans l'expérience de l'amour, parce qu'il nous fait pour ainsi dire sortir de nous-mêmes, et cependant nous éprouvons ce sentiment non pas comme situé dans un quelconque au-delà, mais tout simplement comme enraciné dans la terre, dans notre cœur d'humains (cette métaphore du cœur, de l'intériorité la plus intime où se reflète la transcendance des êtres aimés est commune à toutes les langues, à toutes les chansons d'amour). L'amour nous oblige à nous dépasser, du seul fait de la transcendance de l'autre, de l'être aimé qui vainc notre égoïsme naturel, et pourtant cette transcendance par laquelle il est porté est vécue dans l'immanence la plus intime qui soit, celle de l'intériorité du cœur.

– *Si l'humanisme de l'amour est à la fois un approfondissement et un renversement de la déconstruction, c'est aussi, me semble-t-il, qu'en prolongeant l'effort de Nietzsche pour creuser sous les fondements de nos valeurs, on découvre, une fois libérées les dimensions de l'existence auparavant réprimées, que c'est l'amour qui les porte à la plus haute intensité et leur donne la plus grande richesse.*

– Oui. Regardez la logique de cette histoire... On a commencé par s'appuyer sur des principes radicalement extérieurs et supérieurs à l'humanité – le cosmos, le divin – pour leur substituer, par étapes, des principes toujours plus proches de l'humain. De ce point de vue, je le répète, le deuxième humanisme va plus loin encore que les philosophies de la déconstruction : ces dernières donnaient le primat à des forces inconscientes dont nous ne ressentons qu'indirectement les effets, alors que la révolution de l'amour tend, elle, à fonder la vie bonne sur un sentiment que nous éprouvons directement dans l'évidence du vécu.

On pourrait soupçonner y voir l'émergence d'une nouvelle idole au sens de Nietzsche, mais il n'en est rien : l'amour n'est pas un idéal céleste qu'on tenterait d'imposer à la vie terrestre, c'est au contraire l'expression même de la vie, de l'ici-bas. Je suis prêt à tout pour l'être aimé, en tout cas à beaucoup : il s'agit bien d'une transcendance mais, pour la première fois, cette dernière est purement humaine, à la fois spirituelle et charnelle. Au-delà même de ceux que nous aimons, de nos proches, c'est de toute façon pour des personnes plus que pour des entités abstraites que l'idée de sacrifice prend désormais à nos yeux un sens. Il y a là quelque chose d'inédit, philosophiquement parlant, une transcendance qui donne enfin un sens très fort à la vie tout en n'étant plus située au-dessus de l'existence humaine : l'être aimé est sur la terre, pas dans le ciel. En quoi l'humanisme de l'amour ne tombe pas sous le coup de la critique nietzschéenne des idoles : il ne « blasphème pas contre la terre », pour reprendre une formule du *Zarathoustra*.

CHAPITRE 3

L'humanité à la conquête de son autonomie

L'âge adulte de l'homme

– Dans ce long parcours de la philosophie qui va nous mener d'une transcendance en quelque sorte subie de l'extérieur à une transcendance induite par l'expérience vécue, ne faut-il pas voir aussi le chemin qui conduit l'humanité à la conquête de son autonomie ?

– C'est sans doute la signification la plus profonde de cette trajectoire. La civilisation européenne est le creuset d'une formidable culture de l'autonomie qui marquera les sciences, les arts et la philosophie aussi bien que la politique et les mœurs : elle se libère progressivement de toutes les figures métaphysiques traditionnelles et dogmatiques de la transcendance. En cela, elle a quelque chose d'unique, de pionnier et de grandiose, que d'autres civilisations ne manqueront pas de reprendre à leur manière. L'Europe est l'espace culturel, moral, intellectuel et politique au sein duquel l'être humain va enfin accéder au statut d'adulte. Kant le disait déjà dans un petit texte prophétique : *Qu'est-ce que les Lumières ?* La réponse de Kant à cette question, c'est que le progrès des Lumières nous a fait sortir de la minorité, autrement dit de ces âges où les hommes étaient encore dans la position d'enfants soumis à des gouvernements, mais aussi à des idéaux et à des principes sur lesquels ils n'avaient aucune prise. Bien que le processus fût encore loin d'être achevé au temps du premier humanisme, il s'inscrivait déjà dans la dynamique qui allait conduire la civilisation européenne et la philosophie occidentale vers ce moment où l'homme ne sortirait pas seulement de sa minorité, mais encore, et surtout, accéderait à lui-même.

De ce point de vue, j'ai toujours pensé, à l'encontre de la plupart de mes collègues, que Francis Fukuyama avait touché quelque chose de profondément juste en parlant de la « fin de l'Histoire ». Il ne voulait évidemment pas dire qu'il n'y aurait plus d'événements historiques ni d'éventuelles régressions totalitaires ou tyranniques, il constatait simplement que nous sommes aujourd'hui incapables de penser une philosophie et une politique supérieures à ce deuxième humanisme dans lequel l'humanité accède enfin à elle-même, à sa véritable autonomie.

– Nous avons vu que la dynamique de l'histoire de la civilisation européenne et de la philosophie occidentale, bien qu'elle aille manifestement dans le sens d'un progrès de l'autonomie, n'obéit pas, contrairement à ce que pensait Hegel, à un processus rationnel unifié qui conduirait au déploiement progressif de potentialités inscrites en germe, dès l'origine, dans la condition humaine : elle connaît des phases de régression, des détours... Pourtant, elle trace sa route vers l'humanisation des réponses à la question de la vie bonne, ne serait-ce que parce que chaque avancée dans cette direction finit par emporter l'adhésion du seul fait qu'elle nous rend plus libres.

Cela suscite deux types d'interrogations : comment les principes porteurs d'une plus grande autonomie parviennent-ils à s'imposer ? Et pourquoi les philosophies anciennes, qui pourraient paraître dépassées au regard des plus récentes, réputées débarrassées des illusions métaphysiques, continuent-elles à nous parler et à éveiller notre intérêt ?

– Sur le premier point, il faut souligner que chacune des cinq grandes époques de la philosophie apporte une réponse à la question de la vie bonne qu'on peut, en se plaçant d'un point de vue humaniste, juger « meilleure » que la précédente, dans la mesure où elle intègre un nombre toujours plus grand de dimensions de l'existence humaine, y compris dans ses aspects les plus quotidiens. Du coup, les philosophies qui s'en réclament semblent presque inévitablement plus tentantes et même plus justes. Ce n'est pas pour autant un gage de succès sur tous les plans : il peut rester dans les réponses antérieures des éléments très séduisants et, à certains égards, plus convaincants que dans les théories plus récentes. D'où vient que l'œuvre de penseurs d'un lointain passé conserve pour nous non seulement du charme, mais une forme d'actualité qui peut continuer de nous paraître extraordinairement éclairante ? Je crois que cela tient, d'abord, au fait que chaque grande réponse dévoile une manière nouvelle de gérer le fond d'angoisse existentielle que tous les êtres humains ressentent en eux. N'oublions pas que la sagesse est d'abord une tentative pour vaincre les peurs, une quête de la liberté. Car la peur, comme je le disais tout à l'heure, nous rend « bêtes et méchants », moins libres de penser et d'aimer, moins capables de nous ouvrir aux autres.

Je dirais volontiers qu'on « habite » une philosophie plus volontiers qu'une autre selon qu'elle nous paraît plus apte à vaincre nos peurs. C'est pourquoi il existe aujourd'hui encore des philosophes qui inscrivent leur pensée dans le prolongement direct de l'Antiquité gréco-romaine, tandis que d'autres tentent de refonder, fût-ce en le repensant en partie, l'humanisme des Lumières (c'est, à bien des égards, le cas de John Rawls ou de Jürgen Habermas, par exemple). Très nombreux, bien sûr, sont ceux qui adhèrent encore à une réponse religieuse, qu'elle s'appuie sur l'un des grands monothéismes, juif, chrétien ou musulman, ou qu'elle se relie à d'autres traditions d'origines plus lointaines. Enfin, le filon de la déconstruction n'est pas tari et nous ne manquons pas de philosophes dont l'ambition est d'aller plus loin sur le chemin ouvert par Nietzsche, Heidegger ou Deleuze.

L'attrait des anciennes philosophies

– *On comprend que les philosophies du passé puissent encore nous passionner en répondant en partie à nos angoisses existentielles ; il me semble cependant qu'elles ne nous permettent d'accéder que de façon très indirecte, sinon biaisée, aux enjeux les plus inédits des modes de vie contemporains. Si l'on peut toujours penser le monde d'aujourd'hui à partir des philosophies anciennes, il est, par définition, impossible de s'en tenir à elles pour donner du sens aux manières nouvelles que nous avons de vivre nos vies.*

– C'est bien pour cette raison que je tente clairement d'inscrire ma propre philosophie dans le cadre de la cinquième époque. On peut en effet considérer que la dernière réponse est la plus satisfaisante, non pas parce qu'elle est la dernière mais parce qu'elle est à la fois la plus « pleine » et la plus humaine : elle intègre en effet des dimensions de l'humanité plus vastes que les précédentes, elle rend mieux compte de la réalité de notre expérience, et elle donne donc davantage de sens à ce que nous vivons vraiment. Mais cela n'empêche pas que les philosophies plus anciennes puissent parfois répondre mieux à certaines de nos angoisses existentielles.

Je me souviens de nombreuses conversations avec sœur Emmanuelle, pour laquelle j'avais une immense affection, au cours desquelles elle me racontait comment sa vision de l'existence avait été bouleversée quand, à l'âge de six ans, elle avait vu son père se noyer devant elle, à quelques dizaines de mètres de la plage d'où elle suivait ses mouvements. Elle s'était dit alors qu'un homme, si formidable soit-il, était trop « petit », trop fragile pour ne pas blesser un jour, même involontairement, l'amour sans borne qu'on peut avoir parfois pour lui. Si, comme elle le disait si bien, elle avait « choisi Jésus comme amoureux », c'est qu'il était à ses yeux le seul dont elle était certaine qu'il ne lui manquerait jamais, qu'il ne la décevrait pas, qu'il ne pouvait pas mourir, la laisser seule au monde. Sans faire de la psychanalyse sauvage, on comprend sans peine que, face à l'angoisse générée par une expérience infantile aussi traumatisante, la vocation religieuse puisse apparaître comme la seule réponse « à la hauteur » d'un désespoir sans fond, quand bien même il existerait des philosophies plus « modernes » et plus directement en prise sur la condition de l'homme d'aujourd'hui.

Quand Sœur Emmanuelle était guidée par le sentiment que seul un amour éternel, absolu et parfait pouvait sauver sa vie du non-sens, certains seront plus vulnérables à des sources d'anxiété différentes qui n'appellent pas le même type de réponse. Prenons un autre exemple. Ceux qu'angoisse par-dessus tout non pas la fragilité d'un amour humain mortel, mais l'imprévisibilité des accidents de la vie en général, pourront se trouver plus à leur aise dans les philosophies stoïciennes ou bouddhistes plutôt que dans les religions. Le stoïcisme et le bouddhisme entendent, en effet, nous préparer à affronter les épreuves que le destin nous imposera forcément un jour ou l'autre. Dans cette perspective, ils recommandent de ne pas s'attacher à ce que nous risquons de perdre, qu'il s'agisse de personnes chères, de biens matériels ou même de projets auxquels nous consacrerions toute notre énergie. Ce sont en ce sens des philosophies qui s'écrivent entièrement au futur antérieur : « Quand la catastrophe aura lieu, je m'y serai préparé. » Épictète, le sage stoïcien, invitait ceux auxquels il s'adressait à penser tous les jours à la mort. Le dalaï-lama tient aujourd'hui le même discours à ses disciples. Il leur recommande, en outre, de « voyager léger », autrement dit de ne pas encombrer leur existence du poids des attachements qui la vouent à la peur de perdre ceux que l'on aime, à la crainte d'être privé des biens dont on jouit. Le jour où nous mourrons, plus nous aurons eu d'attaches, plus nous serons angoissés. On comprend qu'à cette aune, les bouddhistes jugent qu'il est préférable de ne pas fonder une famille et de choisir la vie monastique.

Troisième exemple : si pour vous les moments de grâce sont le sel de l'existence, si vous aspirez avant toute chose à la légèreté d'une vie intense et inventive quitte à brûler la chandelle par les deux bouts, si rien ne vous effraie tant que les carcans et la contrainte, alors allez plutôt voir chez Nietzsche. Sa pensée vous désangoissera mieux qu'aucune autre.

Je vous livre ces réflexions de manière volontairement naïve pour mettre en évidence le type de motivation qui peut nous incliner à habiter une philosophie de préférence à une autre, en fonction des réponses qu'elle apporte à nos interrogations existentielles. Même s'il y a, dans l'histoire de la philosophie telle que nous venons de la retracer, une logique très puissante à l'œuvre, qui me porte à penser que la réponse la plus récente est aussi la plus belle et la plus forte, je comprends parfaitement que certains s'épanouissent chez Nietzsche, d'autres chez Kant, d'autres encore chez Spinoza, Platon ou Aristote...

Deux usages de la philosophie

– Cela nous invite à distinguer deux usages de la philosophie. L'un, plus personnel, consiste à y chercher des analyses, des principes et des façons d'appréhender notre univers qui répondent à nos angoisses existentielles ou à nos aspirations individuelles. L'autre, relevant davantage d'une approche culturelle ou de civilisation, vise à mieux comprendre les idées et les formes de pensée qui fondaient les conceptions du monde et du sens de la vie à chaque époque, et, finalement, à éclairer la période contemporaine. La philosophie, c'est « son temps saisi dans la pensée », disait Hegel...

– J'ai toujours aimé cette définition de Hegel, qui me paraît d'une grande profondeur. Elle nous permet de comprendre pourquoi la philosophie élargit son horizon au fil de l'Histoire tout en gagnant en complexité, mais aussi, pour le meilleur et pour le pire, en technicité. Chaque génération accroît le patrimoine d'idées qu'elle lègue à la suivante. Hegel aimait aussi citer le mot fameux de Bernard de Chartres : « Nous sommes des nains juchés sur des épaules de géants. »

– *Les grands philosophes offrent à leurs contemporains une perspective et des concepts qui, pendant des décennies, parfois des siècles, permettront à ceux qui s'en inspireront d'avoir un accès plus direct, plus complet, plus profond et, à certains égards, plus efficace aux diverses formes de l'expérience humaine caractéristiques de l'époque. Ce rôle essentiel dans l'histoire de la civilisation ne s'arrête pas au petit nombre de gens qui étudient les œuvres de ces auteurs ; par divers intermédiaires, il en vient à toucher une large frange de l'opinion publique. Même si on n'a pas lu une seule ligne des penseurs en question, on finit par être imprégné par des éléments de leurs doctrines, si approximatifs soient-ils. L'exemple, évoqué plus haut, des jacobins qui, pendant la Révolution française, transposaient « dans la rue » le geste cartésien de la « table rase » en est une illustration : on se doute que tous les sans-culottes n'avaient pas lu les* Méditations métaphysiques *de Descartes ! Chacun est conduit à philosopher sans même s'en apercevoir, comme M. Jourdain faisait de la prose, dès qu'un événement ou une situation l'oblige à réfléchir sur sa façon de voir les choses et, le cas échéant, à la modifier : une passion amoureuse, la naissance d'un enfant, un deuil ou simplement le fait de changer de métier nous poussent à réviser nos conceptions sur l'amour, la mort, nos relations avec les autres. Mais ces réflexions personnelles s'appuient le plus souvent sur un fonds commun d'idées qui sont « dans l'air » et qui proviennent, pour la plupart, directement ou indirectement, de principes, concepts ou analyses empruntés aux grands philosophes.*

– Tout le monde, cela va de soi, a le droit de philosopher et personne, du reste, ne s'en prive tout à fait. Certes la philosophie n'est nullement réservée à un petit nombre de professionnels, mais ne faisons pas de démagogie, comme c'est parfois le cas dans les cafés philo qui sont trop souvent des cafés du commerce ! Contrairement à ce que j'entends parfois de la part de certains professeurs, il existe bel et bien un corpus de savoirs philosophiques constitués qu'il est à mon avis totalement indispensable de maîtriser si l'on veut parvenir un jour à penser par soi-même.

L'érudition et la technicité ne suffisent évidemment pas à faire un philosophe, c'est-à-dire à construire une vision philosophique originale, mais elles sont nécessaires à qui prétend y parvenir. Il en va comme en musique : chacun peut fredonner dans sa salle de bains, certains sont même capables de faire de jolies chansons sans connaître le solfège (encore qu'en général, même les chanteurs de variétés jouent plus ou moins d'un instrument), mais il n'est pas imaginable de composer des œuvres d'une qualité comparable à celles de Bach, Beethoven ou Debussy si l'on n'a pas été familiarisé avec l'analyse musicale, si l'on ne maîtrise pas le solfège, l'harmonie et le contrepoint, et si l'on ne sait rien des styles qui se sont succédé dans l'histoire de la musique. De la même manière, si tout le monde philosophe peu ou prou, le développement d'une réflexion philosophique authentique, a fortiori l'invention de nouveaux concepts supposent que l'on possède un savoir réel de l'histoire de la philosophie, des œuvres des grands auteurs, ainsi qu'un long entraînement à l'exercice de cette forme de pensée.

Les cafés philo répondent à un désir de philosophie que je trouve sympathique, mais ils ne doivent pas donner l'idée fausse qu'il suffirait de discuter autour d'une table de bistrot pour philosopher. Nous sommes les héritiers d'une longue tradition, de la succession des cinq grandes périodes de la philosophie que nous venons d'esquisser. À l'ignorer, on risque simplement, comme on dit, de « découvrir l'Amérique », de croire que l'on invente des idées profondes sans se rendre compte qu'elles ont été déjà pensées dix fois avant nous et, surtout, beaucoup mieux par d'autres ! En cette matière comme en d'autres, l'amateurisme ignore les références et les outils indispensables pour mener à bien ses réflexions, il ne dispose pas des repères nécessaires pour distinguer entre les terres encore vierges de la pensée et les lieux communs.

Comme je l'ai suggéré au début de notre conversation, toutes les grandes philosophies, à quelque époque qu'elles appartiennent, s'organisent toujours autour de trois principaux axes de réflexion. Le premier porte sur la vérité et les connaissances : que puis-je connaître ? Quelle est la fiabilité de nos connaissances ? Comment parvenons-nous à les acquérir ? La deuxième grande question concerne la sphère morale : qu'est-ce que le bien et le mal ? Que signifie « bien agir » ? Comment définir le « juste », par exemple lorsque l'on parle d'un

« comportement juste » ou d'une « société juste » ? Enfin, l'investigation philosophique conduit toujours vers une interrogation ultime, celle qui touche à la sagesse, au sens même de la vie, c'est-à-dire à la définition de la vie bonne pour les mortels. Toutes ces questions qui se posent à chacun d'entre nous, fût-ce confusément, à divers moments de notre vie, trouvent des réponses grandioses dans les œuvres des grands philosophes. C'est pourquoi l'un des buts de ce livre est de permettre à chacun, y compris au non-spécialiste de la philosophie, de se les approprier.

PREMIÈRE PÉRIODE

L'Antiquité

L'ordre harmonieux du monde
(Hésiode, Platon, Aristote)

CHAPITRE 4

Hésiode : dans le creuset des dieux

Au commencement était le chaos

– Nous voilà maintenant prêts au voyage, pourvus du cadre de références nécessaire pour parcourir cette étonnante histoire de la philosophie en abordant de façon plus précise les mouvements d'idées, les auteurs majeurs et les changements de perspective qui ont marqué chacune des époques. Nous partons donc de l'origine, de ce moment où la mythologie grecque engendre une première vision : l'harmonie du cosmos au sein de laquelle l'homme doit, par ses propres moyens, trouver sa place. Comment cette conception s'est-elle mise en place et comment va-t-elle se transposer sur le terrain rationnel, indépendant de la religion, qui sera celui de la philosophie ?

– Il faut, en effet, commencer par répondre à cette question[1]. Pour en résumer la substantifique moelle, je partirai d'un texte fondateur, la *Théogonie* d'Hésiode (VIIe siècle avant Jésus-Christ) qui fut le premier poète à faire un récit complet de la « naissance des dieux » – c'est, en grec, le sens du titre donné au poème – mais aussi de la genèse de l'harmonie cos-

1. C'est d'ailleurs la raison pour laquelle j'ai consacré un de mes livres, *La Sagesse des mythes*, à l'analyse du sens proprement philosophique des grands mythes grecs.

mique. C'est un récit magnifique qui va servir de matrice à l'essentiel de la philosophie grecque (je m'en tiendrai aux moments clés de cette histoire, à ses principales articulations, à ses personnages essentiels, aux éléments indispensables à la compréhension du sens philosophique).

Au commencement, il n'y a pas le Verbe (le Logos) comme dans l'Évangile de Jean. Au contraire, la première divinité – dont la naissance précède toutes les autres et notamment celle, bien plus tardive, de Zeus – a pour nom Chaos, dénomination indiquant que nous sommes à l'opposé du cosmos harmonieux. Chaos n'a pas encore les singularités d'une divinité personnelle : il n'a pas de visage, pas de conscience, pas de traits de caractère individuels. Il n'est qu'un abîme, un trou noir, une espèce de puits sans fond ni bord où tout est indistinct. Un peu comme dans ces cauchemars que nous faisons tous un jour ou l'autre où l'on tombe sans fin, sans pouvoir jamais s'arrêter, Chaos est un abîme infini dans lequel celui qui chuterait ne cesserait plus jamais de tomber.

– À l'origine, on est donc aussi loin que possible de l'harmonie cosmique ! La rationalité du cosmos, sa bonté et sa beauté, auquel le sage s'efforcera de se conformer, vont donc être le produit d'une construction élaborée : on peut imaginer que cela contribue à les rendre plus accessibles à la raison humaine, non ?

– Il est vraisemblable, en effet, que cet aspect de la mythologie grecque ait facilité la naissance de la philosophie antique, ce qu'on a appelé le « miracle grec ». Si l'on veut saisir la signification profonde des premières philosophies qui en sont nées, repérer ce qu'elles lui doivent et en quoi elles s'en séparent, il est important de comprendre comment cette mythologie porte en elle une conception spécifique de l'univers et du sens de l'existence humaine.

La naissance des dieux

Revenons donc à la généalogie des dieux. Après Chaos, une deuxième divinité apparaît, sans que l'on sache trop comment – comme la rose d'Angelus Silesius, poète allemand du XVIIe siècle, elle est « sans pourquoi », elle a quelque chose de miraculeux ; dans le langage de Heidegger, on dirait que c'est le « miracle de l'Être ». Elle s'appelle Gaïa, la terre. Elle est le contraire de Chaos. Gaïa, elle, ne vous laisse pas tomber, dans tous les sens du terme ! C'est du solide ; si vous posez le pied dessus, elle vous soutient. C'est la terre, mais c'est aussi la mère sur laquelle on peut compter et s'appuyer. C'est d'elle que vont sortir presque toutes les autres divinités, à commencer par la troisième : Ouranos, le ciel. Elle l'engendre par sa propre puissance, à partir de sa substance même, sans avoir besoin pour cela de s'unir à un partenaire. Ce fils va aussitôt devenir son amant. Il faut dire que puisqu'ils sont seuls au monde, l'inceste est inévitable. Ouranos, le ciel, est alors pour Gaïa, la terre, comme une seconde peau. Il est en permanence couché sur elle, il la recouvre sur toute sa surface et, disons les choses sans fard, il lui fait l'amour sans discontinuer. De leur union va naître une nombreuse progéniture : les dieux sont les enfants de l'inceste (encore une fois, à ce moment de l'histoire du monde, il n'y a pas moyen de faire autrement). Cette génération divine va alors se répartir en trois groupes.

D'abord, les douze Titans : six hommes et six femmes. Ils sont terribles, d'une force incommensurable, « titanesques » comme on dit encore aujourd'hui, et comme tous les dieux, ils sont immortels, donc totalement indestructibles. Leur parfaite beauté n'a d'égale que leur violence sans limite. Ce sont les premiers dieux personnels et la guerre est leur vocation pour une raison de fond : ils sont encore tout proches du chaos originel où ne se déploie que le combat anarchique des forces naturelles. Ce sont donc des dieux nés du chaos initial et marqués par lui au point que le conflit est leur affaire quotidienne.

Ensuite, il y a les trois Cyclopes, dont les noms sont parlants puisqu'ils désignent, respectivement, la foudre, le tonnerre et l'éclair. On le verra, ils vont donner leurs armes à Zeus quand celui-ci combattra les Titans.

Enfin, la troisième catégorie des enfants d'Ouranos et de Gaïa est celle des Hécatonchires, ce qui en grec veut dire « cent bras » : ce sont des espèces de monstres qui possèdent en effet chacun une centaine de bras immenses. Les Cent Bras sont encore plus violents et plus forts, si cela est possible, que les Titans.

Tous ces enfants – les douze Titans, les trois Cyclopes et les trois Cent Bras – sont enfermés dans le ventre de Gaïa comme dans une prison. Pourquoi ? Parce que Ouranos, leur père, ne veut surtout pas les laisser sortir : il a peur qu'ils ne lui prennent sa place, sa femme, et son pouvoir. Ouranos reste donc collé à Gaïa. Il la couvre si bien qu'il ne laisse aucun espace pour que les enfants puissent sortir et voir le jour.

Mais Gaïa est furieuse. Son ventre, devenu énorme, lui fait mal, et surtout, elle aimerait bien voir ses enfants. Alors, elle s'adresse à eux de manière à ce qu'ils l'entendent au cœur de ses entrailles où ils sont relégués. « Y en a-t-il un parmi vous, leur dit-elle, qui aura le courage de nous débarrasser d'Ouranos, de ce père qui ne veut pas vous laisser sortir de mon ventre pour voir le jour ? Si vous voulez sortir, si vous voulez naître et voir la lumière, je vous y aiderai. »

L'origine de l'espace et du temps

C'est le cadet des Titans, le jeune Kronos, qui finalement se déclare prêt à combattre son père. Gaïa fabrique alors dans son ventre une faucille en métal qu'elle confie à son fils. Quand Ouranos fait à nouveau l'amour avec Gaïa, Kronos saisit le sexe de son père au moment où il la pénètre et il le coupe, de la main gauche – qui à cause de cela deviendra pour toujours la « mauvaise » main, la *sinistra* (d'où vient le mot « sinistre »).

Avec une extraordinaire acuité, le mythe fait de cette castration d'Ouranos, qui met fin au règne de la seule satisfaction immédiate et sans limites de ses désirs, le symbole de la naissance de l'espace et du temps. On en retrouvera un écho jusque chez Freud, lorsqu'il verra dans la castration symbolique, induite par le tabou œdipien de l'inceste, la source d'une nouvelle élaboration des désirs de l'individu qui lui permettra de les projeter dans un cadre social et culturel plus large, hors de sa famille. Pourquoi cette castration signe-t-elle la naissance de l'espace et du temps ? Parce que, sous l'effet de la douleur, Ouranos se décolle enfin de Gaïa, le ciel s'écarte de la terre, il s'enfuit en hurlant « vers le haut », là où il apparaîtra désormais comme une sorte de plafond du monde, image on ne peut plus spectaculaire de la naissance de l'espace.

Mais cette ouverture de l'espace va se révéler être simultanément l'origine du temps : en permettant aux enfants de sortir du ventre de leur mère, elle leur donne en effet les moyens de vivre leur vie et d'avoir eux-mêmes des enfants, initiant ainsi un cycle de générations dont la succession se confond avec le temps historique. Avant la castration d'Ouranos, le temps et l'Histoire étaient pour ainsi dire arrêtés, bloqués. La naissance des Titans inaugure le renouvellement des générations et l'historicité qui en est le corollaire. Dès lors le Temps aura sa divinité. Kronos avec un K va devenir Chronos avec un « Ch », c'est-à-dire le dieu du temps (Saturne chez les Romains).

La guerre des dieux

– *Un ordre commence donc à s'esquisser, même s'il est encore bien loin d'être harmonieux. Des entités puissantes et distinctes s'affirment (la terre, le ciel, leurs enfants) au sein d'un espace et d'un temps désormais définis. Cependant, la violence domine toujours ce fragile équilibre qui, s'il repose sur des acteurs ou des réalités mieux identifiés et un cadre plus structuré, ne tient qu'aux rapports de force et à la contrainte. Comment et pourquoi va-t-on passer à un ordre universel « juste, beau et bon » ?*

– Pour y parvenir, il va falloir « faire la guerre à la guerre », combattre la violence, se libérer des contraintes de la force brute, puis instaurer un ordre supérieur, capable d'induire un équilibre pacifique et pérenne du monde. C'est ce que racontent deux moments clés de cette géniale histoire : l'épisode de la guerre des dieux, suivi du juste partage que saura réaliser Zeus avec ses collègues de l'Olympe... Voyons comment tout cela s'organise en reprenant le fil de notre histoire.

Kronos va épouser une de ses sœurs, une Titanide, du nom de Rhéa. Avec elle, il aura à son tour six enfants. Mais il n'est pas moins méfiant envers eux qu'Ouranos ne l'était envers lui et ses frères. Il faut dire qu'il est bien placé pour savoir que les enfants sont dangereux, lui qui a coupé le sexe de son propre père ! Kronos décide donc d'avaler ses enfants avant qu'ils ne commencent à grandir. C'est là encore un symbole, celui du temps qui, pour ainsi dire, se dévore lui-même en permanence : les années mangent les jours, les jours avalent les heures, les heures engloutissent les minutes, qui gobent les secondes, etc.

À l'instar de sa mère Gaïa, Rhéa souffre atrocement du traitement que son époux réserve à leur progéniture. Elle décide donc de sauver le petit dernier, le cadet là encore : Zeus – qui va bientôt devenir le roi des dieux, construire le cosmos et mettre fin au chaos. Afin de le soustraire à l'appétit de Kronos, elle le cache, avec l'aide de Gaïa, dans une grotte profonde que Gaïa (dont je vous rappelle qu'elle est la terre même) a aménagée pour le petit Zeus. Puis elle met une pierre dans les linges du bébé et sert le tout à Kronos qui, manifestement peu porté sur la gastronomie, n'en fait qu'une bouchée sans soupçonner la substitution. Zeus va grandir paisiblement, à l'abri de la vindicte paternelle, nourri par la corne d'abondance de la chèvre Amalthée d'où coulent des nourritures divines. Il devient un adolescent magnifique, puis un jeune adulte d'une beauté et d'une force incomparables.

Zeus décide de s'attaquer à son père pour libérer ses frères et sœurs qui, étant immortels, sont encore en vie dans le ventre de Kronos. C'est ainsi que commence la fameuse guerre des dieux qui va opposer la première génération, celle des Titans, conduite par Kronos, à la seconde, celle de Zeus et de ses frères et sœurs, qu'on va appeler les Olympiens parce qu'ils feront du mont Olympe leur séjour.

Rappelons, avant de nouer ensemble tous les fils de cette histoire, que Kronos ne se méfie pas seulement de ses enfants, mais aussi de ses frères, raison pour laquelle il a fait enfermer les Hécatonchires et les Cyclopes au fond de la terre, dans un lieu effrayant, sombre, froid et humide, qu'on appelle le Tartare. Rappelons aussi, pour mieux comprendre le dénouement du récit, que Zeus est non seulement d'une force gigantesque mais aussi d'une intelligence devenue sans limite depuis... qu'il a avalé (une tradition familiale, en quelque sorte) Métis, sa première femme ! Métis, c'est la ruse et l'intelligence à la fois. Elle peut prendre toutes les formes possibles et imaginables, de sorte que le jour où Zeus lui demande de se transformer en goutte d'eau, elle n'a aucun mal à le faire... et lui aucun mal non plus à l'avaler (on retrouvera dans *Le Chat botté* une anecdote analogue, quand le chat demande à l'ogre de se transformer en souris... avant, lui aussi, de le croquer !).

C'est grâce à cette intelligence qu'il a désormais en lui que Zeus comprend que son intérêt est aussi de libérer les Cyclopes et les Hécatonchires. Il les fait donc sortir de leur prison, ce qui en fait aussitôt des alliés qui lui voueront une reconnaissance éternelle. Aussi les Cyclopes vont-ils lui donner les armes (la foudre, l'éclair et le tonnerre) grâce auxquelles il va gagner la guerre contre les Titans. Ce n'est pas ici le lieu de rentrer dans les diverses péripéties de cette histoire, si passionnantes et pleines d'enseignements soient-elles ; venons-en donc à sa conclusion, qui lui donne tout son sens philosophique.

Dès que Zeus a gagné la guerre contre les Titans et qu'il les a fait enfermer à leur tour dans le Tartare, derrière d'énormes portes de bronze gardées par le chien Cerbère et les Cent Bras, il s'emploie à conférer au monde un ordonnancement parfait, qui en harmonise les différentes parties, les régule et assure leur coexistence selon des principes rationnels et justes. De sorte qu'à la violence et au chaos qui caractérisaient la précédente génération de dieux, va succéder, sous l'autorité de Zeus et des Olympiens, un *cosmos*, un ordre du monde foncièrement harmonieux, juste, beau et bon, où tous ceux qui ont un peu de sagesse en eux comprendront ce qu'on gagne à y trouver sa juste place.

De la mythologie à la philosophie

– Il est remarquable que l'instauration de l'ordre harmonieux du monde soit le fait de dieux qui, à la différence de ceux des premières générations, ont des traits et des caractères personnels marqués. La majorité d'entre eux, de surcroît, règne sur des domaines liés aux activités humaines (les arts, les techniques, la guerre, les moissons, l'amour, etc.) Comme s'il fallait introduire une perspective d'ordre en quelque

façon culturelle dans le cosmos pour en équilibrer durablement les forces primaires.

– Zeus, en effet, prend une initiative qui sera le principe fondamental de toute la philosophie grecque, du moins dans sa tradition cosmologique : il décide un juste partage du monde, un univers qu'il divise de manière équitable entre tous les dieux qui l'ont aidé, en veillant de surcroît à ce que ce soit avec leur accord. Zeus agit ici non seulement selon la ruse et l'intelligence (Métis, sa première femme), secondées par la force que lui donnent les Cyclopes, mais encore selon la justice (Thémis, sa deuxième femme). On peut donc dire pour résumer que *c'est grâce à la ruse et à la force qu'il gagne la guerre, et grâce à la justice, au juste partage du monde en un ordre cosmique harmonieux qu'il va conserver la victoire.*

– *Et c'est cet ordre cosmique harmonieux, extrait de la mythologie, qui va être repris et transformé en discours philosophique par les grands penseurs grecs.*

– En effet, c'est de ce « jugement de Zeus », qui ordonne le juste « partage originaire » du monde (*Urteil*, comme dit si bien l'allemand, d'un mot qui n'a pas d'équivalent en français), que le cosmos va naître. Selon la formule qui va devenir la clé du droit romain, Zeus « rend à chacun le sien », c'est-à-dire qu'il donne aux uns et aux autres ce qui leur revient de droit : il récompense les bons et punit les méchants selon la justice. Il enferme les Titans dans le Tartare, et il donne à chacun des autres dieux la partie du monde qui lui revient : la mer à Poséidon, la terre à Gaïa, le ciel à Ouranos, les sous-sols à Hadès, les saisons et les moissons à Déméter, etc.

C'est de ce juste partage que naît enfin l'idée d'un monde harmonieux, l'idée d'un cosmos équilibré, bien organisé comme un organisme vivant où chaque membre, chaque organe possède sa juste place, son « lieu naturel » comme dira Aristote. Et c'est ce monde que les philosophes grecs vont désigner sous le nom de « cosmos ».

Selon eux, le cosmos est à la fois divin et logique (*theion* et *logos*) : divin parce que fait par les dieux et non par les hommes, logique parce que compréhensible par la raison. Et c'est ce cosmos qui va servir à définir la vie bonne, à définir le sens de la vie, comme dans l'histoire d'Ulysse : *la vie bonne, c'est la vie en harmonie avec le cosmos, autrement dit en harmonie avec l'harmonie universelle du monde.*

Le sens de la vie passe donc du chaos à l'ordre cosmique, comme le destin d'Ulysse va de la guerre à la paix, d'Éris, la discorde, à Ithaque, son île, son lieu naturel où il peut retrouver la sérénité que procure le sentiment d'être enfin en accord avec les siens comme avec soi-même. Mais pour pouvoir définir la vie bonne comme un « ajustement à ce qui est juste », comme une mise en harmonie de soi avec l'harmonie du monde, encore fallait-il d'abord que cet ordre, ce cosmos existe ! Grâce à Zeus, si j'ose dire, c'est maintenant chose faite, et c'est en s'appuyant sur les illustrations que les mythes en donnent que les philosophes pourront en tirer des représentations rationnelles, morales et existentielles cohérentes, indépendantes de la religion : malgré la présence des dieux, on n'est loin, en effet, d'accorder à ceux-ci le rôle de pourvoyeurs du salut que les grandes religions monothéistes reconnaîtront plus tard au Dieu unique. C'est aux hommes de trouver leur salut par eux-mêmes au sein de cet ordre cosmique.

– *Que le cosmos, une fois instauré par Zeus, soit caractérisé par une parfaite harmonie n'empêche pas que celle-ci soit sans cesse menacée par des humains, ou encore par des monstres qui, saisis par la démesure* (hybris), *refusent de rester à leur place. Comment faut-il comprendre ce jeu incessant de l'ordre divin et de sa perturbation ? En quoi la mythologie et la philosophie se différencient-elles sur cette question ?*

– Tous les mythes grecs, sans aucune exception, vont tourner désormais autour de la même question : comment maintenir cet ordre, ce cosmos, face aux résurgences toujours possibles des forces titanesques, du chaos et du désordre ? Les forces du désordre peuvent en effet s'incarner dans des monstres, comme ceux contre lesquels Héraklès (Hercule), par exemple, doit lutter au cours de ses fameux travaux. Elles peuvent aussi s'incarner dans les humains qui, depuis que Prométhée leur a donné le feu et les arts, pèchent par *hybris*, par orgueil, par arrogance et démesure – thème qu'on retrouvera dans l'écologie contemporaine où l'homme apparaît encore comme le seul animal capable, pour réaliser ses propres fins, de se rebeller contre la nature au point de risquer de détruire ses propres conditions de vie et celles des autres espèces, ce qui est une manifestation par excellence d'*hybris*. La mythologie illustre la prééminence de l'ordre divin en montrant que ceux qui le bafouent sont punis par là même où ils ont « péché », autrement dit par les conséquences néfastes du désordre qu'ils ont introduit en se croyant au-dessus des dieux (nous en avons donné un exemple avec l'histoire de Tantale).

Le miracle grec

– *Comment le passage de la mythologie à la philosophie s'est-il réalisé dans les faits ? Peut-on en reconstituer l'histoire ?*

– C'est à Jean-Pierre Vernant que l'on doit, au moins dans la tradition française, cette idée qu'à partir du VIe siècle avant Jésus-Christ s'opère, avec ce que l'on a appelé le « miracle grec », une transition entre mythologie et philosophie qui va conduire cette dernière à s'approprier le noyau rationnel des mythes pour le théoriser et en développer les conséquences touchant la connaissance, l'éthique et le sens de l'existence humaine. Elle commence avec ces penseurs que l'on a appelés les « présocratiques » (dont les deux plus connus sont Parménide et Héraclite, mais dont font aussi partie Empédocle, Anaximandre, Anaximène ou encore Thalès). Ce sont d'abord eux qui, tirant parti notamment du caractère impersonnel des premiers dieux, images presque transparentes des réalités naturelles qu'ils symbolisent (le désordre originel pour Chaos, la terre pour Gaïa, le ciel pour Ouranos), ont entrepris de « séculariser » la mythologie en retrouvant, derrière ces grandes divinités, les *éléments* physiques qu'elles représentaient (l'eau, la terre, l'air, le feu). C'est d'ailleurs la raison pour laquelle on a appelé ces premiers philosophes les « physiciens » : inversant la perspective propre à la mythologie, ils cessent de chercher les dieux « derrière » la nature pour identifier au sein même des éléments naturels un ordre rationnel et divin.

Au cours de ce processus de sécularisation, les dieux vont, en quelque sorte, se voir réduits à ce qu'ils étaient au départ, à savoir des fragments de l'ordre cosmique. Il ne s'agit pas pour autant d'un retour en arrière, qui consisterait à revenir au simple constat qu'il existe plusieurs éléments dans la nature ; on va au contraire s'efforcer de définir, en usant des seules armes de la raison, ce qui caractérise ces éléments et leurs relations, en visant à lever le voile sur leurs principes fondamentaux, avec une profondeur au moins égale à celle de la mythologie. La philosophie va ainsi commencer à analyser ces fragments de l'univers en essayant de réduire l'harmonie cosmique à l'unité : c'est en ce sens que Thalès dira que « tout est eau », d'autres que tout est air, d'autres encore que tout est *apeiron*, indéfini et indéterminé (thèse moins éloignée des précédentes que l'on pourrait le croire puisque l'eau et l'air sont ce qui n'a pas de saveur, pas de qualité particulière, ce qui est insaisissable parce que neutre). C'est déjà le premier pas de la systématisation du monde.

La sécularisation des thèmes mythologiques entraîne une rationalisation des représentations de l'univers, qui débouche à son tour sur une tentative de répondre également par les moyens de la seule raison à la question de la vie bonne, celle-là même qu'Hésiode et Homère n'avaient pu appréhender que sous le prisme de la mythologie. C'est ainsi que le thème mythique de la vie en harmonie avec le cosmos va devenir l'objet d'une réflexion rationnelle et méthodique visant à le fonder et à en expliciter les conséquences dans les divers domaines d'activité humaine. On doit aux présocratiques l'ouverture de ce champ nouveau. Bien que nous n'ayons qu'une idée partielle de leurs œuvres, au travers des fragments qui nous en restent ou des commentaires qu'elles ont suscités dans l'Antiquité, on est impressionné par leur profonde inventivité et leur conscience des difficultés inhérentes à leur projet.

Cependant, c'est avec Platon que l'on va avoir pour la première fois une œuvre philosophique véritablement constituée, pleinement développée dans chacun des trois niveaux constitutifs de la discipline : une théorie de la connaissance, une conception du juste et de l'injuste (une morale et une politique), et une réflexion sur la vie bonne, une sotériologie, c'est-à-dire une doctrine du salut sans Dieu, par la raison et par soi-même.

CHAPITRE 5

Platon : la première philosophie complète

La théorie de la vérité

– *Maintenant que nous avons une idée plus claire de ce qu'est la philosophie et de la manière dont elle s'est séparée de la mythologie grecque, pénétrons plus avant dans l'œuvre des grands philosophes. Commencer par Platon (428-348 av. J.-C.) s'impose : sa philosophie est la première à couvrir tous les grands domaines de l'expérience humaine en les rattachant à des principes fondateurs qui valent pour l'ensemble. En ce sens, elle définit le champ et les démarches par rapport auxquels tous ses successeurs auront à se situer.*

– Si l'on veut comprendre la philosophie de Platon, en quoi elle est à la fois une sécularisation de la mythologie grecque et la conquête d'une nouvelle façon d'appréhender la condition humaine, on doit commencer par réfléchir sur sa conception de la vérité et sur la voie qu'il emprunte pour l'établir. C'est d'autant plus important que ses choix à cet égard vont marquer toute la philosophie occidentale jusqu'à Marx, Freud, Nietzsche et même Heidegger. Il faut pour cela partir du débat, constamment présent dans l'œuvre de Platon, entre le personnage principal qu'est Socrate et les sophistes. Laissons de côté, pour simplifier, les quelques œuvres de Platon qui ne sont pas dialoguées ou dans lesquelles Socrate n'a pas le premier rôle ; la forme dialoguée constitue l'essentiel de l'œuvre platonicienne et elle montre déjà en elle-même l'exigence d'une argumentation rationnelle qui va distinguer philosophie et mythologie. Dans ces dialogues apparaît sans cesse l'idée que le discours peut avoir deux finalités différentes : il peut avoir une visée philosophique et scientifique, relevant de la recherche de la vérité, ou, au contraire, comme le veulent les sophistes, il peut avoir pour ambition de séduire, de charmer, de persuader, à l'exclusion, selon l'expression de Nietzsche, de toute « volonté de vérité ».

Le modèle du discours sophistique, c'est la parole politique mais aussi le langage poétique ou les propos du séducteur : peu importe que ce que je dis soit la vérité ; ce qui compte, c'est que je charme mon auditoire, qu'il s'agisse du peuple assemblé, d'un public auquel je raconte un mythe, ou d'une jeune femme que je cherche à mettre dans mon lit. Dans les trois cas de figure, il s'agit d'emporter l'adhésion, pas de dire la vérité.

Les dialogues de Platon font une place centrale à l'opposition de ces deux types de discours, celui du philosophe qui recherche la vérité et se fait fort de la fonder, face à celui des sophistes qui ne croient pas en une vérité universelle mais qui cultivent l'art de la rhétorique, l'art oratoire, seul capable, à leurs yeux, de séduire et d'entraîner ainsi l'adhésion. Platon et Socrate vont élaborer leur théorie de la vérité en opposant une réponse argumentée au relativisme radical des sophistes, et en réfutant un sophisme célèbre. Il existe toutes sortes de sophismes. L'un des plus célèbres, c'est celui du Crétois qui déclare lui-même : « Tous les Crétois sont des menteurs », affirmation qui se contredit elle-même : si celui qui la prononce dit vrai, sa proposition est fausse et, s'il ment, elle ne saurait être vraie. Autre sophisme, qui prend l'apparence d'un syllogisme : « Ce qui est rare est cher, or un cheval bon marché est rare, donc un cheval bon marché est cher. »

C'est un troisième sophisme qui va servir de point de départ à la théorie platonicienne de la connaissance : « Si l'on cherche la vérité, affirme ce sophisme, on ne peut, par définition, jamais la trouver. » En effet, pour qui ne connaît pas la vérité, il n'est aucun moyen de disposer d'un critère *vrai* permettant de la reconnaître et de distinguer les opinions vraies des fausses (« critère », rappelons-le, vient du verbe grec *krinein* qui signifie « séparer », et qui a donné des mots comme « crise », « crible », « critique » en français). Cela contredit l'idée que nous puissions la chercher, puisqu'il faut déjà l'avoir sous la forme de ce critère pour la trouver ! CQFD.

Connaître, c'est reconnaître

Platon répond à ce sophisme par une théorie fondée sur ce qu'il appelle l'« anamnèse », c'est-à-dire la remémoration des idées avec lesquelles notre âme était, selon lui, en contact avant qu'elle ne s'incarne dans notre corps lors de notre venue au monde. Avant leur naissance, les humains habitaient en effet le « monde des Idées », une sorte de paradis réunissant les âmes et, plus généralement, les Idées qui donnent leurs formes et leurs propriétés à tous les êtres et à toutes les choses dont elles sont la vérité même. Dépourvue de corps et privée d'organes sensoriels trop souvent trompeurs, l'âme, dans ce monde purement intelligible, pouvait alors contempler ces Idées pures, par exemple celles des mathématiques, sans passer par le regard déformant des yeux du corps, en recourant à la seule puissance de l'intelligence : l'âme était donc en présence directe de la vérité et en parfaite adéquation avec elle.

Dans cette perspective, la naissance constitue inévitablement une chute au sens quasi biblique du terme : c'est une déchéance, un déclin, une catastrophe. Elle fait tomber l'âme dans cette prison (*sema*) qu'est le corps (*soma*), où elle se retrouve exposée à toutes les erreurs possibles parce que les sens sont trompeurs. Pourquoi le sont-ils ? Donnons tout de suite l'argumentation dont Descartes reprendra l'essentiel dans le fameux passage de la deuxième des *Méditations métaphysiques* consacré à l'analyse du morceau de cire. Celui-ci se présente à nous sous une forme dure et inodore quand il est froid, liquide et odorant si nous l'approchons du feu. À nous en tenir à nos impressions sensorielles, force serait de conclure que nous avons affaire à deux réalités différentes. Seule l'intelligence, qui analyse de façon critique ces informations des sens, permet de découvrir la vérité, à savoir que nous sommes en face de deux états d'un même matériau. On peut dire la même chose des trois états de l'eau selon la température à laquelle elle se trouve (solide, liquide, gazeux), et d'un nombre indéfini de situations où nos sens révèlent leurs insuffisances.

La thèse de Platon, c'est que notre âme a connu la vérité dans le monde des Idées, mais que la chute de la naissance, en l'emprisonnant dans notre corps, nous a fait oublier, dans un premier temps au moins, tout ce que nous savions. Le nourrisson est d'abord dans la colère, tant cette chute semble pénible et douloureuse ; il est livré à tous les besoins, tous les désirs, toutes les peurs imaginables, donc il est aussi éloigné que possible du souci de la vérité ; il ne sait rien, ne peut parler de rien et n'a encore aucune connaissance vraie, adéquate, du monde qui l'entoure.

Après le temps de la contemplation purement intellectuelle à laquelle l'âme s'adonnait dans le monde des Idées, puis celui de la totale amnésie qui accompagne la venue au monde, peut venir enfin un troisième temps, qui est la clé de voûte de la théorie platonicienne de la vérité : en critiquant méthodiquement nos impressions sensorielles et les croyances communes, nous retrouvons les Idées vraies que nous avions oubliées. Pour Platon, *la connaissance est donc re-connaissance, re-mémoration, anamnèse* (anamnesis). Et, on le comprend maintenant, le dialogue platonicien est, par excellence, le moyen de favoriser une telle remémoration, car il conduit à se défaire des opinions fausses (qui ne résistent pas à la critique rationnelle) et oriente ainsi notre intelligence, à mesure qu'elle se débarrasse de ses œillères, dans la « bonne direction », pour retrouver les Idées vraies et les reconnaître dans leur vérité. Telle est la fonction du dialogue platonicien : nous faire retrouver en nous-mêmes la vérité que nous avions connue mais que nous avions oubliée au moment de notre chute dans le monde matériel. La méthode pour y parvenir, c'est ce que Socrate appelle la « maïeutique » (mot qui désigne, en grec, l'activité de la sage-femme faisant accoucher les mères, à ceci près qu'il s'agit ici de faire accoucher les esprits).

Cette thèse d'une connaissance en trois temps – l'adéquation avec les Idées, l'oubli à la naissance, puis la remémoration – répond au paradoxe sophistique dont nous parlions : puisque j'ai déjà connu la vérité (avant ma naissance), je saurais la reconnaître lorsque j'y serai confronté. Comme le dira Spinoza, *verum index sui*, « le vrai est son propre critère ».

Le monde des Idées

– *On voit donc bien comment la « matrice » mythologique originelle se transpose dans une philosophie qui se veut rationnelle. Schématiquement, elle suit, me semble-t-il, trois étapes. Pour que l'on puisse penser rationnellement l'harmonie du monde, il faut que celle-ci nous soit accessible par l'intelligence (ce que garantit précisément la théorie platonicienne de la remémoration) ; il faut ensuite qu'elle soit réductible à des idées intelligibles (à un monde des Idées, selon Platon, qui concentrerait toute la vérité du cosmos) ; il faut enfin que la philosophie reconnaisse, dans ce monde des Idées, la source de l'ordre divin du monde. Ce qui fait la structure et l'harmonie du monde, ce sont donc les idées et la manière dont elles sont organisées : il y a des idées de chaque chose, et ces idées elles-mêmes « participent », comme dit Platon, d'autres idées, plus générales et plus « élevées » qui se réunissent toutes sous les trois Idées suprêmes, le Bien, le Beau, et le Vrai. Selon Platon, le monde est donc intelligible par l'âme avant qu'elle ne s'incarne, et par le philosophe qui, s'étant libéré des illusions des sens ou des conventions, peut contempler l'harmonie du monde aussi bien que les idées qui en rendent compte, puisque c'est en fait la même chose.*

– C'est pourquoi Platon attache une telle importance aux mathématiques et à la géométrie, dont les théorèmes et les figures apparaissent comme l'archétype des idées purement intelligibles, capables d'une application au monde matériel propre à en montrer la rationalité et l'harmonie. Il s'agit alors de reconnaître clairement les manifestations de ces idées au sein des phénomènes que nous pouvons observer. D'où l'intérêt particulier que Platon porte aussi à l'astronomie. Ces disciplines lui semblent susceptibles de « vérifier l'harmonie du monde ». Il y a aussi un lien très fort entre ces sciences et la musique : les hauteurs relatives des notes d'un mode ou d'une gamme donnée correspondent à des longueurs très précises des segments de corde que les doigts d'un musicien laissent vibrer sur son instrument ; plus généralement, la structure des mélodies et des rythmes obéit à des relations mathématiques, d'où l'idée que les relations mathématiques et géométriques auxquelles obéissent les déplacements des étoiles et des planètes pourraient, réciproquement, correspondre à une musique des corps célestes. La logique des mouvements astronomiques refléterait l'« harmonie des sphères ». Une tradition néoplatonicienne tardive (ses premières mentions n'apparaissent qu'au VIe siècle de l'ère chrétienne) veut d'ailleurs qu'à l'entrée de l'Académie, l'école fondée par Platon, ait figuré cette inscription gravée dans la pierre : « Que nul n'entre ici s'il n'est géomètre. »

– *Quel sens la théorie platonicienne de la connaissance peut-elle avoir pour nous, aujourd'hui ? Prise à la lettre, il faut bien admettre qu'elle ne peut que nous laisser perplexes : qui peut croire encore qu'il y ait quelque part un monde des Idées parfait et complet de toute éternité, dans lequel notre âme aurait vécu avant de s'incarner ? En revanche, pour peu qu'on l'interprète dans un sens symbolique ou métaphorique, la thèse de Platon conserve pour nous une étonnante pertinence, un formidable pouvoir de suggestion : d'abord, chacun reconnaît quelque chose de son expérience dans la démarche qui consiste à éliminer les fausses représentations, les préjugés, les sophismes pour se mettre dans la perspective où la « bonne idée », l'idée juste, va s'imposer soudain à nous ; ensuite, nous voyons bien que notre appréhension du monde est confuse et que nous n'en tirons jamais rien de solide si nous ne faisons pas un travail méthodique d'analyse, d'abstraction, de restructuration qui, seul, nous permet d'en extraire des éléments de vérité ; enfin, l'usage extraordinaire que les sciences (notamment la physique) font des théories mathématiques (pourtant élaborées, au départ, sans aucun souci d'application au monde matériel) peut laisser penser que les mathématiques jouent dans la réalité, comme dans la connaissance que nous en avons, un rôle comparable à celui que Platon donnait aux Idées. Certes, nous verrons plus loin, avec Kant, que la puissance explicative des mathématiques n'a rien d'immédiat et suppose que les scientifiques parviennent à isoler dans le monde des paramètres et des interactions qui fonctionnent comme des relations numériques. On comprend néanmoins que l'extraordinaire efficacité de cette démarche en vienne à persuader d'éminents chercheurs, dans une optique très platonicienne, que les mathématiques sont la clé de l'ordre du monde.*

– C'est en effet la raison pour laquelle certains mathématiciens se réfèrent encore aujourd'hui à Platon pour défendre leur conviction que les idées mathématiques nous dévoilent véritablement les structures du monde matériel. Alain Connes, l'un des plus grands mathématiciens contemporains (médaille Fields en 1982), affirme ainsi que les notions, objets et structures mathématiques constituent un « cosmos intelligible », un « monde des idées » doté d'une cohérence interne incomparable, mais également porteur des formes et des relations qui organisent le monde matériel[1]. En ce sens, les mathématiques sont la logique générale des réalités naturelles, ce qui explique que les sciences expérimentales retrouvent des fonctions numériques, algébriques ou géométriques dans les phénomènes dont elles s'efforcent de dégager les lois.

Pour un mathématicien, il va de soi qu'une théorie, fût-elle aussi simple que les cas d'égalité des triangles, participe d'un monde intelligible logiquement bien formé. En même temps, il lui apparaît que ce monde se prolonge dans celui au sein duquel nous vivons : pour calculer la superficie d'un champ rectangulaire, on va multiplier la longueur par sa largeur, signe qu'il y a bien une correspondance entre le monde sensible et le monde intelligible des mathématiques, le premier étant comme le reflet du second.

– *On devine en quoi l'on peut être platonicien à notre époque, mais il nous faut maintenant franchir un pas de plus. S'il est vrai que toute l'histoire de la philosophie a été marquée par la théorie platonicienne*

1. Voir le dialogue d'Alain Connes avec le biologiste Jean-Pierre Changeux, *Matière à penser*, Odile Jacob, 2000.

de la connaissance, comment cette dette envers Platon se manifeste-t-elle ?

– La théorie platonicienne de la connaissance traversera toute l'histoire de la philosophie jusqu'à Heidegger, marquant même des penseurs matérialistes hostiles par ailleurs au platonisme. Chez tous les philosophes, sans exception me semble-t-il, on retrouve sous diverses formes la même structure ternaire : une première expérience intuitive et immédiate de la vérité ; une chute dans des contradictions ou des représentations illusoires et aveuglantes ; enfin, une redécouverte de l'expérience initiale, mais sous des formes plus conscientes, plus construites, plus développées, enrichies par l'Histoire.

Pour Marx, par exemple, si ennemi qu'il soit de tout idéalisme, l'humanité commence avec le communisme primitif qui précède la chute entraînée par l'instauration de la propriété privée, de la lutte des classes et de l'État, dont les contradictions conduiront finalement, dans une troisième et ultime étape, à retrouver le communisme perdu, mais enrichi des apports de l'Histoire. Heidegger, quant à lui, affirmera que les présocratiques avaient saisi la question centrale, à ses yeux, de la philosophie, la fameuse « question de l'Être » (nous y reviendrons), mais qu'après eux toute l'histoire de la philosophie, depuis Socrate jusqu'à Nietzsche, de l'Empire romain au « monde de la technique » dont nous sommes contemporains, se caractérise par l'oubli de cette question au profit de conceptions métaphysiques illusoires, et c'est cette chute qu'Heidegger lui-même voudra dépasser en traçant la voie, dans un troisième temps, d'un retour à la question de l'Être. Ces exemples montrent combien la conception platonicienne d'une approche de la vérité en trois temps n'a cessé d'imprégner la pensée philosophique jusqu'à nos jours.

Une éthique et une politique profondément aristocratiques

– La théorie platonicienne de la vérité influence également la manière dont Platon traite chacun des principaux sujets auxquels il s'intéresse, ses réflexions sur la morale, la politique, l'éducation ou l'amour...

– Cette théorie platonicienne, inséparable, rappelons-le, de l'idée d'une harmonie cosmique, va engendrer directement une théorie éthique et politique. La société est juste, selon Platon, quand elle est en harmonie avec l'ordre du cosmos ; cela implique qu'elle se conforme aux principes sur lesquels repose la perfection de l'harmonie universelle. Il faut par exemple que les meilleurs par nature, ceux qui sont les mieux accordés à l'ordre du monde – c'est-à-dire, dans la perspective platonicienne, les sages, les philosophes –, soient en haut de la hiérarchie sociale, en charge de la conduite des affaires publiques ; ceux qui, moins éclairés, sont dotés cependant des vertus de courage, de force, d'habileté, utiles à la défense de la cité, auront une position hiérarchique intermédiaire, correspondant au rôle qu'ils joueront dans l'armée ; enfin, ceux qui demeurent aveugles à l'ordre du monde et doivent être dirigés par d'autres, plus sages et plus talentueux, seront là pour exécuter des tâches matérielles, relégués au niveau subalterne, celui des artisans, des ouvriers et des esclaves.

On voit sans peine en quoi cette hiérarchie reproduit celle du cosmos : ceux qui ont le statut le plus élevé dans la société sont en charge des idées, tandis que les esclaves doivent se consacrer à ce qu'il y a de plus matériel dans la vie humaine. Mais le principe de cette subordination correspond aussi à la manière dont les organes du corps humain reflètent l'harmonie du monde : de même que la tête, siège de l'âme (en grec, *nous*), est en haut, le sage doit diriger la cité ; le cœur (*thumos*), qui occupe une position intermédiaire, exalte le courage, vertu des soldats dont le statut social, lui aussi, se situe entre celui des plus nobles et celui des moins considérés ; quant aux esclaves, ils sont en bas comme le bas-ventre (*epitumia*), où se manifestent les désirs matériels les plus vils.

Platon fonde donc sa conception *aristocratique* de l'organisation de la cité et de la morale (dont les valeurs sont modulées en fonction des talents ou du statut de celui auquel elles s'appliquent) sur ce qu'on pourrait appeler un « cosmologisme éthico-politique » : le juste dans les relations humaines est ce qui prend la forme des lois de l'harmonie du cosmos et s'accorde avec l'ordre de l'univers. On voit ainsi la profonde unité de la philosophie de Platon, qui se réfère systématiquement aux mêmes principes pour les divers sujets qu'il aborde, en les adaptant aux particularités de chacun. De sa réflexion sur le monde des Idées, il tire à la fois une explication de l'harmonie du cosmos, une théorie de la connaissance, une doctrine morale, un idéal politique et une conception de la vie bonne. Bien entendu, c'est mille fois plus compliqué, plus riche et infiniment plus fin quand on entre dans les détails de l'œuvre. Reste que Platon a délibérément cherché à ramener la pluralité des grands problèmes auxquels l'humanité est confrontée à une matrice explicative unique.

Tous platoniciens ?

– La recherche de principes propres à donner sens à l'ensemble de l'expérience humaine va animer toute l'histoire de la philosophie qui, là encore, en est redevable à Platon. De ce point de vue, toute philosophie a « quelque chose de Platon ». Il est surprenant de constater à quel point ses dialogues peuvent nous paraître encore incroyablement profonds et pertinents, même lorsqu'on ne partage aucunement les principes sur lesquels il fonde sa pensée. On peut n'adhérer en rien à l'idéalisme de Platon et trouver pourtant éblouissantes les réflexions qu'il en tire sur l'amour, la beauté, l'éducation... Dans les trois cas, il insiste notamment sur l'idée que le désir est le premier pas qui nous fait sortir de nous-mêmes et sur les moyens d'en tirer parti pour atteindre l'idéal de l'amour, de la beauté, de la connaissance (entre lesquels il établit des liens profonds qui nous éclairent encore aujourd'hui).

– Platon vivait dans un monde profondément aristocratique, hiérarchisé, dont il s'est appliqué à dégager le fondement rationnel et à justifier les conséquences, qui impliquaient la soumission de tous aux lois d'un univers et d'une société inégalitaires au sein desquels chacun avait sa place, son lieu naturel assigné. Bien que cette vision soit devenue radicalement étrangère à l'*éthos* démocratique de notre époque, elle y conserve une pertinence inattendue pour éclairer des formes de l'expérience humaine qui, même dans des sociétés foncièrement égalitaires, recèlent une dimension aristocratique irréductiblement liée à l'intérêt que nous leur accordons. C'est notamment le cas pour les artistes et les sportifs. Yehudi Menuhin, quand il jouait les grands concertos romantiques à huit ou neuf ans, manifestait un talent hors du commun, un don exceptionnel, que son travail, quelle qu'en ait été l'intensité, ne pouvait suffire à expliquer : il y a un élément de supériorité aristocratique incontestable dans cette part originaire de génie qui permet à un enfant d'atteindre en cinq ans un niveau de maîtrise artistique et technique que les meilleurs instrumentistes n'atteignent pas après vingt ans d'efforts. À cet égard, la philosophie de Platon nous ouvre encore des perspectives irremplaçables. Il en va de même lorsqu'il aborde des sujets qui ne sont pas réductibles aux seuls principes aristocratiques ou démocratiques ; entre autres, ses analyses de l'amour, de la beauté, de l'éducation sont en effet magnifiques.

Prenons un dernier exemple. La psychanalyse expliquera (c'est d'ailleurs l'objet de sa théorie des régressions) que l'on a toujours tendance à revenir aux phases de son existence où l'on a été heureux, où la libido s'est « fixée ». Quand, dans son histoire qui va du stade oral à la sexualité adulte, en passant par le stade anal et le stade génital, la libido rencontre des obstacles ressentis comme insurmontables à la poursuite de son parcours, elle tend à régresser vers les moments où elle était satisfaite. Elle se dirige vers ce temps où le bonheur était le plus fort, où, pourrait-on dire, la nature se montrait particulièrement bienveillante. Sous une forme transposée et moderne, on retrouve ici la conception d'un univers finalisé qui fait étrangement écho à celui de Platon. Les thèses que ce dernier développait sur le désir et l'amour reprennent ainsi une actualité inattendue. Il y a donc des pans entiers de la pensée ancienne qui peuvent encore nous parler dans certains secteurs de l'existence contemporaine, et c'est aussi cela qui est fascinant avec la philosophie.

CHAPITRE 6

Aristote : féconder la philosophie par l'observation

« J'aime Platon mais je préfère encore la vérité »

– Nous avons vu, en préambule à notre histoire, pourquoi la philosophie avait plusieurs fois, au cours du temps, changé de perspective sur le sens de l'existence humaine et, dans le même mouvement, renouvelé les fondements de la théorie de la connaissance, de la morale et de la doctrine du salut. Mais il nous faut comprendre maintenant comment, à l'intérieur d'une même vision du monde, des philosophes peuvent proposer des interprétations différentes... Disciple de Platon, Aristote (384-322) a considérablement simplifié la théorie platonicienne des Idées en la réduisant aux rapports entre la « forme » et la « matière », la « puissance » et l'« acte », qui lui permettaient de penser plus directement le partage entre ce qui génère les phénomènes (structure et énergie) et ce qui leur donne une consistance (matière). Cette théorie, plus économe dans ses principes, plus générale et plus souple, se prêtait mieux à l'adjonction d'éléments complémentaires dans sa réflexion sur la logique, les catégories de la pensée, la physique, l'éthique, la politique, les lois qui régissent le monde vivant (tableau des espèces, génération et reproduction)... Que doit-on prioritairement retenir de l'apport de la pensée d'Aristote ?

– Aristote est un élève « dissident » de Platon. Comme il le disait lui-même, « j'aime Platon mais je préfère encore la vérité ». Il a longtemps aspiré à reprendre, après la mort de son maître, la direction de son école, l'Académie (comme celui de la plupart des écoles de l'Antiquité grecque, ce nom vient tout simplement du lieu où le maître enseignait, en l'occurrence à proximité du sépulcre d'un héros nommé Académos). Après s'être vu préférer à deux reprises quelqu'un d'autre pour succéder à Platon, Aristote s'est résolu à créer sa propre école, le Lycée (en référence, là encore, au nom d'un autre lieu-dit de la ville d'Athènes).

Aristote va s'opposer à Platon sur plusieurs points. Il va notamment critiquer la théorie platonicienne des Idées et proposer une autre manière de fonder la vérité de nos représentations des choses, en accordant une plus large place à l'expérience et à l'observation empirique. Sa thèse, très schématiquement résumée, est celle-ci : ce qui fait l'« identité » d'un être vivant ou d'un objet, c'est le composé singulier de *forme* et de *matière* dont il est la résultante. La « forme », c'est ce qui lui confère les caractères communs à l'espèce dont il fait partie ; la « matière », c'est ce qui lui donne ses traits individuels particuliers. Pour en donner un exemple simple, on dira que tous les chiens participent d'une forme commune (qui correspond à leur appartenance à la même espèce), mais qu'ils se distinguent par la matière particulière, différente pour chacun d'eux, dans laquelle la forme s'incarne.

Les Idées, selon Platon et ses disciples, avaient une existence propre et indépendante, dans un monde intelligible où la pensée était censée pouvoir les saisir à l'état chimiquement pur. Au contraire, dans la conception aristotélicienne, *la forme n'existe pas indépendamment de la matière* ; les deux sont toujours données ensemble, dans un composé qu'incarne l'individu, lequel n'est ni un simple universel (une forme commune) ni un pur particulier (un élément matériel incomparable à tout autre), mais une singularité, un mélange indissoluble et chaque fois unique d'universel (la forme générique) et de particulier (la matière qui lui est propre). Dès lors, nous ne pouvons pas accéder directement aux Idées, mais le vrai savant doit passer nécessairement par l'observation réfléchie du monde empirique où tout est composé de forme et de matière.

Je n'en dirai pas davantage sur ce point, car cela nous entraînerait dans des analyses techniques extrêmement abstraites qui déborderaient le propos de ce livre et risqueraient de susciter plus de confusion que de clarté chez le lecteur. Au demeurant, il y a un biais beaucoup plus simple et plus parlant pour comprendre les enjeux essentiels de la pensée d'Aristote : c'est de s'intéresser à sa physique, qui étendra progressivement son influence tout au long du Moyen Âge, via Thomas d'Aquin et l'Église catholique, continuant à marquer de son empreinte la Renaissance et même l'âge classique, au moins jusqu'à Galilée.

La physique d'Aristote constitue en effet une matrice qui va traverser les siècles parce qu'elle relie de manière originale l'idée d'une harmonie du monde avec celle de la finalité qui guide l'existence et les mouvements des êtres. C'est ce qui explique, pour une large part, qu'elle ait été la référence dominante pendant plus de mille cinq cents ans. Mais c'est aussi ce qui rend particulièrement troublante l'étrangeté qu'elle a pour nous, maintenant que nous sommes tous « post-newtoniens », au point que nous avons désormais, comme nous allons le voir, le plus grand mal à comprendre qu'elle ait pu convaincre pendant si longtemps.

Aristote résume le fondement de toute sa physique d'une formule qui peut paraître énigmatique au départ, mais qui nous donne bien des clefs de compréhension dès que l'on en a cerné le sens : *Physis arché kinéséos*, « La nature est le principe du mouvement ». Même pour un Français qui n'a jamais étudié le grec, je crois que les termes employés par Aristote ne manquent pas d'un certain pouvoir évocateur, ne serait-ce qu'en raison de l'écho qu'ils ont laissé dans les mots de notre vocabulaire qui en dérivent étymologiquement : *physis* (d'où vient le français « physique »), c'est la « nature » ; *arché* (que l'on retrouve dans « archétype » ou dans « monarque »), signifie le « principe » ; *kiniseos* (de *kinesis*, le « mouvement ») a donné naissance à des mots tels que « kinésithérapeute » ou « cinéma ».

Pourquoi la fumée s'envole-t-elle alors que les pierres tombent ?

– *Alors, que veut dire au juste Aristote quand il affirme que « la nature est le principe du mouvement » ?*

– Il veut identifier la cause du mouvement des corps, en avançant une explication propre à concilier les principes de l'ordre harmonieux du cosmos et les données de l'observation empirique : c'est la « nature » des corps qui est au « principe » de leurs « déplacements » dans l'espace, en ce qu'elle les « motive » à rejoindre leur « lieu naturel » (le « bas », les profondeurs de la terre, pour les corps lourds ; le « haut », le ciel, pour les corps légers, tels que le feu ou la fumée). Aristote considère que le corps en mouvement poursuit un « but », qui est de rejoindre son lieu naturel, à l'instar d'Ulysse, chassé d'Ithaque par la guerre de Troie et cherchant à y retourner. Comme chez Platon, mais sous une forme plus attentive à rendre compte des données particulières de l'observation, on reconnaît là un effort de sécularisation et de rationalisation de la représentation d'un ordre divin du cosmos, dont l'équilibre harmonieux repose, comme dans les aventures d'Ulysse, sur le fait que chacun rejoint finalement la place qui lui convient : l'harmonie cosmique règle le monde à partir du but que chaque être doit atteindre parce qu'il correspond à sa nature ; de même, la physique d'Aristote attribue le mouvement d'un corps à sa nature, qui provoque en lui le « besoin », l'« appétit », l'« impulsion » de rejoindre son lieu naturel.

Cette physique, cette théorie de l'univers, est certes très étrange pour nous qui, depuis Galilée, Descartes et surtout Newton et sa théorie de la gravitation universelle, expliquons les mouvements des corps par les seules causes efficientes extérieures (par exemple le choc d'une boule de billard sur une autre qu'elle met ainsi en mouvement) : le principe d'inertie (dont on doit la formulation moderne à Descartes) implique qu'en l'absence de frottements, un corps en mouvement poursuivra indéfiniment son déplacement rectiligne uniforme, à moins que le choc d'un autre corps ne modifie la vitesse et la direction de sa trajectoire.

– On peut être étonné par la cohérence avec laquelle Aristote mène le projet de rendre compte

des diverses manifestations physiques (le mouvement des corps) en conciliant l'observation empirique avec la conception d'un ordre universel harmonieux réglé par la réalisation des fins assignées à chaque être. Il est d'ailleurs curieux de constater que lorsque, dans nos écoles maternelles ou élémentaires, les maîtres proposent aux élèves de faire des expériences sur la chute des corps, les enfants imaginent des théories souvent plus proches de celle d'Aristote que de celles de Galilée ou de Newton. L'approche aristotélicienne correspond mieux à l'expérience naïve (les corps lourds tombent, les plus légers s'élèvent), alors que les lois de Galilée supposent une reconstruction de l'observation immédiate (où l'on considère la chute des objets selon l'accélération en un lieu, la vitesse, le temps de déplacement). Nous sommes là dans le cas typique d'une théorie philosophique à laquelle on peut sans doute trouver un intérêt historique mais dont on ne saurait dire qu'elle nous parle encore directement...

– Il est vrai que la physique d'Aristote, en tant que telle, est devenue presque impossible à comprendre pour nous, mais il est surprenant de voir à quel point elle prend une pertinence inattendue... quand on l'applique au monde humain, à la sphère morale et politique, voire à la vie affective ! En disant cela, je ne me laisse pas aller à la tentation de surinterpréter la pensée d'Aristote : il a lui-même appliqué au domaine moral un modèle d'interprétation proche de la physique, avec l'idée que chacun, en fonction de sa nature et de ses talents, doit poursuivre les fins qui conviennent à ceux-ci et, ainsi, se conformer au rôle qui lui est assigné dans l'ordre universel.

Du chat vertueux au sage

– *Comment Aristote réalise-t-il cette transposition dans la sphère morale ?*

– Si l'on se réfère aux trois niveaux de la réflexion philosophique que nous avons définis plus haut, la physique d'Aristote correspond au premier d'entre eux, la *théoria* qui vise à cerner le « terrain de jeu », les caractéristiques du monde au sein duquel nous évoluons. C'est sur cette base, mise en lumière par la contemplation du cosmos divin, que l'on va pouvoir bâtir le deuxième niveau, celui des « règles du jeu » qui régissent la morale et la politique (celles-ci tiendront naturellement compte de la nature du terrain de jeu). L'ouvrage majeur dans lequel Aristote développe sa réflexion morale est l'*Éthique à Nicomaque* (Nicomaque est le nom de son fils, auquel on peut penser que le livre s'adresse). En cohérence avec l'idée que chaque être possède son lieu naturel qu'il doit rejoindre pour y tenir le rôle qui lui est assigné dans l'harmonie universelle, il conçoit les valeurs selon une échelle hiérarchisée dont chaque échelon correspond aux qualités plus ou moins grandes et au rôle plus ou moins noble qui conviennent à un individu selon sa nature et sa place dans l'ordre du cosmos. Ce sera la matrice de la société féodale ; toute l'histoire intellectuelle et politique de l'Europe partira de là.

Puisque chacun a son lieu naturel et sa place dans la hiérarchie universelle, l'idée qui va dominer cette éthique aristocratique, c'est que la « vertu », pour chaque individu, consistera à réaliser les qualités propres à sa nature, dans la perfection d'un « juste équilibre » (ni trop ni trop peu ; ni *hybris* ni paresse). Il est difficile de ne pas éprouver, à première vue, un sentiment d'étrangeté, pour ne pas dire d'incrédulité, face à cette manière d'aborder la question du bien et du mal. On est loin de la conception que nous avons de la morale aujourd'hui, fondée sur les principes de l'humanisme démocratique qui ont sécularisé la vision chrétienne de l'égalité des hommes devant Dieu : pour nous, la bonté morale tient tout entière dans la bonne *volonté* de l'individu et n'a aucun rapport avec ses talents personnels. Mais nous ne sommes pas au bout de nos surprises, car Aristote pousse encore plus loin la logique de son éthique réglée selon les lois de l'harmonie du cosmos. Il y a nécessairement des vertus spécifiques... au cheval, au lapin, à l'être humain, mais aussi à tel ou tel groupe au sein de ces espèces (on n'attend pas la même chose d'un cheval de trait que d'un cheval de course, d'un guerrier que d'un esclave), comme d'ailleurs aux organes, membres ou parties d'un organisme !

Prenons les yeux, par exemple. Il y a des yeux presbytes, qui ne voient pas de près, d'autres myopes, qui voient mal de loin. Entre ces deux extrêmes, il y a toute une hiérarchie naturelle, jusqu'à ce que l'on passe par le milieu, c'est-à-dire par l'intermédiaire parfait entre la myopie et la presbytie. Ce juste équilibre de la vision, c'est l'excellence même de l'œil et c'est cela, justement, qu'Aristote appelle la « vertu ». La vertu aristocratique est donc un juste milieu qui, si je puis dire, n'a rien d'un centre mou, mais représente au contraire le plus haut degré d'excellence dans son genre. Voilà pourquoi Aristote peut parler d'un « œil vertueux » – je me souviens combien cette formule m'a déconcerté lorsque, jeune étudiant en philosophie, je l'ai rencontrée pour la première fois ; aujourd'hui, l'expression nous paraît même surréaliste.

Il faut cependant saisir la relation profonde qui existe entre la culture aristocratique d'Aristote, sa vision d'un ordre du monde hiérarchisé où s'enracine le sens de la vie humaine, et la valorisation des qualités ou talents naturels, donnés, innés qui, au sein d'une nature dont l'harmonie divine tient à la subordination des uns aux autres, sont susceptibles de justifier a priori les inégalités de condition entre les êtres (à commencer, bien sûr, par les êtres humains). Si Aristote peut parler d'un « œil vertueux », c'est qu'en tant qu'aristocrate, il considère que la vertu, c'est l'excellence naturelle, les dons reçus de la nature ou des dieux.

– Bref, selon Aristote, la vertu, pour l'œil, c'est de voir parfaitement et, pour l'homme, c'est d'avoir les plus hauts talents naturels qu'un humain puisse posséder (ceux qui confèrent le meilleur statut dans la hiérarchie de l'ordre universel) et de les développer au mieux.

– Aristote pense que chaque être, dans le monde, a ce qu'il appelle un *ergon* propre, c'est-à-dire une fonction, une finalité spécifique, une mission à l'accomplissement de laquelle il doit nécessairement tendre. La mission de l'œil, c'est naturellement de voir, mais Aristote affirme que chaque être est caractérisé par une *différence spécifique*, une singularité qui le distingue des autres et détermine sa vocation particulière. On pourrait dire, dans cette perspective, que le chat vertueux, par exemple, est celui qui attrape bien les souris. La vertu propre à l'homme, c'est l'intelligence dans sa forme la plus haute, celle qui permet d'accéder à la compréhension de l'ordre harmonieux du monde, ce que l'on pourrait appeler la « sagesse de l'intelligence ». Dès lors, *l'homme vertueux par excellence, c'est le sage*, celui qui non seulement est philosophe mais encore parvient authentiquement à la sagesse et comprend qu'en se mettant en harmonie avec l'ordre cosmique, il atteint une sorte d'immortalité. La fin de l'*Éthique à Nicomaque* nous invite dans ce sens à nous rendre « immortels, autant qu'il est possible » pour des humains.

La postérité chrétienne d'Aristote

– Comme nous l'avons suggéré dans notre préambule, c'est cette conception antique de la part d'immortalité accessible aux hommes que le christianisme va déstabiliser en apportant la promesse d'une résurrection individuelle, corps et âme, évidemment beaucoup plus complète et consolante, du moins pour ceux qui y croient. Avant d'en venir au bouleversement qu'a provoqué le message chrétien dans l'histoire de la philosophie, parallèlement aux profondes métamorphoses qu'il induisait dans l'histoire politique de l'Europe, restons encore un moment sur les raisons de la très longue influence de la pensée d'Aristote et sur les motifs qui ont poussé, au Moyen Âge, les trois grandes religions monothéistes à en reprendre des pans entiers, via les tentatives de synthèse dues, entre autres, à Avicenne (980-1037) et Averroès (1126-1198) pour l'islam, à Maïmonide (1135-1204) pour le judaïsme, à Thomas d'Aquin (1227-1274) pour le christianisme. Comment expliquer en particulier le paradoxe par lequel le

christianisme, après avoir renversé la philosophie grecque, est revenu y chercher de quoi renforcer sa doctrine et étendre son rayonnement ou son emprise dans tous les secteurs d'activité humaine ?

– Des deux plus grands théologiens de l'histoire du christianisme, l'un, Augustin (354-430), est platonisant, l'autre, Thomas d'Aquin, est aristotélisant. De fait, la pensée chrétienne sera d'abord très largement marquée par la philosophie de Platon pour en venir, à partir du XIIe siècle, à s'appuyer essentiellement sur Aristote.

– *On comprend que la philosophie de Platon, essentiellement tournée vers l'ordre divin du monde purement intelligible des Idées, ait paru, dans un premier temps, plus efficiente pour penser les relations de Dieu et du Christ avec les âmes des croyants à la recherche des voies de leur salut. Mais lorsque, dans le dernier tiers du Moyen Âge, l'Église doit veiller à maintenir et étendre son pouvoir face au développement des techniques, du commerce, des villes, il devient crucial pour elle de développer le dogme de manière à l'articuler avec la connaissance du monde empirique dont la puissance grandissante risquerait, autrement, de la concurrencer et de lui échapper. Aristote offrait, à cet égard, un modèle beaucoup mieux adapté que celui de Platon, tout en restant en accord avec la vision d'un monde clos, hiérarchisé et d'une société fondée sur des valeurs aristocratiques conformes à l'ordre divin.*

– Oui. La relative souplesse de la pensée d'Aristote, qui lui permettait de combiner la représentation d'un monde clos sur lui-même et hiérarchisé selon un ordre divin avec l'observation de l'expérience, va en effet favoriser son appropriation par l'Église et lui assurer ainsi une très longue postérité. Avec une profondeur incomparable, Thomas d'Aquin parviendra, au XIIIe siècle, à intégrer, mieux que tout autre, la représentation aristotélicienne dans le cadre de la doctrine de l'Église catholique. Cela n'ira bien sûr pas sans mal, à la fois parce que la conciliation théorique du catholicisme et de l'aristotélisme demandera des adaptations complexes, parfois problématiques, et parce que cette tentative suscitera, on s'en doute, de violentes polémiques. Pour nous en tenir à un seul exemple, le fait que, pour Aristote, le monde ne soit pas créé constitue évidemment un obstacle majeur à la reprise de sa vision dans un cadre chrétien, où la création du monde joue un rôle majeur. Cela supposera des « réglages » délicats, qui seront opérés au moment de ce que l'on appelle la « révolution albertino-thomiste » (Albert le Grand avait été le maître de Thomas d'Aquin). Mais l'Église catholique adoptera rapidement cette conception largement aristotélicienne, qui inspire encore sa doctrine de nos jours (saint Thomas a été canonisé en 1323, proclamé docteur de l'Église en 1567, et ses thèses ont été reconnues par le pape Léon XIII, en 1879, comme conformes à la doctrine de l'Église).

Le pape Jean-Paul II publiera, d'ailleurs, en 1998, une lettre encyclique intitulée *Fides et ratio* (Foi et raison), dont le titre même indique clairement l'inspiration thomiste, donc aristotélicienne : il y défend l'idée qu'il ne faut pas opposer foi et raison, science et religion, car la raison, y compris lorsqu'elle essaie de comprendre le monde empirique, ne peut que révéler les splendeurs de l'ordre cosmique créé par

Dieu, ce cosmos juste, beau et bon de la philosophie aristotélicienne. C'est pourquoi la foi n'a pas à craindre la raison avec laquelle, in fine, elle ne sera jamais en désaccord (pourvu qu'il s'agisse d'une raison cohérente et légitime). Comme le disait Pasteur, « un peu de science éloigne de Dieu, beaucoup de science y ramène ». Dans cette perspective, on aurait tort de brider les recherches des savants au nom de dogmes religieux. Certes, l'Église catholique n'a pas toujours été fidèle à cette ligne : chacun se souvient des procès intentés à Giordano Bruno et à Galilée, des polémiques résurgentes en son sein contre nombre de découvertes scientifiques majeures qui remettaient en cause les représentations traditionnelles. Il n'en reste pas moins que l'Église moderne doit à Aristote, via saint Thomas, de n'avoir pas succombé à l'obscurantisme délirant qui sévit dans certaines confessions, américaines notamment, où l'on adhère au créationnisme par exemple. Elle reconnaît aujourd'hui sans la moindre difficulté l'évolutionnisme darwinien, la biologie génétique, le big bang, bref, toutes les grandes découvertes scientifiques du XXe siècle dont elle se refuse désormais à avoir peur.

La sacralisation de la loi naturelle

– Si l'influence d'Aristote sur la doctrine de l'Église catholique a permis à celle-ci d'assumer une plus grande ouverture touchant les apports des sciences, des techniques et de la raison empirique, elle l'a aussi poussée à « sacraliser » la loi naturelle : en reprenant le modèle aristotélicien où les lois de la nature sont l'expression de l'harmonie cosmique, l'Église est

nécessairement portée à tenir pour impies et condamnables les projets humains visant à détourner ces lois de leurs effets naturels. Dès lors, elle est prompte à dénoncer, à l'instar d'ailleurs d'autres religions, tout ce qu'elle juge « antinaturel », en quoi elle voit un blasphème contre l'ordre naturel divin instauré par Dieu : c'est le fondement de son opposition à l'homoparentalité ou à la recherche sur les cellules souches embryonnaires.

De façon assez surprenante, le recours à Aristote a déplacé à deux reprises, mais dans des directions inverses, les rapports de l'Église catholique avec le message des Évangiles et avec les sciences : dans un premier temps, il lui a permis de développer un intérêt pour le monde empirique dont le moins qu'on puisse dire est qu'il n'était pas central dans la prédication de Jésus, mais dans un second temps, il l'a conduite à soumettre l'humanité au respect sacré des lois de la nature, alors même que l'Ancien et le Nouveau Testament placent explicitement l'homme au-dessus de la nature.

– C'est en effet dans ce cadre que s'inscrivait encore Benoît XVI, reprenant, sur ce point, les principes que Jean-Paul II avait réaffirmés avec force : il défendait l'idée qu'il y a une loi naturelle, voulue par Dieu, porteuse, pour le cosmos, d'un « ordre juste » (tout à la fois d'une parfaite justesse et conforme à la justice). On ne saurait revendiquer plus clairement l'héritage aristotélicien. Mais identifier ainsi la justesse de l'ordre cosmique à la justice conduit à condamner tout ce qui tend à détourner les lois naturelles dans le but de s'affranchir de leurs contraintes afin de satisfaire des aspirations purement humaines. Dans le débat actuel sur le mariage homosexuel et l'homoparentalité, l'Église catholique fonde son attitude hostile à leur reconnaissance légale sur la dénonciation de leur caractère antinaturel. Selon elle, le mariage homosexuel serait contre-nature et, par là même, dans la perspective néo-aristotélicienne qu'elle a faite sienne, objectivement dangereux aussi bien que moralement condamnable.

La doctrine catholique sur l'homosexualité (que je ne partage en rien) est d'ailleurs révélatrice de son profond attachement à la conception aristotélicienne de l'ordre du monde. Elle consiste à dire que l'homosexualité est une « pathologie de la nature », un « désordre » (au sens d'un dysfonctionnement accidentel des lois de la biologie), dont l'homosexuel n'est pas responsable et qui ne saurait, de ce fait, lui être reproché ou lui être imputé comme un péché. Mais si les « penchants » homosexuels, effets d'un désordre naturel subi, ne constituent pas une faute, la pratique de l'homosexualité est tenue par l'Église pour un péché, parce qu'elle revient à se soumettre à des désirs porteurs de désordre au lieu de s'y opposer. Cette idée selon laquelle l'homme doit s'accorder avec les lois de l'ordre divin de la nature, y compris en luttant contre les accidents pathologiques qu'il arrive à cet ordre d'engendrer, est directement inspirée d'Aristote, de même que l'étrange convergence entre les valeurs morales et le devoir de préserver l'harmonie du cosmos.

Il va de soi que, dans la perspective humaniste qui fonde nos sociétés démocratiques, l'idée que les hommes devraient se soumettre aux lois naturelles du monde n'a plus aucun crédit. Raison pour laquelle l'opinion publique est souvent favorable à des réformes que l'Église catholique et les chrétiens traditionalistes persistent à condamner : c'est le cas pour le mariage homosexuel, la procréation médicalement assistée (PMA) ou, a fortiori, la fécondation artificielle de femmes ménopausées.

La philosophie aristotélicienne a dominé les sociétés aristocratiques ou féodales en Europe jusqu'à la Révolution française : l'ordre naturel y demeurait l'un des critères éthiques fondamentaux (c'est ce que j'ai appelé le « cosmologico-éthico-politique »). Par la suite, le modèle aristotélicien a perdu son ascendant, sauf dans l'Église catholique où il est resté très présent, comme nous venons de le voir. À cet égard, il ne serait peut-être pas inutile que les chrétiens, qui restent encore si nombreux dans le monde (près de deux milliards, dont un milliard deux cents millions de catholiques), s'intéressent, davantage qu'ils ne le font en général, aux sources philosophiques et théologiques du message que leur délivrent leurs Églises, ne serait-ce que pour en comprendre le véritable sens et les enjeux.

DEUXIÈME PÉRIODE

L'âge judéo-chrétien

Le salut par Dieu et la foi

CHAPITRE 7

La remise en cause de l'éthique aristocratique

La parabole des talents

– C'est à ce moment de l'Histoire où le christianisme va imposer une nouvelle conception du sens de la vie que nous reprenons maintenant notre récit. Cette fois-ci, c'est une source religieuse qui va être à l'origine du changement de perspective ; il nous faudra donc en dégager les implications philosophiques directes ou indirectes et, pour cela, nous placer à l'intersection de la religion et de la philosophie. Nous avons vu, et nous y reviendrons au cours de cet ouvrage, comment la philosophie, un temps reléguée au rôle de « servante de la religion », sécularisera progressivement les principes de celle-ci (un peu comme l'avait fait la pensée grecque pour la mythologie) jusqu'à reprendre son autonomie, y compris en se retournant, dans bien des cas, contre la religion. Nous venons de donner une première idée de la manière dont le christianisme a pu se servir de la philosophie à ses propres fins, en évoquant la façon dont la philosophie d'Aristote a été reprise par l'Église catholique, ce qui peut sembler plutôt paradoxal quand on sait que le christianisme s'est d'abord imposé contre le modèle cosmologique d'aristotélicien jusqu'alors dominant au sein de l'Empire romain et que l'on trouve dans les Évangiles de quoi

renverser cette vision aristocratique de l'univers et de la société.

– Il y a, c'est vrai, un formidable paradoxe dans le fait que l'Église catholique s'appuie, via saint Thomas, sur une doctrine qui pérennise jusqu'à nos jours un modèle cosmologique et hiérarchique hérité d'Aristote, alors que le message de Jésus, tel que le rapportent les Évangiles, ne cesse de « dynamiter » cette vision aristocratique du monde. Cela explique d'ailleurs qu'il y ait, parmi les chrétiens, à la fois des traditionalistes, attachés à une conception naturaliste du dogme, et d'authentiques humanistes, fermement opposés à l'idée aristotélicienne d'une « loi naturelle » à laquelle nous aurions le devoir de nous conformer... La parabole des talents, qui figure dans Matthieu, est sans doute le passage des Évangiles qui exprime de la manière la plus forte le renversement de perspective conduisant Jésus à délégitimer les valeurs aristocratiques pour leur substituer celles de l'égalité et de la liberté. Elle peut nous servir de fil conducteur idéal pour comprendre ce que la révolution judéo-chrétienne nous apporte encore aujourd'hui sur le plan éthique. Ce texte si simple mais d'une profondeur abyssale nous fait, mieux que tout autre, saisir le bouleversement radical que le christianisme, dans le sillage du judaïsme, va instaurer par rapport à la morale aristocratique des Grecs.

Il raconte l'histoire d'un seigneur qui, partant en voyage, confie trois sommes d'argent différentes à trois de ses serviteurs : cinq talents au premier, deux au second, un au troisième – le mot « talent » (*talenta* en grec) désignant des pièces d'argent mais symbolisant aussi les dons naturels que l'on reçoit à la naissance. À son retour, le maître demande des comptes. Le premier serviteur lui rend dix talents, le second quatre et le troisième qui, par peur qu'on ne l'accuse d'en avoir fait un mauvais usage, avait enterré la pièce, la lui rend intacte, sans l'avoir fait fructifier. Le maître le chasse en l'insultant, tandis qu'au contraire il félicite chaleureusement, *en usant de termes identiques*, les deux premiers.

C'est la bonne volonté qui compte !

– C'est effectivement un changement radical que cristallise cette parabole : à l'encontre de ce que prétend la vision morale aristocratique, la dignité d'un être ne dépend pas des talents qu'il a reçus à sa naissance, mais de ce qu'il en fait ; elle ne tient pas à sa nature ou à ses dons naturels, mais à sa liberté et à sa volonté, quelles qu'aient pu être les qualités, les facilités ou les richesses dont il disposait au départ.

– Bien entendu, il existe entre nous des inégalités naturelles. Il serait tout à fait vain de vouloir le nier au nom d'un égalitarisme mal compris. Vain pour deux raisons : d'abord parce que ce serait contester l'évidence ; ensuite parce que, d'un point de vue moral, ce n'est de toute façon pas le sujet. Nous n'y pouvons rien, c'est un fait : certains sont de facto plus forts, plus beaux et même plus intelligents que d'autres. Qui peut nier qu'Einstein ou Newton soient plus intelligents que la moyenne, a fortiori qu'un petit trisomique ? C'est un fait. Que le premier serviteur ait cinq talents tandis que le deuxième n'en a que deux est également un fait. Et alors ? En quoi cela importe-t-il sur le plan éthique ? Réponse chrétienne : en rien ! Car ce qui compte, c'est ce que chacun va faire de ce qu'il a reçu en partage ; en d'autres termes, c'est la liberté et le travail accompli qui témoignent de la valeur morale d'un homme, pas la nature ! On doit bien saisir la portée éthique incomparable que possède cette simple proposition. Dans un univers encore tout pétri d'éthique aristocratique, elle représente un véritable séisme, une révolution dont il faut prendre la mesure. Elle inaugure l'idée moderne d'égalité : le petit trisomique a *la même dignité* qu'Einstein, Aristote ou Newton.

C'est Kant, au début des *Fondements de la métaphysique des mœurs* (on y reviendra dans la période suivante), qui va vraiment comprendre et séculariser l'idée symbolisée par la parabole des talents. Il va se la réapproprier, en la fondant, non plus sur l'égalité des hommes devant Dieu, mais sur l'idée de leur égalité devant la loi, qui en est pour ainsi dire l'équivalent républicain. Il va développer une argumentation, que je crois excellente, consistant à dire en substance ceci : les talents naturels peuvent être très séduisants mais ce qui fait la dignité ou la vertu d'un être ne tient pas à eux en tant que tels. La preuve, c'est que tous les dons naturels, quels qu'ils soient, peuvent être indifféremment mis au service du bien ou du mal. On peut utiliser son intelligence pour aider les autres, pour sauver des populations menacées de massacres, de maladies ou de famines, aussi bien que pour massacrer des innocents ou construire des chambres à gaz ! Comme dit le proverbe, *corruptio optimi pessima*, « la corruption des meilleurs est la pire ». Autrement dit, plus on est intelligent, plus on peut être nuisible, pour peu que l'on se propose de faire le mal. C'est en ce sens que Kant ne cesse de rappeler que seule la « bonne volonté » est vraiment bonne, réflexion souvent mal comprise, si étrange que cela puisse paraître, parmi les philosophes qui y voient souvent, tout à fait à tort, une sorte de rigorisme, de moralisme exsangue, sans rapport avec les réalités humaines, que résume bien l'objection célèbre de Péguy : « Kant a les mains pures, mais il n'a pas de mains. »

– *Alors qu'on pourrait presque dire, au contraire, qu'il a « inventé les mains », au sens où, le premier (après Rousseau, qu'il qualifiait lui-même de « Newton du monde moral »), il a donné à l'action proprement humaine un fondement (la liberté et la bonne volonté) et une finalité (l'extension du domaine de la liberté), clairement indépendants des talents naturels des individus ou de l'intelligence des théories proposées pour rendre compte des lois qui gouvernent le monde.*

– Mais oui, bien sûr, c'est même l'évidence ! L'important d'un point de vue moral, dit Kant, c'est la finalité qu'on donne aux talents, quels qu'ils soient. Puisque l'intelligence peut servir au meilleur comme au pire, ce n'est pas l'intelligence qui est bonne en elle-même mais l'intention qui la guide : c'est cela que Kant désigne lorsqu'il parle de la « bonne volonté ». L'idée est si élémentaire qu'on craindrait qu'elle passe pour un truisme plus que pour la « lubie idéaliste » dénoncée par d'aucuns. C'est pourquoi je suis toujours sidéré de voir certains de mes amis, en particuliers spinozistes, lui refuser le moindre sens (sauf illusoire) et lui opposer leur certitude que seul le réel est bon, tout le réel, rien que le réel, puisqu'il n'y a que lui, dès lors qu'on l'accepte et le prend dans sa totalité. Pourtant, en dehors du fait que nous ne pourrons jamais accéder à la totalité du réel, ils ne peuvent s'empêcher d'apprécier eux aussi les individus en fonction de leur bonne volonté.

La vision portée par la parabole des talents est l'un des apports des Évangiles grâce auquel la chrétienté s'ouvrira au monde humaniste et démocratique. À l'inverse, le thomisme maintiendra ses attaches avec un univers aristocratique : qu'on le déplore ou que l'on s'en réjouisse, c'est un constat qu'il est difficile de contester. Il est d'autant plus important de comprendre comment et pourquoi « il y a plusieurs chambres dans la maison du père », pourquoi il y aura plusieurs chrétientés.

CHAPITRE 8

La rupture avec les mondes juif et grec

– *Nous avons vu, dans l'ouverture de cette histoire de la philosophie, en quoi la promesse chrétienne d'être sauvé « corps et âme » après la mort pouvait paraître plus satisfaisante que la perspective d'une immortalité impersonnelle, où chacun se dissout dans l'harmonie cosmique, suggérée par les philosophes de l'Antiquité gréco-romaine. Pourtant, ce n'est pas tellement avec cette idée du salut que le christianisme va modifier l'idée que l'humanité se faisait d'elle-même, mais plutôt en changeant la compréhension de l'expérience humaine. D'une part, considérer que tous les hommes ont une égale dignité, fondée sur leur capacité à faire preuve de bonne volonté en usant de leur libre arbitre, donne à tous une même possibilité de s'accomplir pleinement comme humains. D'autre part, ce primat de la bonne volonté, ouvrant à un salut personnel, implique que le respect à la « lettre » des rites et prescriptions soit dévalorisé au profit de l'accord spontané de nos motivations et de nos actions avec l'« esprit » de la loi.*

Le christianisme va donc générer une « philosophie de l'amour », en rupture avec la hiérarchie intelligible valorisée par les Grecs mais aussi avec la tradition juive qui accorde un rôle dominant à la loi (bien que le thème de l'amour y soit déjà très présent). Pour les chrétiens, il s'agit bien sûr d'un amour en Dieu, à bien des égards différent de l'idée que nous nous en faisons aujourd'hui.

– Sur ce point, Hegel propose une analyse particulièrement éclairante, à partir d'un commentaire de ce fameux sermon qui suit immédiatement les Béatitudes – et qu'on appelle traditionnellement, depuis saint Augustin, le « sermon sur la montagne » : il montre en quoi l'amour est, à la limite, plus important que la loi ; comment, sans abolir en rien cette dernière, il permet de l'accomplir ou, pour mieux dire encore, de la « remplir » et de lui donner un sens qu'elle n'aurait pas sans lui (thème qui aura une signification profonde tout autant pour des non-croyants que pour des croyants). Je vous propose donc de suivre la lecture hégélienne de ce fameux sermon de Jésus. Cela nous donnera l'occasion d'illustrer ce que la pensée d'un grand philosophe peut nous apporter lorsqu'il l'applique à l'analyse de textes d'un lointain passé pour y découvrir certains éléments fondateurs de notre civilisation. Je reprendrai ici, dans ses grandes lignes, une analyse développée, sous une autre perspective, au cours de mes entretiens avec le cardinal Ravasi[1].

Mais auparavant, pour faire ressortir toute l'originalité du message chrétien, il faut d'abord comprendre en quoi il s'oppose à la fois au monde juif et au monde grec. Et pour cela il faut, selon Hegel, remonter à la perception de l'épisode du déluge

1. Luc Ferry, Gianfranco Ravasi, *Le Cardinal et le Philosophe*, Plon, 2013.

par les Grecs et par les Juifs. Pour se documenter, Hegel a, sur sa table de travail, les *Antiquités juives* de Flavius Josèphe et les *Métamorphoses* d'Ovide, deux œuvres dans lesquelles l'épisode du déluge est rapporté de manière presque identique, mais avec des conséquences fort différentes. Le mythe grec[1] comme le récit biblique de l'arche de Noé, viennent, nous le savons aujourd'hui (mais Hegel devait l'ignorer), d'une source commune : l'épopée de Gilgamesh, écrite en langue sumérienne autour du XVIIIe siècle avant J.-C. Celle-ci rapporte en effet le récit d'un déluge qui aurait été décidé par les dieux pour punir une humanité corrompue, en des termes qui seront repris presque mot pour mot aussi bien dans le mythe grec que dans l'épisode biblique – cette matrice originelle expliquant la convergence frappante des deux récits. Mais ce qui va nous intéresser ici, c'est la manière dont ils vont, à partir de ce modèle initial, donner lieu à deux interprétations tout à fait divergentes chez les Juifs et chez les Grecs, révélatrices de deux conceptions de la loi auxquelles Jésus va justement opposer sa philosophie de l'amour.

Il me faut ici ouvrir une parenthèse, afin d'éviter un malentendu fâcheux : autant je pense que l'interprétation du sermon sur la montagne que Hegel va nous léguer et que je vais exposer est juste, autant sa lecture du judaïsme est biaisée. Ce dernier n'est pas réductible à son visage orthodoxe, à cette observance mécanique de la loi que Jésus lui-même laisse entrevoir

1. Il s'agit de celui de Pyrrha et Deucalion qu'on trouve déjà chez Pindare, dans la neuvième des *Olympiques*, ainsi que dans la *Bibliothèque* d'Apollodore et, de manière plus dramatique et plus complète, dans les *Métamorphoses* d'Ovide.

à travers sa critique constante du pharisianisme. Du reste, à bien des égards, Jésus n'est lui-même qu'un sage juif, un rabbin héritier notamment du Lévitique 19, 18 : « Tu aimeras ton prochain comme toi-même. » C'est donc ici un judaïsme fondamentaliste et caricatural qui est critiqué, non la vérité du judaïsme.

– *Quel rapport y a-t-il donc entre l'histoire du déluge et les représentations de la loi ?*

– Pour aller à l'essentiel, le lien est le suivant : avec le déluge, les hommes découvrent l'hostilité d'une nature qui peut tourner à la catastrophe et devenir meurtrière. Chez les Grecs, cette hostilité sera tenue pour seulement passagère et l'harmonie cosmique se rétablira aussitôt après la catastrophe : il sera à nouveau possible de tirer la loi de l'ordre du cosmos – dont la cité juste, la justice doivent imiter la parfaite harmonie. Au contraire, dans la version juive du même déluge, la réconciliation avec la nature ne se fera jamais, son hostilité demeurera pour toujours, de sorte que la loi sera par essence antinaturelle, une lutte contre la nature en nous (égoïsme et paresse sont nos données naturelles et il faut les dépasser pour prendre en vue autrui) comme hors de nous (pour nous protéger, nous défendre contre les agressions éventuelles d'un environnement naturel menaçant). Après le déluge, le judaïsme opposera donc la loi à la nature, alors que la civilisation hellénique s'attachera à reconstituer la « belle totalité », sur fond d'une quadruple harmonie (entre l'homme et le cosmos, entre l'homme et la cité, entre les hommes, entre les hommes et les dieux).

Le déluge vu du monde grec : Deucalion et Pyrrha

– Donc loi naturelle chez les Grecs, loi antinaturelle chez les Juifs. Voyons comment cela s'est mis concrètement en place dans les deux mondes. Comment réagit d'abord le monde grec, du moins selon les mythes, face à la catastrophe ?

– Suivons ici le récit d'Ovide, puisque c'est celui que Hegel a sous les yeux. Zeus /Jupiter a décidé de prendre forme humaine pour visiter incognito la terre et les hommes qui la peuplent, pour se faire une idée de l'état moral de l'humanité, et il est littéralement épouvanté par ce qu'il découvre : un peuple assoiffé de sang et de massacres, méprisant les dieux et se vautrant dans l'*hybris*, la démesure et l'arrogance les plus abjectes. Un certain Lycaon tente même de l'égorger pendant son séjour dans sa maison et, pire encore peut-être, c'était à propos de Tantale, de lui faire manger de la chair humaine pour savoir s'il est véritablement ou non un dieu. De retour sur l'Olympe, Zeus fait part de sa décision irrévocable aux dieux qui l'entourent : il va détruire l'humanité par le feu. Il se saisit alors des armes que lui ont données les Cyclopes – la foudre, l'éclair et le tonnerre –, mais au dernier moment, il se ravise, craignant que le feu ne gagne l'éther et ne s'élève jusqu'à l'Olympe. C'est donc par l'eau que l'humanité va périr, et Ovide, comme toujours soucieux de dramatiser les mythes grecs, offre de la terre engloutie une description poignante :

> Là où récemment les chèvres élancées ont brouté le gazon, des phoques posent leurs corps informes. Les

Néréides s'émerveillent de voir au fond des eaux des parcs, des villes, des maisons ; les dauphins habitent les forêts, ils bondissent au sommet de leurs ramures et se heurtent contre des chênes qu'ils agitent. Le loup nage au milieu des brebis, l'onde charrie des lions au poil fauve [...] La plus grande partie des êtres vivants est emportée par les eaux, ceux qu'elles ont épargnés périssent faute de nourriture, victimes d'un long jeûne[1]. »

La terre est ainsi « nettoyée », purifiée de toutes ses créatures vicieuses. Ne reste qu'un couple de justes, Deucalion et Pyrrha, que Zeus a décidé de sauver. Il leur a recommandé de construire une immense embarcation, d'y faire monter un couple de chaque espèce animale, d'y prévoir de la nourriture et de se préparer au déluge. Mais, et c'est là l'essentiel, lorsque la nature se calme, met fin à son hostilité, lorsque les eaux du ciel cessent de noyer les sols, Deucalion et Pyrrha vont aussitôt se réconcilier avec Gaïa, la terre, de sorte que la belle totalité cosmique que constitue l'univers aux yeux des Grecs se reforme immédiatement après la catastrophe. Dès que leur arche touche la terre ferme, Deucalion et Pyrrha vont en effet implorer, sur le parvis de son temple, la clémence de Thémis, la déesse de la justice. Et Thémis, les prenant en pitié, leur adresse ces paroles quelque peu sibyllines : « Éloignez-vous du temple, voilez-vous la tête et jetez derrière votre dos les os de votre grand-mère. » Le couple met un moment à comprendre le sens du propos, mais il finit par réaliser que la grand-mère dont parle Thémis n'est autre que Gaïa, la terre, et que ses os sont les cailloux qui gisent à sa surface. Lorsque Pyrrha en jette un

1. Ovide, *Métamorphoses*.

sur le sol, c'est une femme qui pousse aussitôt, et lorsque Deucalion en fait autant, c'est un homme qui sort de la glaise. Ainsi, une humanité vierge et pure, mais aussi dure à la tâche et robuste à l'image des cailloux dont elle est issue, se reconstitue et, comme le récit mythique le souligne, ces hommes nouveaux bénéficient d'une triple harmonie, réconciliés qu'ils sont entre eux mais aussi avec les dieux comme avec la nature dont ils vont pouvoir à nouveau suivre la loi et les enseignements. Pour parler le langage de Hegel, l'humanité est sortie de la « scission », du déchirement, elle n'est plus séparée de l'absolu, du divin (même si ce dernier n'est pas encore pensé correctement comme sujet, comme Dieu personnel, mais comme substance, comme ordre cosmique).

Le déluge vu du monde juif : Noé

– *Il en va inversement, disiez-vous, pour le monde juif.*

– Selon Hegel, qui suit ici Flavius Josèphe, c'est l'épisode du déluge qui fit sortir l'humanité de l'âge d'or, de l'« état de nature », de cette période réelle ou imaginaire, peu importe ici, où l'homme et la nature vivaient en harmonie. C'est cette harmonie originelle que le déluge détruit, marquant à jamais les esprits, et c'est de ce traumatisme que va jaillir le monothéisme juif. Je vous cite le passage de Hegel :

> Du cours pris par l'évolution du genre humain avant Abraham, de cette importante période dans laquelle la barbarie qui suivit la perte de l'état de nature s'efforçait par des voies diverses de revenir à l'harmonie détruite, nous n'avons conservé que quelques traces obscures.

L'effet du déluge sur l'esprit des hommes dut être le sentiment d'un profond déchirement, une immense incrédulité à l'égard de la nature : elle qui jusqu'alors s'était montrée amicale ou tranquille dans l'équilibre de ses éléments répondait à la foi du genre humain par la haine la plus destructrice, la plus insurmontable, la plus irréversible. Dans sa furie, aucun amour n'était perçu comme devant être à épargner, mais elle semait sauvagement la dévastation sur toutes choses. L'histoire fait allusion à quelques réactions face à l'impression que laissait ce massacre universel perpétré par les éléments hostiles. Pour que l'homme pût tenir tête aux assauts de la nature ennemie, il fallait qu'il la dominât[1]...

Selon Hegel, c'est de ce projet de domination de la nature que va directement sortir le judaïsme. Pour Noé et les siens, comme pour Deucalion et Pyrrha, tout commence par la catastrophe, par une scission meurtrière avec la nature. Mais au lieu de se réconcilier avec elle, Noé entreprend, pour tenter de s'en protéger à jamais, de la dominer. C'est dans cette perspective qu'il fait appel à un Dieu qui l'aidera à devenir le seigneur et maître du monde naturel – avec ce seul impératif de ne pas tuer d'autres hommes et de respecter la vie, commandement dont l'interdiction de consommer le sang des animaux sera la trace symbolique. C'est ainsi que Noé, selon Hegel, élève son idéal de domination de la nature au rang d'un Être suprême, le Dieu unique, qu'il invente de toutes pièces à cette fin :

« Il éleva son idéal simplement pensé au rang d'un Être et lui opposa toutes choses comme le pensé, c'est-

1. Georg Wilhelm Friedrich Hegel, *L'Esprit du christianisme et son destin*, Vrin, 1967, p. 3.

à-dire le dominé. Cet Être promit à Noé de mettre les éléments à son service et de les maintenir dans leurs limites de telle sorte qu'aucun déluge ne pût plus détruire les hommes. De tous les vivants susceptibles d'être ainsi dominés, seul l'homme ne pouvait être tué par l'homme : qui avait enfreint cette règle tombait au pouvoir de Dieu et devenait ainsi un être sans vie. Il dédommagea les hommes de cette servitude en leur donnant le pouvoir sur les animaux. Mais il ratifia cette unique fois un déchirement du Vivant, la destruction des plantes et des animaux, et s'il transforma cette hostilité imposée par la nécessité en une domination légitime, le Vivant fut pourtant encore honoré dans la mesure où il resta interdit de consommer le sang des animaux, parce qu'il contenait leur âme, leur vie.

– *En d'autres termes, c'est paradoxalement via une soumission absolue au divin transcendant que Noé parvient à dominer les forces de la nature pour se prémunir contre une nouvelle catastrophe semblable au déluge.*

– C'est par la médiation du divin qu'il devient « maître et possesseur de la nature », cette dernière conservant à jamais son caractère hostile, de force brute et dénuée de sens. Aux yeux de Hegel, le judaïsme demeure par là prisonnier de la scission, du déchirement : d'une part, la réconciliation avec le divin transcendant lui est désormais impossible, sinon sous la forme d'une soumission absolue et aveugle (cécité radicale qui lui interdit à tout jamais de découvrir en lui-même les moyens de s'accorder de façon autonome avec la divinité) ; d'autre part, et plus encore, l'harmonie avec la nature est impensable, sa représentation étant désormais aux antipodes de la belle totalité grecque, de ce cosmos harmonieux, juste, beau et bon au sein duquel Deucalion et les siens se meuvent à nouveau en toute « amitié » après le déluge.

Le déluge vu par Nemrod : la tour de Babel

Nemrod, le chasseur, celui qui va faire édifier la tour de Babel, va plus loin encore dans le sens de l'hostilité au cosmos, mais aussi de l'extériorité radicale du divin. Il n'a pas confiance en un Dieu qui a décidé d'utiliser la nature pour punir l'espèce humaine. Contrairement à Noé, il ne veut donc pas passer par son intermédiaire pour asseoir sa domination sur la terre et les êtres vivants. Sûr de lui et de ses pouvoirs, il veut parvenir à une domination tout à la fois réelle et directe sur la nature, une domination qui soit le seul fait des hommes et qui puisse, le cas échéant, se passer complètement du divin – ce pourquoi Nemrod entreprend de faire construire une tour gigantesque, une tour si haute et si solide qu'aucun déluge ne pourra plus jamais la submerger. Célèbre pour ses talents de chasseur, c'est aussi de manière directe, sans intermédiaire, voire au mépris de Dieu, qu'il s'assujettit les animaux.

Voici comment Hegel décrit l'entreprise de Nemrod et sa vision du monde, en s'inspirant directement de ce que Flavius Josèphe en dit dans le premier volume *Antiquités juives*, chapitre IV :

> [Nemrod éleva l'homme] au rang d'un être qui fait de tout le reste du réel un objet de pensée, c'est-à-dire le tue, le domine. Il tenta de dominer assez efficacement la

nature pour qu'elle ne pût désormais devenir un danger pour les hommes ; il se mit en état de guerre contre elle, en homme follement orgueilleux, fier de son bras puissant ; dans le cas où l'envie prendrait encore à Dieu de submerger le monde sous un déluge, il ne manquerait pas, menaçait-il, de moyens pour lui opposer une résistance suffisante. Car Nemrod avait décidé de construire une tour dont la hauteur dépasserait de loin celle où pourraient jamais atteindre les flots et les vagues [...] C'est ainsi qu'il changea tout et qu'il fonda en peu de temps une domination tyrannique. Il ne rétablit pas les hommes devenus méfiants, étrangers les uns aux autres et maintenant soucieux de se disperser, dans les liens d'une sociabilité joyeuse où chacun eût confiance dans les autres et dans la nature ; s'il les maintint unis, ce fut par la force. Il éleva des murs pour se défendre contre les eaux, ce fut un chasseur et un roi.

C'est pour punir Nemrod de sa folle arrogance, de cette démesure qui annonce la modernité technicienne dans son projet de se soumettre la totalité du réel, de devenir comme « maître et possesseur de la nature », que Dieu va séparer les hommes en leur donnant des langues, des « babils » différents (d'où le nom de la fameuse tour). D'une seconde à l'autre, ils ne se comprennent plus les uns les autres. Ainsi, la stratégie de Nemrod conduit vers ce que Hegel appelle la « conscience malheureuse », une conscience déchirée qui vit dans une triple scission et dont le judaïsme est, à ses yeux, l'incarnation : scission des hommes entre eux, puisqu'ils ne se comprennent plus (le peuple juif séparé de tous les autres) ; scission des hommes avec le divin, qui a été rejeté au loin avec arrogance (Dieu est absolument transcendant, terrifiant, et l'on ne peut s'en faire aucune image, aucune représentation, on ne peut même pas le nommer) ; scission des hommes avec la nature, perçue comme l'ennemi par excellence, réduite à un stock d'objets sans signification ni valeur, destinés seulement à être dominés, soumis, exploités.

La conscience malheureuse

C'est finalement ce malheur absolu de la conscience clivée, déchirée qu'Abraham va incarner – en quoi Hegel voit en lui le véritable père fondateur du judaïsme comme figure suprême de ce malheur (à égalité, il faut le préciser, avec le kantisme, qui lui aussi fait de la nature et des « penchants naturels » un ennemi de l'éthique véritable, la vertu se définissant comme le courage de lutter contre les « inclinations naturelles »). Le judaïsme apparaît ainsi comme la religion qui incarne et sacralise la triple scission.

Voici les termes exacts dans lesquels Hegel résume toute cette histoire – histoire que je rapporte ici, ne perdons pas le fil, parce que c'est en contraste avec elle que le sermon sur la montagne, et la philosophie de l'amour qui le sous-tend, vont prendre toute leur dimension et toute leur force :

> Noé avait assuré sa sécurité à l'égard de la puissance hostile [la nature] en la soumettant tout comme lui à un plus puissant [Dieu], Nemrod en la dominant par lui-même ; tous deux avaient conclu avec l'ennemi une paix forcée et perpétuèrent ainsi l'hostilité ; aucun d'eux ne se réconcilia avec lui comme fit le beau couple de Deucalion et Pyrrha lorsque après leur déluge, ils invitèrent les hommes à renouer leur amitié avec le monde et la nature,

> leur firent oublier dans la joie et les délices le besoin et la haine, conclurent une paix de l'amour, devinrent la souche de belles nations et firent de leur époque la mère d'une nature nouvelle-née qui allait conserver la fleur de la jeunesse [...] Abraham, né en Chaldée, avait déjà dans sa jeunesse abandonné une patrie en compagnie de son père ; or dans la plaine de Mésopotamie, pour devenir un homme tout à fait indépendant et à son tour un chef, il rompit complètement avec sa famille sans qu'elle l'eût pourtant offensé ni chassé ; il n'avait pas éprouvé la douleur où se trahit chez l'être victime d'un tort ou d'une cruauté le besoin persistant d'un amour qui, blessé mais non perdu, cherche une nouvelle patrie pour y fleurir et se réjouir de lui-même.

Le message de Hegel est clair, à la différence de l'hellénisme, le judaïsme n'est pas une religion de l'amour mais une religion de la scission, et cela se traduit d'une manière particulièrement évidente dans le fait que la terre, la Gaïa des Grecs, n'est même plus cultivée, humanisée, aimée de quelque façon que ce soit.

> Abraham errait avec ses troupeaux sur une terre sans limites ; il n'en aurait pas cultivé ni embelli la moindre parcelle de façon à se sentir plus proche d'elle, à se prendre d'affection pour elle et à l'adopter comme une partie de son monde [...] Le monde entier, son opposé absolu, était maintenu dans l'existence par un Dieu qui lui restait étranger, un Dieu dont aucun élément dans la nature ne devait participer, mais qui dominait tout [...] Il lui était seulement impossible de rien aimer. Même le seul amour qu'il eût, l'amour qu'il portait à son fils [...] put lui peser, importuner son âme qui s'isolait de tout et la plonger un jour dans une inquiétude telle qu'il voulut aussi détruire son amour et ne fut apaisé

que par la certitude que la force de cet amour n'allait pourtant pas jusqu'à le rendre incapable d'immoler son fils de sa propre main.

De là cette conclusion de Hegel, particulièrement choquante pour nous aujourd'hui et injuste, cela va de soi, mais qui s'inscrit dans la logique de cette interprétation du judaïsme comme philosophie de la loi, de l'antinature plus que de l'amour, et qui prépare, par contraste, la lecture du sermon sur la montagne :

> La religion mosaïque est une religion née du malheur et pour le malheur [...] Car dans le malheur, il y a la scission [...] ; dans le bonheur, cette scission a disparu, c'est le règne de l'amour, de l'unité [...] Car maintenant il y a un Dieu qui n'est pas un maître, mais un être amical, une beauté, une réalité vivante dont l'essence est la conciliation tandis que le Dieu juif est la plus profonde scission, exclut toute libre union, n'autorise que la domination et la servitude.

Le Dieu d'amour dont parle ici Hegel en opposition avec le judaïsme, ce divin que la belle totalité grecque, en un certain sens, incarnait déjà, c'est bien évidemment aussi Jésus qui va le représenter, mais d'une autre façon encore...

CHAPITRE 9

Réconcilier les penchants naturels et la loi par l'amour

Au nom de l'amour

– Nous revenons ainsi à Jésus, et à ce fameux sermon sur la montagne qui illustre la grande rupture qu'il va opérer par rapport aux conceptions juive et grecque dont Hegel, nous venons de le voir, s'est employé à mettre en exergue ce qui, selon lui, les opposait. Pour les Juifs : un Dieu transcendant, inaccessible et irreprésentable ; une nature hostile dont le seul usage possible passe par la domination ou l'exploitation ; la transcendance d'une loi qui s'impose de force à la nature sous la forme d'un devoir impératif... Pour les Grecs : une divinité totalement immanente au monde qui se confond avec la nature et l'ordre cosmique ; une nature harmonieuse, juste, belle et bonne, avec laquelle il s'agit de s'accorder ; une loi qui émane du cosmos, dans la mesure où la participation à son harmonie divine donne sens à notre vie... Jésus, lui, va proposer une autre voie : une réconciliation de la nature (des penchants naturels) et de la loi, mais d'une manière radicalement différente de celle des Grecs.

– Reprenons donc le fil de notre récit au début du sermon sur la montagne. Alors qu'il parcourt la Galilée pour haranguer des foules de plus en plus nombreuses, Jésus, face au nombre croissant de ceux qui viennent l'écouter, s'installe sur un promontoire afin d'être entendu par tous. L'épisode est rapporté par Matthieu (5-7), mais aussi par Luc (6, 17-49), bien que sous une forme abrégée. Voilà comment Jésus commence ce sermon, en s'adressant d'abord aux Juifs orthodoxes que sont alors les pharisiens et surtout les sadducéens :

> N'allez pas croire que je sois venu abolir la loi ou les prophètes : je ne suis pas venu abolir, mais accomplir. Car, je vous le dis en vérité, jusqu'à ce que le ciel et la terre aient disparu, il ne disparaîtra pas de la loi un seul iota, un seul point sur le i, jusqu'à ce que tout ait été accompli. Par conséquent, celui qui aura violé un seul de ses plus petits commandements sera appelé le plus petit dans le Royaume des cieux ; mais celui qui les aura observés et enseignés, celui-là sera appelé grand dans le Royaume des cieux. Car je vous le dis : si votre justice ne surpasse pas celle des scribes et des pharisiens, vous n'entrerez point dans le Royaume des cieux (Matthieu, 5, 17-20).

En première lecture, le texte signifie que Jésus ne veut nullement changer la loi, par exemple le Décalogue, les dix commandements, mais que pour autant, comme va y insister tout le sermon, la simple observance littérale de la loi ne suffit pas à entrer dans le Royaume. Autrement dit, Jésus ne nous invite pas à faire moins que la loi, mais davantage : il faut ajouter l'esprit à la lettre. Suivre la loi, y compris de la manière la plus stricte, ne vaut rien si le cœur n'y est pas. Cet « accomplissement » (*plérôma*) de la loi, qui est aussi un « dépassement », c'est l'amour, cet *agapè* que nous tenons de Dieu, qui va le permettre ;

c'est l'amour qui va donner ce souffle, c'est lui qui va permettre d'accomplir la loi dans l'esprit, de la remplir d'une autre manière que par la simple obéissance à la « raison pratique ».

Dans la suite du *sermon*, Jésus mobilise toute une série d'exemples empruntés à la loi juive (pour l'essentiel au Décalogue) : « Tu ne tueras point, tu ne commettras pas l'adultère, tu ne te parjureras point... » Et à chaque fois, il oppose l'esprit à la lettre, le cœur à l'application mécanique de la règle. La loi, qui est bonne, dont le contenu n'est pas douteux et dont Jésus dit clairement qu'il ne changera pas un iota, n'a aucun sens ni la moindre valeur si elle est suivie sèchement, au nom du seul devoir envers un commandement qui s'oppose à la nature. C'est au contraire par un mouvement naturel, par un élan du cœur guidé lui-même par *agapè*, donc en quelque façon par une « inclination sensible », un « penchant naturel » dirait Kant, que la loi doit s'accomplir, se remplir.

On voit ainsi comment Jésus, au nom de l'amour, rejette la séparation juive de la nature et de la loi (comme il rejetterait aussi, selon Hegel, et pour des raisons identiques, la même séparation chez Kant). En ce sens, s'il ne s'agit nullement de supprimer le contenu de la loi, son message est bien de la supprimer comme telle, de l'abolir en tant que loi qui commande, en tant qu'impératif catégorique : c'est la forme du devoir que l'amour rend superflue, *car cette forme ne tient qu'à la séparation de la nature et de la loi* (dont Hegel repérait les racines dans l'interprétation juive du déluge).

L'élan du cœur

Seul l'amour garantit la conformité de l'intention, qui préside à l'acte, avec l'esprit de la loi ; lui seul assure l'unité indissoluble du penchant naturel et de la finalité morale, raison pour laquelle il rend inutile l'obligation de se soumettre à des prescriptions impératives, obligation qui, de ce point de vue, ne peut que favoriser la duplicité ou l'hypocrisie :

> Gardez-vous de pratiquer votre justice devant les hommes, pour vous faire remarquer d'eux, sinon, vous n'aurez pas de récompense auprès de votre Père qui est dans les cieux. Quand, donc, tu fais l'aumône, ne va pas le claironner devant toi ; ainsi font les hypocrites, dans les synagogues et les rues, afin d'être glorifiés par les hommes [...] Pour toi, quand tu fais l'aumône, que ta main droite ignore ce que fait ta main gauche afin que ton aumône soit secrète et ton Père, qui voit dans le secret, te le rendra (Matthieu 6, 1-4).

Nul besoin d'édicter une loi pour inciter une mère qui aime son enfant à l'embrasser quand il pleure, le réchauffer quand il a froid, le nourrir quand il a faim... L'amour y pourvoit *naturellement*, et c'est dans cet élan du cœur que la forme de la loi, c'est-à-dire son caractère d'impératif, disparaît. Si nous aimions les autres comme nous aimons nos enfants, il est probable que toute guerre aurait disparu de la surface du globe. Voici comment Hegel a commenté ce passage, à mon sens de manière parfaitement juste et profonde :

> Dans la description de ce Royaume du ciel, ne figure pas toutefois la suppression des lois, mais elles doivent

être accomplies par une justice qui soit autre et plus totale que celle de la fidélité au devoir : l'incomplétude des lois trouve son accomplissement. Il (Jésus) montre alors le principe de cet accomplissement pour plusieurs lois : ce principe plus riche peut être appelé le penchant à agir comme les lois l'ordonneraient, l'unité de l'inclination et de la loi grâce à laquelle celle-ci perd sa forme de loi ; cet accord avec l'inclination est le *plérôma* [remplissement] de la loi[1]...

Et dans ce sermon, chaque fois, pour chaque commandement particulier, Jésus montre comment et en quel sens il doit se remplir par l'amour de charité, *agapè*. Ainsi pour le fameux « Tu ne tueras point », que Hegel commente en ces termes :

Tu ne dois pas tuer : Jésus oppose une vertu, disposition d'amour de charité, qui non seulement rend superflu ce commandement quant à son contenu, mais aussi supprime le commandement quant à sa forme, son opposition, en tant que ce qui ordonne à une réalité qui résiste, éloigne toute pensée de sacrifice, de destruction ou de soumission de l'âme ; elle est en même temps une plénitude vivante plus riche que le froid commandement de la raison.

L'intelligible et le sensible réconciliés

Pour être bien comprise, l'analyse de Hegel appelle encore deux commentaires. La « raison », dont la dernière phrase du passage cité évoque le « froid commandement », c'est la raison pratique de Kant,

1. *Ibid.*, p. 34.

avec son impératif catégorique, que Hegel associe ici totalement au judaïsme des pharisiens en ce qu'il oppose lui aussi la nature et la loi, cette opposition conférant aussitôt à cette dernière un caractère impératif : c'est parce que la nature résiste, parce qu'elle s'oppose spontanément à la loi, par son égoïsme et sa paresse, par son manque de charité naturelle, que cette dernière doit prendre la forme d'un commandement ; si, au contraire, on part de l'idée que l'amour tend *naturellement* au remplissement de la loi, alors la forme impérative disparaît, parce que disparaît aussi l'opposition entre la nature et la loi. Mais il y a plus : Hegel décrit l'amour de charité, *agapè*, comme une « plénitude vivante », mobilisant ici un concept de la vie qui n'a rien d'anecdotique. Chez Hegel, à l'époque où il écrit ce texte, la « Vie » désigne quelque chose de bien précis, à savoir la réconciliation de l'intelligible et du sensible, de l'universel et du particulier. Le vivant est toujours union d'une matière et d'un esprit, d'un corps et, sinon d'une âme, du moins d'un principe vital. Comme l'amour dont il est une espèce d'analogue parfait, le vivant est ainsi réconciliation des contraires, suppression de la scission, du déchirement. Il y a donc un point de passage décisif entre l'amour et la Vie – passage qui forme l'essentiel de la doctrine chrétienne du salut. C'est en ce sens que Hegel peut écrire, en référence à l'affirmation de Jésus selon laquelle il n'est pas venu abolir la loi mais l'accomplir :

> Comme dans cet accomplissement des lois et de ce qui s'y rattache, le devoir, la disposition morale et le reste cessent d'être un universel opposé à l'inclination,

et que l'inclination cesse d'être un particulier opposé à la loi, cet accord est Vie et, en tant que rapport de réalités distinctes, amour.

– *Je suppose que c'est encore Kant qui est ici visé à travers la critique du judaïsme...*

– Oui, bien sûr. À vrai dire, il est visé comme résurgence moderne du judaïsme ancien – ce qui explique du reste que les grandes écoles philosophiques juives post-hégéliennes, à commencer par l'école de Marburg et l'école de Francfort, feront de Kant une de leurs figures tutélaires. Le sens du propos hégélien est tout à fait clair : chez Kant, comme dans le judaïsme orthodoxe (du moins tel que Jésus le critique dans le sermon), la loi est un universel, un commandement général et absolu qui s'oppose à la particularité égoïste de ma nature, de mes inclinations naturelles – et c'est cette opposition qui rend la loi impérative, qui lui donne la forme d'un « tu dois » ; au contraire, si l'amour est là, si c'est par lui et en son nom que j'agis, alors je remplis *naturellement* la loi, sans avoir besoin d'écouter autre chose que mon cœur. Dès lors nul impératif extérieur à ma nature et opposé à elle ne me conduit, de sorte que mon penchant vers autrui, cette inclination naturelle guidée par *agapè*, n'est plus un penchant particulier qu'une loi universelle viendrait corriger et pour ainsi dire redresser, mais *à l'inverse* un rapport harmonieux entre ces deux réalités distinctes, non opposées, que sont dans cette perspective la nature et la loi, l'amour et le commandement – et c'est exactement cette réconciliation que Hegel nomme « Vie ».

Dans la suite de son commentaire, Hegel suit pas à pas le sermon, commente chacun des exemples que Jésus puise lui-même dans la « la loi et les prophètes ». Je laisse le lecteur désireux d'en faire son miel suivre Hegel à son tour. Mais l'essentiel est dit : c'est l'amour qui réconcilie la nature et la loi, c'est lui qui rend la forme impérative superflue, lui encore qui donne aux hommes une « richesse vivante » sans laquelle leur vie ne vaudrait guère d'être vécue.

– Ce survol de la doctrine du salut à l'âge judéo-chrétien et de ses prolongements philosophiques n'a cessé, me semble-t-il, de nous confronter à de redoutables contradictions. La promesse d'un salut personnel, « corps et âme », a incontestablement donné un sens nouveau et plus fort aux dimensions individuelles de la vie, faisant de l'amour (en Dieu) la valeur et la réalité suprêmes, qui impliquait à son tour une égalité de tous devant Dieu, une rupture majeure par rapport à la vision aristocratique des Grecs. Mais à partir de là, les paradoxes s'enchaînent en cascade.

D'abord, si le changement radical de perspective apporté par le christianisme lui a permis de se substituer aux conceptions anciennes qui avaient régi jusqu'alors les cités grecques et l'Empire romain, il a vite recréé, au sein de l'Église et dans les sociétés où il était devenu la référence centrale, un système hiérarchique, des règles contraignantes, un formalisme ritualisé dont le moins que l'on puisse dire est que leur cohérence avec le message évangélique n'est pas évidente.

Ensuite, les philosophies qui se sont développées sur la base du christianisme ont longtemps privilégié, on l'a vu, une sorte de recyclage inattendu des philosophies antiques (platonicienne et, surtout, aristotélicienne) dont l'effet a été de réintroduire une certaine dose de principes aristocratiques et de sacralisation de la loi naturelle.

Enfin, on l'a vu avec le commentaire de Hegel touchant le sermon sur la montagne, une part de ce qu'il y a de plus original dans le message chrétien n'a trouvé de réalisation vraiment convaincante que tardivement et, surtout, dans le cadre de philosophies humanistes ou posthumanistes tout à fait autonomes par rapport à la religion.

Tout se passe donc comme si le christianisme, philosophiquement parlant en tout cas, avait longtemps été tiraillé entre une attirance pour le passé qu'il avait aboli et un avenir où son influence serait d'autant plus prégnante qu'on aurait oublié qu'il en était l'origine ! Ce qui nous amène, justement, à l'époque suivante, celle de l'humanisme.

TROISIÈME PÉRIODE

Le premier humanisme

Le salut par l'Histoire et le progrès

CHAPITRE 10

Pic de la Mirandole : la naissance de l'humanisme

Il n'y a pas de nature humaine

– Nous avons vu comment, en faisant de chaque personne un objet d'amour, en Dieu et pour Dieu, le christianisme ouvrait potentiellement un large horizon à l'affirmation de l'autonomie des individus (de leur valeur singulière, indépendante des hiérarchies sociales aristocratiques). Nous avons vu aussi comment l'Église catholique s'est résolue à intégrer dans sa doctrine de nombreux éléments de la philosophie d'Aristote, ce qui lui a permis d'encadrer plus efficacement la complexification des activités scientifiques et sociales. Cependant, on peut penser qu'à partir du moment où toutes ces pratiques voyaient leur sens reconnu, et même si elles étaient supposées s'inscrire dans un ordre du monde hiérarchisé dont l'Église était la seule interprète et gardienne légitime, il n'y avait plus qu'un pas à franchir pour qu'elles s'affirment en elles-mêmes indépendamment de toute référence religieuse ! C'est en tout cas dans ce contexte que va s'opérer le basculement vers la période que nous abordons maintenant : l'humanisme.

– On pourrait en effet présenter la naissance de l'humanisme de la façon suivante : alors que, pour les philosophes de l'Antiquité grecque, la question du sens de la vie se décidait en rapport avec le cosmos et pour les chrétiens en rapport avec Dieu, l'humanisme va, pour la première fois dans l'Histoire, « rapatrier » cette interrogation ultime de la philosophie non dans une source extérieure et supérieure à l'humanité, mais dans l'homme lui-même. L'idée fondamentale qui l'anime, dès ses premières expressions, chez Pic de la Mirandole (1463-1494), est la suivante : *il n'y a pas de nature humaine ni aucun ordre naturel auxquels l'homme devrait se conformer ; l'homme peut s'arracher à la nature parce qu'il est libre, et c'est parce que l'homme est libre qu'il a des droits* (qui doivent protéger et garantir cette liberté inaliénable) *et une histoire* (qui est celle des réalisations de sa liberté, donc du *progrès* des arts, des sciences et des mœurs). Cet humanisme connaîtra une longue histoire, au cours de laquelle il prendra des visages très différents, depuis son apparition, au début de la Renaissance, où sa critique des préjugés philosophiques, religieux et sociaux s'appuie encore largement sur un retour aux sources gréco-romaines, jusqu'aux Lumières, en passant par Descartes, dont nous avons évoqué brièvement le projet dans notre premier chapitre. Après quoi Kant en établira les fondements les plus solides. Enfin, Hegel et Marx s'efforceront de lui donner une assise plus large en lui adjoignant une réflexion de fond sur les « lois » de l'histoire collective.

Nous allons évoquer tous ces grands auteurs et présenter leurs idées les plus fondamentales. Cette période du premier humanisme est grandiose. Elle n'en possède pas moins sa part d'ombre, dont il faudra aussi parler. Car cet humanisme « première manière » a, pour des raisons profondes sur lesquelles nous reviendrons, identifié l'« humanité de l'homme », sa « dignité » particulière, sa « grandeur », à sa capacité à entrer dans une histoire de l'innovation et du progrès ; du coup, en dépit de son attachement proclamé aux *Droits universels de l'homme*, il va être conduit, nous verrons pourquoi tout à l'heure, à considérer comme « inférieurs » ou « attardés » les peuples dont la civilisation et la culture valorisent non pas le progrès et l'innovation, mais au contraire la fidélité aux coutumes et traditions ancestrales. Sous prétexte de leur apporter les « lumières de la civilisation », il n'a pas hésité, au temps des colonies, à les leur imposer par la force, au mépris des Droits de l'homme qu'il professait pourtant par ailleurs avec une force éblouissante, mais qui paraissaient soudain subalternes par rapport au supposé retard historique des populations d'Asie ou d'Afrique. Cet aspect du premier humanisme nous apparaît désormais insupportable (de fait, nous sommes aujourd'hui passés à un deuxième humanisme, ouvert à la différence et à l'altérité, sur lequel nous reviendrons à la fin de cet ouvrage).

Mais n'anticipons pas et commençons par cette révolution dans la pensée que Pic de la Mirandole va instaurer dans un petit texte admirable consacré à la « dignité de l'homme », une œuvre brève mais fondamentale qu'on peut considérer comme la pierre angulaire de l'humanisme moderne. Aujourd'hui, Pic n'est plus guère lu de nos contemporains. C'est un personnage un peu oublié, mais si exceptionnel que sa redécouverte et sa relecture sont toujours un bonheur – ce dont je vais tenter de vous persuader maintenant.

Le génial monsieur je-sais-tout

Giovanni Pico della Mirandola est un Florentin né en 1463, près de Modène, et mort très jeune, en 1494[1]. Héritier d'une famille fortunée de la haute aristocratie italienne, il est réputé avoir fait preuve d'une impressionnante précocité : à dix ans, il maîtrisait déjà parfaitement le latin et sans doute aussi le grec. Il apprit également l'hébreu, l'arabe et l'araméen avec Élie del Medigo, un averroïste juif. Il voulait, en effet, pouvoir lire les textes dans leur langue originale, afin d'en pénétrer le sens avec la plus grande exactitude. Très tôt, Pic décide de consacrer sa vie à la philosophie et aux voyages ; il parcourt l'Europe de la Renaissance pour essayer de s'approprier toutes les pensées qui comptent en son temps. En 1485, il se rend à l'université de Paris, à la Sorbonne, où il conçoit le projet fou, qui animera toute sa courte vie, de rédiger neuf cents thèses (sur la morale, la spiritualité, la philosophie, la théologie, etc.) : il a l'intention d'ouvrir ainsi un gigantesque débat avec les plus grands théologiens, philosophes et savants de son temps.

Pour présenter ses neuf cents thèses, qu'il rédige un peu plus tard, Pic écrit un discours d'une trentaine de pages, le *Discours sur la dignité de l'homme* (*Oratio de hominis dignitate*), qui va rester célèbre

1. Comme ce sera le cas plus loin à propos de Schopenhauer et de Nietzsche, je reprends ici, en leur apportant de nouveaux développements, certaines des analyses que j'avais consacrées à Pic de la Mirandole dans la collection « Sagesses d'hier et d'aujourd'hui », coéditée par Flammarion, *Le Point* et *Le Figaro*, Paris, 2012.

(à la différence des thèses elles-mêmes, que plus personne ou presque ne lit). Il fait publier ce texte ainsi que ses thèses à Rome, en 1486, sous le titre *Conclusiones philosophicae, cabalisticae et theologicae*. La mention de la Cabale, à laquelle il s'est initié, est une marque de plus de l'étendue de ses curiosités et de ses intérêts : il est le premier penseur extérieur au judaïsme à en intégrer des éléments dans ses écrits. À vrai dire, Pic construit ses thèses dans un esprit syncrétique, avec la volonté de faire tenir ensemble, dans un équilibre aussi satisfaisant que possible à ses yeux, les sources philosophiques, théologiques, mystiques les plus diverses, de sorte que son humanisme reste inscrit dans une réflexion encore tout imprégnée de représentations appartenant à des traditions antérieures.

En 1487, le pape Innocent VIII décide finalement d'interdire le débat de manière assez violente, menaçant Pic d'excommunication. Celui-ci s'enfuit alors en France, où il est arrêté par Philippe II de Savoie, à la demande du nonce apostolique. Emprisonné à Vincennes, il est libéré grâce à l'intervention de Laurent de Médicis, très proche du jeune penseur, qu'il ne cessera de soutenir et dont il apprécie autant le génie que le charme – un charme apparemment irrésistible qui vaudra d'ailleurs à Pic diverses aventures amoureuses et quelques duels... Rentré à Florence, Pic retrouve son vieil ennemi, le moine Savonarole, un antihumaniste fanatique. Leurs positions sont en principe complètement opposées, mais Pic, qui aspire à vivre dans la bonté et la sainteté, se réconcilie avec son adversaire. Il écrit alors un livre puissant contre l'astrologie et il envisage de se faire moine. Il brûle tous les poèmes qu'il a écrits dans sa prime jeunesse et prend la décision de distribuer toute sa fortune aux pauvres. Mais il ne prononcera jamais ses vœux : probablement empoisonné, il meurt prématurément à l'âge de trente et un ans.

Si l'on en juge par son *Discours sur la dignité de l'homme*, œuvre d'un jeune homme de vingt-trois ans, on peut penser que sa mort a été une grande perte pour la pensée moderne. Malheureusement, Pascal et Voltaire ont contribué à donner de lui l'image négative, en réalité absurde (mais c'était une tentation facile), du monsieur je-sais-tout : voilà un jeune homme qui écrit « sur toutes choses connaissables », dit Pascal... « et même sur quelques autres », ajoute ironiquement Voltaire. La formule fera mouche : lorsque l'on dit de quelqu'un qu'il est « un Pic de la Mirandole », c'est rarement pour louer l'étendue de sa culture et le plus souvent pour moquer l'arrogance dilettante avec laquelle on lui reproche de parler de tout sans rien connaître.

L'homme hors nature

– *En quoi Pic de la Mirandole peut-il être considéré comme celui qui a su, le premier, mettre en lumière le principe fondateur de l'humanisme ?*

– C'est lui, tout simplement, qui va formuler, pour la première fois de manière explicite, l'idée moderne de liberté, entendue comme la capacité à s'arracher à tous les codes, à toutes les catégories de la tradition comme de la nature – une idée qui, après lui, parcourra toute la philosophie moderne et même contemporaine, puisqu'on la retrouvera chez Rousseau, Kant, Sartre et même encore chez Husserl et Heidegger. Ce jeune homme va littéralement inventer l'humanisme moderne ! Il a en effet découvert le principe fondateur sur lequel celui-ci n'a cessé depuis de s'appuyer. Ce principe si fécond apparaît, dans son *Discours*, sous la forme d'une fable, elle-même reprise d'un superbe mythe platonicien.

Avant d'exposer cette fable, Pic développe, en guise de préambule, une critique des explications généralement proposées dans les temps anciens – et encore généralement admises à son époque – pour rendre compte de la valeur particulière de l'homme par rapport aux autres vivants, de ce qui est censé faire l'essence de sa dignité, notamment par rapport aux animaux. Dans le monde aristocratique en effet, l'homme est considéré, certes, comme à part, et même comme admirable, mais seulement parce qu'il occupe une place *intermédiaire* dans l'échelle des êtres qui peuplent le cosmos : il existe une hiérarchie naturelle des êtres et l'homme est, pour ainsi dire, au milieu de l'univers, juste au-dessus des animaux, juste au-dessous des dieux. Et c'est cette place médiane qui lui confère un statut particulier. Cette idée typiquement ancienne et aristocratique, Pic va la remettre fondamentalement en question. À l'encontre de cette conception, il va montrer – et tel est ce qui va servir de pierre angulaire pour la fondation de l'humanisme moderne – que la spécificité et la grandeur de l'homme viennent de ce qu'il se situe non pas au milieu du monde, mais tout simplement *hors du monde*, en ce sens qu'il a la faculté de transformer par sa *libre volonté* les contraintes naturelles, donc de se situer, en quelque sorte, *hors nature*.

– Il suffit de se souvenir des chapitres précédents pour voir combien, jusque-là, la dignité de l'homme ne tenait qu'à sa capacité à s'accorder avec une réalité extérieure et supérieure à lui (l'harmonie du cosmos, Dieu, la loi naturelle). En la fondant cette fois sur sa libre volonté qui place l'humain hors nature, Pic de la Mirandole initie donc une véritable révolution dans la pensée, une rupture fondamentale avec le monde ancien.

– Exactement. Voici d'ailleurs comment Pic lui-même introduit sa critique des théories qui lient la valeur spécifique de l'homme à sa position intermédiaire dans l'échelle des êtres :

> Réfléchissant au bien-fondé de ces assertions [de tous les savants et théologiens anciens], je n'ai pas trouvé suffisante la foule de raisons qu'avancent, en faveur d'une supériorité de la nature humaine, une foule de penseurs : l'homme, disent-ils, est un intermédiaire entre les créatures, familier des êtres supérieurs, souverain des inférieurs, interprète de la nature – grâce à l'acuité de ses sens, à la perspicacité de sa raison, à la lumière de son intelligence –, situé entre l'éternel immobile et le flux du temps, copule ou plutôt hymen du monde selon les Perses, à peine inférieur aux anges selon le témoignage de David. De tels arguments sont certes de taille, mais ce ne sont pas les arguments fondamentaux, je veux dire ceux qui réclament à bon droit le privilège de la plus haute admiration. Car pourquoi ne pas admirer davantage les anges eux-mêmes et les bienheureux chœurs du ciel[1] ?

1. Jean Pic de la Mirandole, *Discours sur la dignité de l'homme*, Éd. de l'Éclat, coll. « Philosophie imaginaire », 1993, p. 3-4.

De fait, si l'homme n'est qu'un intermédiaire entre les animaux et les dieux (ou les anges), il serait logique de lui préférer ces derniers. Tout l'enjeu du *Discours sur la dignité de l'homme* est de montrer que l'être humain est la créature la plus admirable de toutes, justement parce qu'elle est hors du monde, c'est-à-dire hors nature, cette position d'extraterritorialité lui conférant une qualité très particulière : la *liberté*, dont ni les animaux ni même les anges ne peuvent se prévaloir (les anges ne peuvent que faire le bien, ils ne peuvent donc pas choisir entre le bien et le mal). Or c'est précisément cette qualité qui fait de l'homme un être moral, un être capable de choisir entre plusieurs options, mais aussi un être d'historicité, capable de s'arracher à la nature pour inventer lui-même, librement, son propre destin et façonner son histoire. En un mot, c'est parce que l'homme n'est rien (de déterminé par la nature) qu'il peut devenir tout (construire toutes sortes d'histoires et de destins différents).

L'homme sans dons mais libre

Pour illustrer sa thèse, Pic recourt donc à une fable empruntée à un dialogue de Platon qui rapportait lui-même le fameux mythe de Prométhée et de son frère Epiméthée. Je me borne ici à en résumer l'essentiel. Dieu a créé les animaux et les plantes, accordant à chacune des espèces deux attributs fondamentaux : d'abord un certain nombre de dons naturels, ensuite une place particulière au sein de l'univers, propre à chacune d'entre elles. Par exemple, le lapin, animal petit et faible, reçoit les dons qui lui permettent de survivre par rapport aux autres : une fourrure pour se protéger du froid, la rapidité à la course, la capacité de construire des terriers pour pouvoir se cacher, etc. Mais il a aussi sa place bien à lui dans le cosmos, sur terre et non dans le ciel ou dans la mer. La mésange, elle, aura des ailes pour échapper aux prédateurs, les animaux carnivores mangeront peu afin de ne pas dévaster les autres espèces, et leurs proies seront nombreuses, se reproduisant rapidement, etc.

Dans cette création – qui est semblable à ce qu'on appellerait aujourd'hui un « écosystème » bien fait –, chaque espèce animale a donc un modèle, ce que Pic de la Mirandole appelle un « archétype » (Platon parlait d'« Idée » et Sartre utilisera le terme d'« essence » pour désigner cette même notion de modèle). Ainsi par exemple, avant de créer le chien, il y a, dans l'entendement divin, une idée du chien qui préexiste à sa création, avec des dons naturels associés et une place qui lui reviennent. Dieu choisit les archétypes qu'il veut faire exister, puis il distribue les places et les dons propres à chaque espèce de telle sorte que l'ensemble coexiste harmonieusement : il crée un cosmos, un ordre naturel juste et parfait.

Mais au moment où il achève ce travail, Dieu s'aperçoit qu'il n'a plus aucun don ni aucune place particulière dans le monde à accorder aux êtres humains. Il n'a même plus d'archétype à disposition ! Il n'y a pas, dira Sartre dans le même sens – mais sans avoir conscience qu'il reprend Pic presque mot pour mot ! –, d'essence de l'homme qui puisse précéder son existence. À l'inverse de tous les animaux, qui sont pleins de dons mais aussi cantonnés à la place qui leur est attribuée, les hommes naissent donc sans aucun modèle préalable, privés de dons naturels et de place dans le cosmos : ils sont tout nus, sans fourrure ni griffes pour se protéger, ils ne courent pas très vite, ne sont pas très puissants, grimpent mal aux arbres, ne creusent pas de terriers, ne savent pas voler, ni même vraiment bien nager... C'est d'ailleurs ce qui va inciter l'homme à pécher par démesure, par orgueil et par arrogance – par *hybris*, comme disaient les Grecs : il sort d'autant plus facilement du rang qu'il n'a pas de place attitrée. C'est parce que l'espèce humaine est dotée de cette capacité d'invention et d'initiative, qu'aucune nature propre ne vient limiter, qu'elle est aussi l'espèce potentiellement dévastatrice par excellence – idée qu'on retrouvera, soit dit en passant, dans l'écologie contemporaine.

– *Nous voici parvenus au point où se noue le lien entre cette fable et la naissance de l'humanisme, des Droits de l'homme et de la politique moderne. Comment s'opère cette liaison ?*

– De la façon suivante : pour compenser ces manques, Dieu va décider d'octroyer à l'homme la liberté, cette faculté qui lui permettra de survivre grâce à ses innovations dans l'« écosystème » qu'il vient de créer. Et là, nous tenons enfin la spécificité de l'humain sur laquelle va se fonder l'humanisme moderne. N'étant rien au départ, n'ayant aucun don, aucune caractéristique particulière, pas de nature spécifique (Sartre dit, toujours dans le même sens, qu'il n'y a pas de « nature humaine », que l'homme est « néant » à la différence des animaux et des choses « qui sont ce qu'ils sont »), il a comme seule disposition originelle la liberté, entendue comme capacité d'inventer son histoire. L'homme devra, par conséquent, façonner lui-même son destin, se doter en quelque sorte par lui-même des qualités qui lui manquent au départ, par exemple compenser l'absence de fourrure par le vêtement, l'absence de carapace ou de terrier par une maison, l'absence de griffes par la fabrication des armes, etc. Bref, l'homme est, si j'ose dire, par nature un être antinaturel, un être à proprement parler artificiel, au sens où il est voué aux artifices, à l'invention libre de ses propres dons, des qualités dont il va se doter.

La naissance de l'historicité

– Cette liberté, qui est le propre de l'homme et fait de lui seul, dans la création, un être au départ indéterminé, va mettre le sens de sa vie dans l'usage qu'il fera de cette liberté, à titre individuel (dans ses choix existentiels et moraux) mais aussi dans sa participation à l'histoire collective. C'est donc un tout nouveau rapport à l'action personnelle et à l'historicité qui se joue ici. Quant à l'éducation, elle sera le moyen, pour l'individu, de s'approprier la culture produite par d'autres pour accroître l'efficacité de ses libres actions.

– Inventant son propre itinéraire dans l'existence – et c'est là l'essence même de la liberté –, l'homme pourra être bon ou mauvais, choisir le bien ou le mal... Une nouvelle vision morale du monde, une éthique du libre arbitre se profile, on le voit, à l'horizon de cette nouvelle définition de l'humain. Voici comment

Pic de la Mirandole présente cette conception de la liberté humaine :

> En fin de compte, le parfait ouvrier [il s'agit bien sûr de Dieu] décida qu'à celui qui ne pouvait rien recevoir en propre serait commun tout ce qui avait été donné de particulier à chaque être isolément. Il prit donc l'homme, cette œuvre indistinctement imaginée, et l'ayant placé au milieu du monde, il lui adressa la parole en ces termes : "Si nous ne t'avons donné, Adam, ni une place déterminée, ni un aspect qui te soit propre, ni aucun don particulier, c'est afin que la place, l'aspect, les dons que toi-même aurais souhaités, tu les aies et les possèdes selon ton vœu, à ton idée. Pour les autres, leur nature définie est tenue en bride par des lois que nous avons prescrites : toi, aucune restriction ne te bride, c'est ton propre jugement, auquel je t'ai confié, qui te permettra de définir ta nature. Si je t'ai mis dans le monde en position intermédiaire, c'est pour que de là tu examines plus à ton aise tout ce qui se trouve dans le monde alentour. Si nous ne t'avons fait ni céleste ni terrestre, ni mortel ni immortel, c'est afin que, doté pour ainsi dire du pouvoir arbitral et honorifique de te modeler et de te façonner toi-même, tu te donnes la forme qui aurait eu ta préférence. Tu pourras dégénérer en formes inférieures, qui sont bestiales ; tu pourras, par décision de ton esprit, te régénérer en formes supérieures, qui sont divines."[1]

Où l'ont voit aussitôt que cette perspective inédite sur la liberté humaine contient aussi en germe la naissance de l'historicité, l'idée que l'être humain, à la différence de ces êtres de nature que sont les bêtes, est voué à inventer l'Histoire. Les animaux,

1. *Ibid.*, p. 7-9.

en effet, n'ont pas d'histoire politique ni culturelle (on ne parle pas ici, bien sûr, de l'histoire naturelle des espèces, de l'évolution darwinienne, liée à la pression du milieu sur la sélection de variantes génétiques assurant un avantage reproductif aux organismes qui la portent) ; l'être humain, en revanche, « fabrique » son destin, chaque vie est l'invention d'un itinéraire particulier qui s'appuie sur la création collective qu'est l'Histoire et contribue à sa transformation.

Contrairement au temps cyclique des Grecs, l'historicité moderne va ainsi devenir infinie, n'étant pas limitée par des dispositions naturelles au-delà desquelles l'homme ne pourrait pas aller, pour la bonne raison qu'il n'y a tout simplement plus, dans cette perspective, de nature humaine. L'éducation devient elle-même une tâche sans fin, une éducation « tout au long de la vie », comme on dit de nos jours. D'une certaine manière, cette idée contemporaine est déjà présente chez Pic, au sens où, chez lui, il n'y a pas de limite à l'inventivité et à la créativité de l'histoire humaine, qu'elle soit individuelle (éducation) ou collective (politique et culturelle).

Contre-culture et précurseurs

– La lucidité fulgurante avec laquelle Pic de la Mirandole a su identifier le principe de l'humanisme est impressionnante. J'ai cependant le sentiment, peut-être erroné, qu'on a tendance à créditer son auteur d'une vision beaucoup plus claire et plus cohérente que celle dont il se réclamait réellement. J'ai parfois l'impression que l'on voit déjà Rousseau ou Kant dans

Pic ! S'il a incontestablement reconnu, dans la liberté, la véritable source de la « dignité humaine », il l'a fait d'une manière qui me paraît encore marquée, à certains égards, par la philosophie antique. D'abord, tout en critiquant la thèse selon laquelle l'homme se situe dans une position intermédiaire entre les dieux et les animaux, il reprend quand même l'idée d'une hiérarchie des créatures : l'homme peut tout aussi bien se ravaler au rang des bêtes que se hausser au grade des choses divines – autrement dit, il est en mesure de prétendre à tous les statuts dans un ordre du monde qui n'a pas été aboli pour autant et demeure un système clos, harmonieux, aristocratique. Ensuite, la vision de Pic sur l'éducation (au plan individuel) et l'histoire (au niveau collectif) semble encore assez vague. Enfin, le fait que sa fable soit calquée sur le mythe du Protagoras *de Platon laisse penser que la rupture avec la philosophie antique n'est pas aussi radicale qu'il y paraît.*

– Non, je crois que Pic a déjà bien compris l'ampleur de la rupture qu'il instaure avec le monde ancien, et notamment avec la cosmologie grecque. C'est vrai, il emprunte sa fable à un mythe célèbre, mis en scène par Platon qui le prête lui-même aux sophistes, mais justement les sophistes ne sont pas tout à fait des anciens. Il faut rappeler que ces « anti-philosophes » représentaient déjà une sorte de contre-culture par rapport à la cosmologie grecque de Platon, d'Aristote ou des stoïciens. Heidegger dit à juste titre des sophistes qu'ils n'étaient pas de « vrais » Grecs, mais des Modernes avant la lettre, parce qu'ils faisaient déjà de l'homme, selon la fameuse formule de Protagoras, la « mesure de toute chose ».

– Il faut peut-être, à ce stade, éviter un malentendu. S'il y a, dans l'histoire de la philosophie, des penseurs géniaux, des précurseurs dont l'œuvre anticipe des idées qui deviendront centrales bien après eux (Pic pour Rousseau, Protagoras pour Pic, les sophistes pour les humanistes), on pourrait alors se demander comment nous pouvons présenter chacune des périodes de notre récit comme une révolution par rapport à la précédente.

En réalité, il n'y a là aucune contradiction, si on reconnaît que, d'une part, toute pensée dominante tend à susciter des conceptions contestataires qui lui opposent des visions alternatives, explorant les failles de ses certitudes avec une radicalité qui les pousse, parfois, à anticiper des thèmes promis à un grand avenir, mais que, d'autre part, ces remises en cause du modèle dominant demeurent inévitablement « réactives » : il leur est presque impossible de se détacher complètement du cadre qu'elles critiquent (même celles qui en prennent l'exact contrepied en adoptent le moule, fût-il inversé). Les épicuriens, par exemple, ne croyaient pas, contrairement aux stoïciens et aux plus grands philosophes de l'Antiquité grecque, que le monde, en lequel ils ne voyaient qu'un chaos, pût être un cosmos harmonieux, il n'empêche que le sens de la vie n'en consistait pas moins, pour eux, à faire de leur existence une sorte de microcosme aussi harmonieux que possible (comme si le modèle dominant, chassé par la porte, était pour ainsi dire revenu subrepticement par la fenêtre !). De même, si les sophistes peuvent être considérés comme des précurseurs de l'humanisme en ce qu'ils faisaient de l'homme la « mesure de toute chose », ils étaient loin d'en tirer, comme les humanistes, la conclusion qu'en s'appuyant sur la liberté et la raison, l'homme allait, par l'éducation et par l'Histoire, créer les conditions d'un progrès indéfini des Lumières, de la maîtrise de la nature, du bonheur (les sophistes seraient plutôt les précurseurs des déconstructeurs, raison de l'intérêt que Nietzsche leur a porté, mais là encore sans avoir anticipé la vision cohérente et profonde qu'il en a tirée).

Force est donc de constater que nos précurseurs, fussent-ils géniaux, restent toujours plus ou moins prisonniers de la vision de leur temps, et ce n'est donc pas contradictoire avec l'idée que l'histoire de la philosophie est structurée par la succession de cinq grandes périodes, chacune fondée sur un nouveau principe de sens qui irrigue le rapport des hommes au monde et à l'existence.

– Je suis d'accord avec cette idée. Elle permet de comprendre, en effet, que l'on puisse parler de « précurseurs » sans pour autant remettre en cause l'idée d'une chronologie générale. Bien sûr, on pourrait discuter longuement du degré plus ou moins grand d'« anticipation » dont ils peuvent légitimement être crédités, mais cela nous entraînerait trop loin du projet de ce livre.

Je préfère, à partir de ce que nous venons de comprendre du discours de Pic sur la dignité humaine, proposer une espèce de type idéal de ce premier humanisme – un tableau « idéal-typique », selon l'expression de Max Weber – qui pourra servir de cadre général à la présentation des principaux penseurs qui vont marquer son histoire. Celle-ci est en effet trop longue, trop multiple et marquée par trop de grands auteurs pour que l'on puisse raisonnablement la traiter de façon linéaire, à moins de s'en tenir à des banalités, parsemées de noms glorieux que l'on se bornerait à citer dans une sorte de vain *name dropping* des penseurs de l'humanisme, si vous me passez l'expression.

CHAPITRE 11

Portrait type de l'humanisme

– L'histoire de l'humanisme, vous le disiez, est liée à un incroyable foisonnement de penseurs, dont la présentation simplement chronologique apporterait plus de confusion que de clarté. Essayons donc, comme vous le proposez, de définir les grands traits qui caractérisent ce mouvement philosophique.

– J'en identifierai neuf, dont l'analyse me permettra bien sûr d'évoquer, parfois de façon assez précise, certains des grands acteurs de cette école de pensée. Après avoir achevé ce tableau, je reviendrai plus longuement sur quelques-uns d'entre eux, Kant notamment, dont l'œuvre, difficile mais porteuse d'un changement crucial dans l'histoire de la philosophie, ouvre des perspectives qui vont bien au-delà du schéma général de l'humanisme tel que nous l'aurons dessiné (même si elles s'y inscrivent).

PREMIER TRAIT

Le rejet des arguments d'autorité

On me permettra d'insister un peu longuement sur ce premier trait : c'est le fondement de tous les autres et, à ce titre, il est essentiel d'en bien saisir la portée.

On admettra comme acquise la thèse, développée dans l'ouverture de ce livre, selon laquelle la modernité se définit par un vaste processus de « subjectivisation » du monde dont le modèle est fourni par les trois grands moments de la méthode cartésienne ; dans son principe, cette interprétation est d'ailleurs largement admise (on la retrouve, sous des formes différentes, par exemple chez Hegel aussi bien que chez Heidegger). Nous avons vu comment le « doute méthodique » que Descartes adopte dans le *Discours de la méthode* et les *Méditations métaphysiques* fournit l'archétype de cette fondation de toutes les valeurs sur la subjectivité humaine, dont la manifestation politique la plus évidente culminera avec l'idéologie révolutionnaire héritée de l'*Aufklärung* (des Lumières).

Dans un premier temps, il s'agit de « révoquer en doute » toutes les opinions reçues, tous les préjugés hérités, de sorte qu'il soit fait radicalement *table rase de la tradition*. Descartes opère dans la philosophie une rupture avec l'Antiquité (en particulier avec la physique d'Aristote) qui n'aura d'équivalent, hors de la philosophie, que dans la coupure avec l'Ancien Régime instaurée par la Révolution.

Deuxième temps : on recherche un point d'appui, un « point d'Archimède » comme dit Descartes lui-même dans les *Méditations*, pour reconstruire l'édifice de la connaissance scientifique et philosophique qu'on vient de saper à la racine. Et comme c'est l'individu, le sujet (peu importe ici la distinction qu'on peut éventuellement faire entre ces deux termes) qui effectue l'enquête, celle-ci ne pourra aboutir qu'en fonction de ses propres certitudes : seul le *Cogito*, la certitude absolue de sa propre existence comme sujet, permettra de sortir du doute généralisé.

Troisième temps : c'est donc sur sa propre subjectivité, sur la certitude absolue qu'a le sujet de se saisir lui-même par sa propre pensée, qu'est édifié le *système complet* (le mot n'est pas encore employé, mais il le sera bientôt par Leibniz) *de la connaissance*.

– *Table rase* (tabula rasa), *puis saisie du sujet par lui-même comme seul principe absolument certain, enfin constructivisme radical (au sens où la connaissance et l'Histoire sont activement produites par les artefacts de l'ingéniosité humaine) : tel est donc le triptyque qui définit, dans ses fondements théoriques, l'avènement de la modernité philosophique.*

– Les Lumières – c'est là, par exemple, la thèse d'Ernst Cassirer, un philosophe allemand disciple de Kant au XXe siècle – s'opposeront au « déductivisme » cartésien en privilégiant l'observation de l'expérience. Il n'en reste pas moins qu'elles s'inscriront totalement dans le triptyque que nous venons de décrire ; à cet égard, elles resteront dans l'espace ouvert par le *Discours de la méthode*. Pour aller immédiatement au cœur du problème soulevé par ce bouleversement des manières de penser qu'institue, ou tout au moins thématise, le cartésianisme, il faut le replacer dans le cadre du renversement radical de perspective que constitue, comme nous l'avons montré dans notre « ouverture », le passage de la vision du monde propre aux Anciens (le terme peut s'entendre ici au sens philosophique, comme désignant l'Antiquité, ou au sens politique, comme désignant l'Ancien Régime) à la conception moderne de l'univers. Dans le monde des Anciens, c'est l'ordre cosmique ou la tradition qui fondent pour les hommes la validité des valeurs, instaurant ainsi entre eux un espace possible de communication. Tout le problème, à partir de Descartes, revient à savoir comment il est possible de fonder exclusivement à partir de soi des représentations légitimes qui vaillent aussi pour les autres (l'intervention de Dieu, pour n'être pas encore exclue, sera elle-même médiatisée par la réflexion philosophique du sujet et, en ce sens, dépendante de lui). Bref, l'enjeu crucial est de déterminer à quelles conditions on pourra, dans l'immanence radicale des valeurs à la subjectivité, fonder leur transcendance, pour nous-mêmes comme pour autrui. La question apparaît plus clairement encore dans le champ de la pensée politique. Les contre-révolutionnaires l'ont perçu peut-être davantage que les révolutionnaires eux-mêmes : ce qui fait l'essence de la politique moderne, et qui s'exprime de façon particulièrement éclatante dans l'idéologie jacobine, c'est l'avènement de l'humanisme politique, dont l'ambition (peut-être exorbitante, peu importe ici) est de fonder toutes nos valeurs politiques, à commencer par la légitimité du pouvoir, sur l'homme et non plus sur la tradition, qu'elle prenne sa source dans la divinité ou dans la nature.

Dans le discours préliminaire à son ouvrage *La Législation primitive*, Bonald présente, comme à son habitude, la Révolution française comme une « catastrophe ». S'interrogeant sur les causes de ce « désastre sanglant », il écrit ces lignes qui méritent l'attention :

> Jusqu'à cette époque, les chrétiens avaient professé que le pouvoir est de Dieu, toujours respectable, par conséquent, quelle que soit la bonté particulière de l'homme qui l'exerce [...] : pouvoir légitime, non dans

ce sens que l'homme qui l'exerce y soit nommé par un ordre visiblement émané de la Divinité, mais parce qu'il est constitué sur les lois naturelles et fondamentales de l'ordre social, dont Dieu est l'auteur [Mais à partir du XIVe siècle, annonçant selon Bonald Luther et Calvin] Wiclef dans le pouvoir, ne vit que de l'homme ; il soutint que le pouvoir même politique n'est bon que lorsque l'homme qui l'exerce est bon lui-même, et qu'une femmelette en état de grâce a plus de droit à gouverner qu'un prince déréglé [...] De là suivirent comme des conséquences forcées les doctrines du pouvoir conventionnel et conditionnel de T. Hobbes et de Locke, le contrat social de J.-J. Rousseau, la souveraineté populaire de Jurieu, etc. Le pouvoir ne fut que de l'homme ; il dut, pour être légitime, être constitué et s'exercer suivant certaines conditions imposées par les hommes, ou certaines conventions faites entre les hommes, auxquelles il put en cas d'infraction être ramené par la force de l'homme[1].

– *C'est une claire identification de ce qui constitue l'essence de la modernité politique : elle met parfaitement en relief le parallélisme qui s'établit, à l'aube des temps modernes, entre la métaphysique du sujet et la pensée politique instruite par l'école du droit naturel, puis illustrée par la Révolution.*

– Ce parallélisme explique que le « conventionalisme », qui fait de l'homme – Bonald a raison – la pierre angulaire de l'édifice social, présente en son principe la même structure ternaire que le cartésianisme.

Premier temps : la table rase. À l'éradication des préjugés hérités du passé, que Descartes obtient grâce

1. Louis de Bonald, *La Législation primitive*.

au « doute hyperbolique », répond l'« état de nature » des jusnaturalistes (les théoriciens du droit naturel), ce degré zéro de la politique par l'invention duquel l'idée d'une transmission du pouvoir – ce que signifie d'abord la notion de tradition – se trouve, pour ainsi dire, brisée. Essentiellement prépolitique, l'état de nature est inventé par les philosophes dans un souci critique qui annonce déjà le geste révolutionnaire : il s'agit avant tout non d'une reconstruction historique boiteuse (comme l'ont cru à tort la plupart des sociologues, à commencer par Durkheim), mais bien d'une hypothèse fictive sans laquelle la question de la légitimité du pouvoir, occultée qu'elle est par le règne de la tradition qui la déclare toujours déjà réglée, ne pourrait pas même être posée. À quelle condition un pouvoir politique peut-il être considéré comme légitime ? Telle est l'interrogation que seule la présupposition d'une phase de l'humanité antérieure à l'apparition d'une société policée peut permettre de poser dans toute sa radicalité.

Deuxième temps : le recours au sujet. Chez Descartes, c'est le recours à la subjectivité, au *Cogito*, qui permet de dépasser le moment du doute et de la table rase. De même chez Hobbes ou chez Rousseau, c'est par l'invention du peuple comme sujet, comme entité capable de s'autodéterminer librement, donc par l'invention d'un sujet politique que la question de la légitimité du pouvoir pourra être positivement résolue. Aux XVIIe et XVIIIe siècles, la philosophie politique prendra, pour l'essentiel, la forme d'une philosophie du droit. Il y a certes quelques exceptions (on peut songer à Montesquieu) mais il n'est pas excessif de dire qu'elles confirment la règle. La plupart des grands penseurs politiques de l'âge classique s'attacheront en effet à élaborer des « doctrines du droit » au centre desquelles sont discutés ces concepts d'état de nature et de contrat social. Comme la plupart des interprètes l'ont vu, l'affaire principale de ces doctrines est d'en finir avec les représentations traditionnelles de la légitimité politique. Au-delà des modalités diverses selon lesquelles ils sont appréhendés ici ou là, les concepts d'état de nature et de contrat social signifient fondamentalement que contrairement à ce qui a lieu chez les Anciens, et plus généralement dans toutes les théories traditionnelles du pouvoir, l'autorité politique légitime n'est pas celle qui imite un ordre naturel ou divin, mais celle qui fait fond sur la volonté des individus, soit, pour employer le terme philosophique qui convient, sur la *subjectivité*. Avec l'idée d'une possible autodétermination du peuple, c'est ainsi le principe démocratique qui fait irruption dans la philosophie politique.

Troisième temps : la reconstruction. Après l'invention de l'état de nature et celle du peuple comme sujet de droit, l'étape suivante de cette vision moderne du monde réside dans le projet de reconstruire la totalité de l'édifice social sur ces atomes que sont les individus. Que ce soit chez Hobbes, où la crainte de la mort qui règne sur tous dans l'état de nature conduit chacun à s'associer pour chercher la sécurité, ou encore chez Rousseau, selon lequel le but de l'association civile n'est pas la recherche du bonheur mais celle de la liberté, la société politique apparaît de part en part, du moins quant à la question de sa légitimité, comme la réalisation des volontés individuelles. L'idée cartésienne d'une reconstruction de toutes les valeurs sur ce que le sujet peut accepter comme légitime trouve ici son expression la plus achevée, son extension la plus grande puisque, moyennant une analogie qui fait l'essence même de la modernité philosophique, le modèle de l'individualisme s'étend sans difficulté apparente à la sphère du collectif.

Bref, comme l'avait déjà souligné Tocqueville avec sa clairvoyance habituelle, bien que Descartes n'ait pas étendu lui-même sa démarche radicale hors de la philosophie pure, bien qu'il ait « déclaré qu'il ne fallait juger par soi-même que les choses de philosophie et non de politique », c'est bien malgré tout à lui qu'il revient d'avoir aboli les « formules reçues », détruit l'« empire des traditions » et renversé l'« autorité du maître » d'une façon telle que sa méthode devait bien finalement, avec l'évolution de l'état social, « sortir des écoles pour pénétrer dans la société et devenir la règle commune de l'intelligence » non simplement française, mais tout simplement « démocratique »[1]. Dans cette structure ternaire, c'est ainsi la possibilité pour le sujet (individu ou peuple, peu importe à ce stade de l'analogie) de s'arracher à la tradition qui est mise en scène. C'est bien entendu dans l'apologie de cette forme de liberté par l'*Aufklärung* que le romantisme va voir le sommet de l'illusion.

– *Après cette analyse des implications profondes du triptyque fondateur de l'humanisme, on comprend mieux en quoi l'« arrachement » à la nature et à toute tradition est au cœur du projet humaniste. Cela soulève immédiatement deux questions : jusqu'à quel degré de radicalité va ce refus de tout ce qui nous*

1. Voir Alexis de Tocqueville, *De la démocratie en Amérique*, II.

détermine ou qui nous est donné de l'extérieur ? Quelle culture, quelle civilisation doit-on construire selon ces principes qui impliquent qu'elle soit assez généralement partagée pour être efficace tout en étant absolument anti-traditionnelle ?

– Ces questions tombent à pic, si je puis dire, car elles nous conduisent directement au deuxième trait du portrait idéal-typique de l'humanisme que nous essayons de dessiner.

DEUXIÈME TRAIT

Le refus du dogmatisme

Ce qui va caractériser les Lumières au plus haut point, c'est ce que Hegel appelle le « refus de la positivité ». Il faut expliquer le sens que ce terme prend à l'époque et que, d'ailleurs, il conservera jusqu'à Auguste Comte au moins. Pour comprendre l'idée de positivité, il faut revenir à la fameuse distinction qui traverse toutes les grandes théories jusnaturalistes auxquelles je faisais allusion un peu plus haut, à savoir celle du *droit positif* et du *droit naturel*. Le droit positif, et c'est en ce sens que l'on parle de « positivité » du droit –, c'est le droit réel, les codes en vigueur dans un certain pays, à une certaine époque, donc les lois géographiquement et historiquement déterminées. L'idée qui va dominer les Lumières, c'est que le droit positif n'est pas forcément juste. Il peut y avoir des lois iniques, injustes, scélérates, qui permettent la torture, autorisent les lettres de cachet, etc. Au nom de quoi critique-t-on la positivité ? Justement, au nom de ce que l'on appelle à l'époque le « droit naturel », c'est-à-dire un *droit à la fois idéal et rationnel.*

La même idée va s'appliquer à la religion : la religion positive, c'est le dogme effectivement imposé par les autorités ecclésiastiques et représenté par le clergé, alors que la religion naturelle, idéale, est celle qui viendrait à la fois du cœur et de la raison. Cette religion naturelle va s'opposer à la religion positive de la même manière que le droit naturel s'oppose au droit positif. Le titre que Kant donne à son essai de théologie est en ce sens tout à fait éloquent : *La Religion dans les limites de la simple raison.* Le jeune Hegel va pousser cette problématique encore plus loin en se demandant ce que pourrait et devrait être la religion d'un peuple libre. Cela supposerait, à ses yeux, que cette religion soit débarrassée de tous ces éléments positifs, c'est-à-dire dogmatiques, contingents, dénués de signification, simplement liés à l'esprit du temps, à l'histoire et à la géographie, afin de devenir une religion véritablement rationnelle.

On voit donc apparaître la notion de droit rationnel et même l'idée de religion rationnelle, ce qui peut sembler paradoxal sachant que la religion relève de la foi, mais qui s'explique par la conviction des philosophes qu'il existe dans le message du Christ un « noyau rationnel » que la philosophie peut mettre en lumière. Cette idée d'une religion débarrassée du dogmatisme, de la positivité, va s'inscrire dans les préoccupations de l'humanisme naissant ; c'est bien sûr, notamment dans le contexte allemand, un avatar de la réforme protestante qui commence alors à accorder à la liberté de conscience et de penser une place plus importante que dans le catholicisme traditionnel.

Si on va plus loin, c'est la question, plus actuelle, de la culture qui se dessine : de quelle culture, de quelle littérature, de quel art va-t-on pouvoir se satisfaire dans un monde démocratique ? Quel droit, quelle religion et quelle culture pour un peuple libre ? Sur ce sujet, Hegel est particulièrement profond. Il écrit des pages magnifiques, dans son *Esthétique*, sur l'art hollandais qui, pour la première fois dans l'Histoire, représente l'humain comme tel (et non plus les grands cycles cosmologiques, les personnages de la Bible, les scènes de la mythologie grecque, ou les grandes personnalités politiques) : les petits humains anonymes dans leur vie quotidienne : une petite fille qui joue avec son chien ou sa poupée pendant que sa mère fait la cuisine, une scène de genre dans un cabaret, une fête de village, un marché... Hegel relie justement cette révolution de la peinture hollandaise à l'émergence du protestantisme et de la liberté bourgeoise.

TROISIÈME TRAIT

Le recours à l'expérience et la critique de la métaphysique

– *Puisque nous en sommes à la question de la culture, nous ne pouvons pas faire l'impasse sur l'essor des sciences, après notamment le retentissement des travaux de Newton sur la gravitation universelle, et la nouvelle conception de la connaissance objective qui va s'en dégager au* XVIII*e siècle.*

– La révolution scientifique constitue évidemment, en étroite relation avec la critique de la métaphysique, le troisième trait de notre portrait de l'humanisme. Ce que nous avons dit de Descartes et de la manière dont il inaugure le geste révolutionnaire sera, bien sûr, pris en héritage à l'époque des Lumières (toujours avec les trois étapes du doute, suivi de la certitude qui résiste, puis de la reconstruction). Cette idée va rester ne serait-ce que sous la forme de l'esprit critique et du rejet des arguments d'autorité. Mais ce qui va changer au XVIIIe siècle – et c'est une grande différence par rapport au XVIIe –, c'est la découverte du rôle crucial de l'*expérience*[1].

– *Après la rupture cartésienne, on assiste donc, pour ainsi dire, à une rupture dans la rupture, au sein même de la nouvelle vision ouverte par Descartes.*

– On peut dire la chose comme ça, en effet. On va rompre avec la conviction cartésienne selon laquelle il serait possible d'atteindre des vérités objectives touchant le monde empirique à partir des seules déductions de la raison mathématique, en l'absence de toute expérimentation et de toute observation empirique. Cette critique du cartésianisme va susciter, notamment dans le monde anglo-saxon, la floraison des théories empiristes qui, prenant le contrepied de Descartes, vont s'efforcer d'expliquer comment la succession de nos expériences sensibles pourrait générer nos représentations et suggérer les concepts ou les lois naturelles que nous sommes conduits à formuler. Mais cette réaction va aussi entraîner, à l'intérieur même des traditions française et allemande, une critique résolue

1. Cette thèse a d'ailleurs été brillamment défendue, je le rappelle, par l'un des grands historiens de la philosophie allemande, Ernst Cassirer, dans son ouvrage *La Philosophie des Lumières.*

de la métaphysique. On le voit parfaitement dans la philosophie de Kant, qui sera le grand critique de la métaphysique, le plus inventif et le plus conséquent, mais on le voit aussi chez Voltaire, en France et chez les premiers républicains français.

– Critique de la religion et de la métaphysique, rupture avec Descartes à propos de la vérité scientifique : ce sont là, si l'on résume l'analyse précédente, trois lignes de force qui caractérisent, pour une part au moins, l'esprit des Lumières. D'un côté, donc, un nouveau pas de géant pour libérer l'homme de supposées réalités extérieures et supérieures ; de l'autre côté, une valorisation nouvelle de l'expérience empirique qui permet aux humains de découvrir des faits ou des lois qu'ils n'auraient pas pu déduire de leur seule raison et grâce auxquels ils enrichissent leur intelligence en même temps qu'ils étendent leur maîtrise sur la nature.

– Descartes, j'y reviens, défend une conception entièrement déductiviste de la science. Pour lui les mathématiques sont *le* modèle. Il prétend déduire la physique des mathématiques et, mieux encore, tout déduire d'un premier principe. Sa physique se veut donc entièrement construite *a priori*. C'est ce qu'on appellera, au XIXe siècle, une « philosophie de la nature ». À l'inverse de cette conception déductiviste, l'idée, déjà présente chez Pascal qui annonce à cet égard le XVIIIe siècle, que l'expérience empirique est incontournable va finir par s'imposer : dans les sciences, on ne peut recourir uniquement à la déduction comme en logique et en mathématique ; la méthode expérimentale est indispensable à l'examen des hypothèses scientifiques.

– Autrement dit, la structure rationnelle n'est pas spontanément donnée à voir dans la nature, de même que la raison ne peut déduire à elle seule les lois du monde empirique ; c'est l'homme qui doit activement découvrir des phénomènes et des relations, en cherchant les formes rationnelles qui peuvent en représenter exactement les lois.

– Ce sera déjà la source du désaccord entre Descartes et Pascal à propos de l'expérience de Torricelli qui démontre l'existence du vide. Descartes, rappelons-le, a donné la première formulation complète du principe d'inertie, qui veut qu'un corps en mouvement poursuive indéfiniment son déplacement rectiligne uniforme tant que le choc d'un autre corps ne vient pas le modifier : ce principe d'inertie est aussi une application du « principe de raison suffisante » selon lequel rien n'arrive sans cause, sans raison suffisante. Si Descartes refuse les conclusions de Torricelli, c'est qu'il leur reproche de s'opposer au principe de raison : il n'y a pas de raison, selon lui, pour qu'il y ait du vide, car on n'imagine pas Dieu créant un univers avec des espaces perdus, inutiles. Ce qui se joue ici entre Pascal et Descartes, c'est déjà l'idée, que Pascal défend à juste titre contre son illustre adversaire, que la science doit avoir recours à l'expérience, qu'elle ne saurait s'en tenir à la seule déduction *a priori.* À cet égard, le siècle des Lumières sera celui de l'expérience mais aussi des voyages, de l'observation ; il y a là une rupture avec le cartésianisme, même si, je le rejète, l'esprit critique et le rejet des arguments d'autorité sont bien entendus hérités de celui-ci.

QUATRIÈME TRAIT

De l'idée d'un univers infini aux droits de l'homme

– *Cela suggère, je crois, un quatrième trait : nous sommes ici dans un monde régi par le seul jeu des causes et des effets, dont la raison déductive (selon Descartes) ou la raison expérimentale (comme le voudront les philosophes des Lumières) doit découvrir les lois, valables en tout temps et partout, y compris sur d'autres planètes pourvu que des phénomènes relevant de ces lois puissent s'y produire. Le monde n'est plus, comme chez les Anciens, régi par les finalités d'un ordre harmonieux et éternel de l'univers, mais livré au jeu indéfini de cette chaîne de causes et d'effets, déterminés par des chocs ou des relations indépendamment de toute finalité. On passe donc d'un monde centré, fermé, hiérarchisé, ordonné, finalisé à un monde dont « le centre est partout et la circonférence nulle part », pour reprendre la formule de Pascal, non hiérarchisé, sans ordre fixe, mû par des causes sans fin.*

– On va assister, là encore, à une mutation spectaculaire sur le plan scientifique avec la physique de Newton qui est la première science véritablement moderne. Le titre du beau livre d'Alexandre Koyré, *Du monde clos à l'univers infini*, donne en un minimum de mots la clé de ce bouleversement sur lequel nous avons plusieurs fois été amenés à nous interroger au cours de cet entretien : il s'agit de la substitution d'une vision du monde à une autre, du renversement complet de perspective qui accompagne le passage du monde d'Hésiode et d'Aristote au monde de Newton.

Dans le premier, on l'a vu, l'univers est représenté comme une sphère au sein de laquelle règne un ordre harmonieux et éternel, hiérarchisé et finalisé : les lieux ont chacun leur valeur et leur nature propres, différentes pour chacun, précisément parce qu'on peut les situer de manière absolue les uns par rapport aux autres mais aussi par rapport à l'ensemble, clos sur lui-même du cosmos (ainsi le monde « sublunaire », celui de la Terre, est-il réputé obéir à des lois radicalement différentes de celles qui valent pour les astres de la sphère céleste). Ce qui va caractériser au contraire la physique de Newton, c'est la substitution à ce monde clos d'un espace et d'un temps homogènes et infinis.

La loi de la gravitation universelle, avec cette conception de l'espace et du temps homogènes et infinis qu'elle suppose (cette loi, étant universelle, s'applique par définition partout et en tout temps de la même manière), consacre dans une théorie scientifique d'une puissance sans précédent l'intuition présente depuis les débuts de l'humanisme que l'univers n'obéit à aucune hiérarchie et aucune finalité identifiable. Nous avons peine à imaginer aujourd'hui le sentiment d'angoisse qui a pu s'emparer des hommes de la Renaissance lorsqu'ils ont commencé à pressentir que le monde n'était pas, comme la tradition le laissait croire, cette demeure bien agencée où une place leur était préparée, mais un univers anonyme, jouet d'un ensemble de forces incontrôlées agissant indéfiniment les unes sur les autres, sans but sinon sans raison. Alexandre Koyré cite, comme témoignage de ce désarroi, les vers célèbres que le poète anglais John

Donne écrivit en 1611 et qui expriment l'impression de déshérence où la perte des anciens repères devait plonger les esprits de l'époque :

> La philosophie nouvelle rend tout incertain
> L'élément du feu est tout à fait éteint
> Le soleil est perdu et la terre ; et personne aujourd'hui
> Ne peut plus nous dire où chercher celle-ci [...]
> Tout est en morceaux, toute cohérence disparue.
> Plus de rapport juste, rien ne s'accorde plus.

« *Rien ne s'accorde plus* » : ni le monde avec lui-même dans l'harmonie cosmique ni les humains avec le monde dans une vision morale naturelle. On pourrait sans peine multiplier les exemples dénotant une angoisse comparable. Souvenons-nous des propos du libertin de Pascal : « Le silence de ces espaces infinis m'effraie. » C'est qu'on a quitté un monde où tout avait sa place, ses lois, son sens, pour entrer dans un univers qui apparaît comme un chaos infini, désordonné, dénué de signification, où tout ne semble résulter que d'une succession aveugle de chocs, à l'instar de ceux qui animent les boules sur un tapis de billard. La physique, en effet, va désormais réduire les lois du mouvement au jeu des chocs, elle va supprimer les causes finales qui dominaient le monde ancien pour chercher désormais l'explication des phénomènes naturels dans les causes efficientes. Les autres catégories de causes définies par Aristote sont donc définitivement délégitimées dans la science moderne, newtonienne, à commencer par les causes finales qui supposaient que le but soit la cause de l'effet (comme dans la physique aristotélicienne où les objets lourds tombent parce qu'ils sont animés par leur tendance intrinsèque à rejoindre la terre qui est leur lieu naturel). C'est une rupture radicale avec le monde ancien.

Aussi surprenant que cela puisse paraître, cette rupture dans la représentation du monde physique va avoir des conséquences profondes sur le plan éthique et politique. On s'en étonnera moins si l'on se souvient des liens étroits que nous avons vus se tisser entre la cosmologie et l'éthique dans l'Antiquité, entre la physique et la morale d'Aristote notamment. Je ne donnerai qu'un exemple des conséquences juridico-politiques de la nouvelle représentation du monde qui domine le siècle des Lumières, mais il est aussi spectaculaire qu'emblématique : c'est la naissance des Droits de l'homme, tout simplement.

Quel rapport y a-t-il entre la nouvelle conception de la causalité, de l'espace et du temps, et l'invention des Droits de l'homme ? Il est beaucoup plus puissant qu'on ne l'imaginerait à première vue. À partir du moment où tous les lieux se valent dans un espace et un temps homogènes et infinis, on est contraint, pour définir la place qu'occupe un corps ou un objet dans le monde, de le situer par rapport à des coordonnées abstraites (ce que l'on appelle aujourd'hui des « coordonnées cartésiennes ») dont le point d'origine sera arbitrairement choisi. Or, si la place de chacun peut être indifféremment calculée à partir de n'importe quel point d'origine, c'est bien qu'aucun lieu n'occupe une position privilégiée, sinon en fonction d'une grille de repérage purement *arbitraire*. Mais cela suggère inévitablement l'idée que, si tous les lieux se valent, ceux qui les occupent se valent aussi, surtout quand on songe que la société aristocratique était censée calquer sa hiérarchie sur celle de l'ordre du monde. Cette naissance de l'égalité des lieux dans le monde, sur fond d'un espace infini, va ainsi induire l'idée d'une égalité des êtres humains sur le plan moral et politique. En ce sens, on peut dire que la rupture avec la cosmologie ancienne, hiérarchisée et finalisée, va être aussi l'un des ferments de la rupture sur le plan moral et politique qui va entraîner la naissance du monde de l'égalité et celle de la démocratie.

CINQUIÈME TRAIT

Le désenchantement du monde et le projet de maîtrise technique de la nature

– *Rupture avec l'ancienne vision d'un monde hiérarchisé, à l'ordre duquel l'homme devrait se plier, mais aussi rupture avec les dieux d'antan et les superstitions : c'est le « désenchantement du monde » dont parle Max Weber...*

– La révolution scientifique et le principe d'inertie s'appuient sur l'idée qu'aucun phénomène ne se produit dans l'univers sans être provoqué par une cause efficiente, sans avoir une raison d'être, une explication rationnelle. C'est, nous l'avons vu, ce que Leibniz appellera le « principe de raison suffisante », selon lequel rien en ce monde n'arrive sans raison. Cela entraîne une conséquence immédiate, sur laquelle on ne saurait trop insister : puisque tout a une cause, une raison d'être dans la chaîne des causes et des effets, *il ne peut pas y avoir de miracles*. C'est ainsi que le *déterminisme* se met en place. Dès lors que tout a une cause, il n'y a rien dans l'univers qui ne soit, *en droit*, entièrement rationnel – c'est-à-dire susceptible de recevoir un jour, au gré des progrès de la science, une explication en termes de causes et d'effets. Aussi ce qui reste de mystère, dans le monde, n'est-il lié qu'à notre ignorance des causes, ce qui signifie qu'il n'y a plus de mystère en soi mais seulement pour nous. Bref, le monde est désormais tenu pour entièrement rationnel.

– *Qu'est-ce que cela change en profondeur ? Pourquoi cela va-t-il conduire au désenchantement du monde ?*

– On se souvient que la vision grecque du cosmos comprend l'idée, clairement présente dans certains dialogues de Platon par exemple, d'une « âme du monde ». Chez Hésiode comme chez Aristote, nous l'avons vu aussi, le cosmos est conçu sur le modèle d'un organisme vivant, ce que l'on a appelé l'« hylozoïsme » (de *hylè*, « matière », et *zoon*, l'« animal »). Cet hylozoïsme donne lieu à la croyance en des forces occultes, invisibles, en des puissances mystérieuses qui animent une nature elle-même plus ou moins divine. Jusqu'à la science moderne (avec le principe d'inertie de Descartes mais, plus encore, la gravitation universelle de Newton), l'alchimie et l'animisme sont possibles. Leur puissance de séduction ne s'éteindra d'ailleurs que très progressivement, au point que le grand Newton lui-même, bien qu'il donne à la physique un cadre théorique dont elle ne changera plus jusqu'au début du XXe siècle, ne se prive pas de se livrer parallèlement à quelques expériences d'alchimie ! Il n'en reste pas moins qu'il construit une science dont les principes délégitiment définitivement ladite alchimie ! Celle-ci suppose en effet à l'inverse de la conception newtonienne d'un espace et d'un temps homogènes où tout événement est l'effet d'une cause efficiente, qu'il y ait dans la nature tenue pour sacrée des forces occultes et mystérieuses avec lesquelles il faudrait, en quelque sorte, chercher à s'allier pour en obtenir des effets « magiques » – transformer le plomb en or, par exemple. La nature du Moyen Âge ressemble un peu à celle des contes de fées de notre enfance, dans laquelle la nuit les arbres peuvent arracher leurs racines du sol pour se mettre à marcher et à parler, une nature animée, au sens où l'on parle d'« animisme ». En un mot, c'est un monde enchanté. Pour mesurer le chemin parcouru, il suffit de se souvenir que Charles Perrault racontait encore les contes de fées aux adultes, alors qu'il ne nous viendrait pas à l'idée qu'ils puissent avoir un autre public que des enfants.

Le principe de raison suffisante, le principe d'inertie, l'idée que rien n'arrive sans raison et qu'en droit tout est explicable rationnellement vont, par construction, balayer cet univers d'enchantements, le reléguer dans la sphère des fantaisies ou des délires de l'imagination infantile ; dès lors on comprend pourquoi s'ensuivra, comme une conséquence nécessaire, ce désenchantement du monde qui accompagne l'essor de l'humanisme. Les dieux vont disparaître du cosmos, déserter l'univers, la terre ne sera plus Gaïa ni le ciel Ouranos ; la nature sera définitivement expurgée de ses forces occultes, sauf, bien sûr, dans l'imagination de quelques illuminés. Les contes de fées ne seront plus qu'une tradition ancienne, dont on réservera le récit aux enfants. Dans le sillage de ce désenchantement du monde, de ce retrait du divin, c'est un nouveau rapport à la nature qui va s'imposer, où celle-ci devient une simple réserve d'objets exploitables, manipulables, corvéables à merci, d'ailleurs intégralement explicables, au moins en droit, par une science qui ne cesse de se déployer pour la maîtriser sans cesse davantage.

Derrière cette transformation radicale de la manière d'appréhender le monde, il y a évidemment le puissant mouvement de critique de la superstition qui traverse toute la philosophie des Lumières, tant en France, avec Voltaire, Diderot et les encyclopédistes, qu'en Allemagne, où Kant notamment contribuera à ce combat. Ce qui anime cette critique, c'est la volonté d'abolir tous les obstacles que l'obscurantisme oppose à la marche du progrès, tout ce qui pourrait s'opposer à la légitimation des efforts de l'humanité pour maîtriser et utiliser la nature à ses propres fins.

SIXIÈME TRAIT

L'optimisme et l'idée de progrès

– Donc on peut et on doit s'opposer à la nature quand elle nous est hostile... Il faut saisir en quoi cette idée, apparemment triviale, traduit quelques-uns des thèmes les plus forts de l'esprit des Lumières, ce qui nous conduit à nous pencher sur la notion de progrès et le projet d'accroître toujours davantage le champ de la liberté humaine tout en donnant aux hommes de plus en plus de moyens d'atteindre au bonheur.

– Un événement, à cette époque, va marquer tous les esprits : le fameux tremblement de terre de Lisbonne qui dévaste la ville en 1755. Il provoque entre cinquante et cent mille morts en une journée ! Cette catastrophe naturelle va susciter la réflexion de tous les grands esprits de l'époque qui y verront, Voltaire en tête, la tragique illustration du fait que la nature est l'ennemi des humains dont elle met si souvent l'existence en péril, mais aussi une justification des bienfaits que l'on peut attendre du progrès des sciences et des techniques. C'est le progrès qui nous permettra de maîtriser toujours mieux cette nature hostile, pour nous en protéger, nous en libérer, nous en émanciper (on retrouve ici l'idée que la liberté est la source et le cœur du sens de la vie humaine). En même temps, le contrôle de la nature nous donnera le pouvoir de l'utiliser pour le bien-être des hommes – « Le bonheur, une idée neuve en Europe », dira Saint-Just.

Liberté et bonheur, ensemble, formeront ainsi la base de l'optimisme des Lumières, le cœur de la notion de progrès. Qu'est-ce que ce progrès ? C'est celui de l'émancipation des hommes et de leur bien-être qui est donc lié, pour les penseurs des Lumières, tout à la fois à la lutte contre la superstition et à la maîtrise d'une nature qui n'est plus enchantée ni animée. Ces deux idées, celle de progrès et celle du désenchantement du monde, se révèlent intimement liées.

SEPTIÈME TRAIT

La démocratisation du savoir

– L'une comme l'autre de ces deux idées exigent que tout soit fait pour permettre à chacun de s'approprier les moyens de participer le plus efficacement

possible au progrès, de maîtriser au mieux la nature et de travailler à son bonheur comme à celui des autres. Dès lors, la démocratisation de l'éducation et du savoir deviennent des objectifs cruciaux.

– C'est là le septième trait de notre esquisse de l'humanisme, qu'illustrent, plus que tout autre, le projet de la grande encyclopédie « des sciences et des arts », mené par Diderot et d'Alembert, mais également la naissance des grands musées publics aux alentours de 1800.

Au cœur de l'esprit des Lumières, il y a la conviction que la science, le savoir en général, peut, selon le mot de Voltaire, « écraser l'infâme », c'est-à-dire combattre la superstition qui entrave les esprits (pour libérer *intérieurement* les humains de la tyrannie de l'obscurantisme) et lutter contre la nature qui pèse sur les corps (pour libérer l'humanité des menaces qui pèsent aussi sur elle *de l'extérieur*). Seules la connaissance scientifique et la culture sont à même d'émanciper les individus de ces deux fléaux, et de leur diffusion la plus large dépend donc la réussite du projet de libérer l'humanité et de la rendre plus heureuse. C'est, bien sûr, ce dessein qui anime Diderot et d'Alembert tout au long de la réalisation de l'*Encyclopédie*.

On peut dire, en effet, que cette *Encyclopédie* représente le premier grand projet pédagogique démocratique, même si l'expression est en l'occurrence quelque peu anachronique (ce n'est évidemment pas en ces termes que les auteurs auraient exprimé leurs intentions). Il s'agit bien en tout cas de rendre le savoir accessible au plus grand nombre. Là encore, l'apparente banalité du propos, pour nous qui vivons au XXIe siècle, cache une idée qui n'a rien de trivial : elle pose qu'il y a un lien fondateur entre démocratie (sortie de l'Ancien Régime, si l'on veut) et science. Pourquoi les encyclopédistes et plus généralement les humanistes des Lumières attachent-ils une telle importance à ce lien ? Parce que *la science est le premier discours, dans l'histoire de l'humanité, qui traverse les classes sociales et les frontières :* la science vaut pour les riches comme pour les pauvres, pour les puissants comme pour les faibles, pour les aristocrates comme pour les roturiers, mais aussi pour les Allemands comme pour les Français, les Italiens, les Indiens ou les Chinois. La science moderne a construit le premier discours véritablement universel, donc mondial, et de surcroît profondément démocratique.

Avant la révolution scientifique moderne, d'autres discours ont prétendu à l'universalité, comme le christianisme ou le judaïsme, mais ils n'avaient pas d'arguments incontestables pour s'imposer comme tels et, de fait, ils n'y sont pas parvenus. Qu'il s'agisse de mythologie, de cosmologie, de religion, de philosophie, de littérature ou de poésie, tous les discours antérieurs à la science moderne n'étaient que particuliers, et régionaux. Seule la science est universelle et, via les écoles, elle réussira en effet à répandre mondialement son modèle, par-delà les différences de classes ou les frontières.

– La création des premiers musées publics, aux alentours de 1800, participe, vous le disiez du même souci d'ouvrir au peuple un accès direct aux grandes œuvres et de donner à chacun l'occasion de se les approprier.

– C'est de fait au nom de ce même idéal (bien qu'il se soit accompagné, on va le voir, d'autres motivations) que l'on va véritablement inventer, au lendemain de la Révolution française, le musée public. Le Louvre, le Prado, le British Museum, les grands musées d'Europe sont créés à ce moment-là, pour trois raisons passionnantes. D'abord, on vise à protéger les œuvres d'art contre le vandalisme révolutionnaire. Ensuite, on veut substituer aux cabinets de curiosités privés (dans lesquels les aristocrates collectionneurs présentaient des œuvres et des objets de toute sorte, souvent dans le plus grand désordre ou selon des critères subjectifs) des musées offrant une présentation méthodiquement organisée de leurs collections, conforme aux conceptions de la philosophie de l'Histoire qui commence à se développer à l'époque (on va presque partout privilégier la présentation chronologique des œuvres). Enfin, on veut présenter les œuvres d'art au grand public. Avec ces trois objectifs naît l'idée moderne de *culture* et l'émergence de ce qu'on appellerait aujourd'hui une « politique culturelle démocratique ».

HUITIÈME TRAIT

L'humanisme juridique, la laïcité et le rôle de l'Histoire

– *Nous en arrivons donc au huitième trait de ce tableau de l'humanisme...*

– Celui-ci, je le précise d'emblée, ne découle pas directement du précédent, mais il est intimement lié aux cinq premiers caractères que j'ai tenté de mettre en évidence. C'est la fin du théologico-politique (autrement dit, d'une conception de la politique comme soumise aux principes de la religion) et la naissance d'un *humanisme juridique* qui va fonder la loi sur la volonté et la raison des hommes et non plus sur la représentation du cosmos ou les lois de la divinité : *la critique de la religion va ainsi accoucher de la définition moderne de l'Europe.*

Mais comment définir l'Europe ? Comme chacun sait, le débat se poursuit encore sur cette question, aussi bien au sein de la chrétienté que dans les instances laïques de l'Union européenne. Est-ce le continent des nations chrétiennes ? Est-ce, au contraire, le continent de la laïcité ? La vérité, c'est qu'elle est les deux à la fois, contrairement à ce que pensent aussi bien les « laïcards » les plus dogmatiques que les chrétiens traditionalistes. Il est important de comprendre ce lien.

Le message de Jésus, tel qu'il apparaît dans les Évangiles, est, rappelons-nous, marqué par un refus de fixer des règles qui viendraient « juridiciser » la vie quotidienne. Il nous renvoie sans cesse à notre libre conscience, sorte de forum intérieur, contre toutes les prescriptions rituelles qui dominent le judaïsme de son temps, ce qui ouvre un espace inédit d'autonomie dans lequel, beaucoup plus tard, la laïcité trouvera un terrain favorable pour se déployer. C'est cette originalité du christianisme qui rendra possible le passage des démocraties européennes à la laïcité. Il faut se souvenir de ce que dit Jésus dans l'Évangile de Marc. Comme souvent, il doit faire face à la critique des Juifs orthodoxes, pharisiens ou sadducéens, qui cette fois ont remarqué que ses compagnons ne se sont pas lavé les mains avant de passer à table et reprochent à Jésus d'avoir des amis « impurs ». Il est vrai qu'il est entouré de marginaux : des pécheurs, des courtisanes, bref, des gens apparemment pas très recommandables et de toute façon considérés comme infréquentables par les élites juives qui s'adressent à lui. Or voici ce que Jésus leur répond : « Il n'est rien d'extérieur à l'homme qui, pénétrant en lui, puisse le souiller, mais ce qui sort de l'homme, voilà ce qui souille l'homme » (Marc 7, 15). Ce qui peut souiller le cœur et l'âme, c'est ce qui vient de l'intérieur, ce sont les mauvaises pensées, les mauvaises intentions, mais certainement pas les aliments ou tout ce que l'on peut ingérer de l'extérieur d'une manière générale. Évidemment, c'est une espèce de dynamitage des rituels alimentaires juifs ! Je souligne qu'à l'époque, évidemment, ce n'est pas un chrétien qui s'oppose à des juifs, mais un juif, qu'on dirait aujourd'hui libéral, qui s'oppose à des Juifs orthodoxes, puisque Jésus est lui-même un rabbin, un sage juif, dont la prédication veut rapprocher les fidèles d'une pratique plus authentique de leur religion.

Par rapport à la question des liens entre christianisme et laïcité, ce passage de l'Évangile est tout à fait remarquable car, d'une certaine manière, plus une religion impose son cadre juridique à la vie quotidienne, plus elle aura de difficultés à rendre à César ce qui est à César, et à Dieu ce qui est à Dieu. Là encore, ce qui importe pour Jésus, ce n'est pas la lettre mais l'esprit, ce n'est pas la loi qui compte, mais le cœur. Dans les Évangiles, on ne trouvera aucune prescription touchant à ce que l'on doit manger, à la façon dont il faut s'habiller, à l'heure à laquelle il convient de se marier, etc. Le religieux ne vient pratiquement jamais imprégner la vie quotidienne ; sur tous les sujets pratiques, l'individu est renvoyé, je le disais, à son forum intérieur. C'est tout à fait explicite dans l'épisode de la femme adultère où Jésus renvoie ceux qui veulent la lapider à leur conscience : « Que celui qui n'a jamais péché lui jette la première pierre », leur dit-il. Le christianisme va partout valoriser la conscience par rapport aux rituels extérieurs. Dans la tradition chrétienne, les obligations juridiques n'ont été que des ajouts tardifs et changeants qui, pour pesants qu'ils aient pu devenir à certaines époques, n'ont jamais pu remettre en cause le rôle centrale dévolu à la liberté de choix. Du reste, les prises de position de l'Église catholique actuelle sur la procréation médicalement assistée (PMA), le mariage homosexuel ou la culture des cellules souches embryonnaires ne peuvent se réclamer directement d'aucune parole du Christ telles que les Évangiles les rapportent : les textes parlent finalement très peu de morale, encore moins de morale sexuelle, pas davantage de « loi naturelle », de sorte qu'ils consacrent assez clairement une autonomie relative de la religion et de la politique. C'est ce qui explique pour une large part que les nations chrétiennes aient été finalement beaucoup moins réfractaires que les autres à l'émergence de la laïcité démocratique.

– *On voit par là en quoi le christianisme avait, pour ainsi dire, préparé le terrain à la laïcité : il renvoyait les décisions de la vie quotidienne au choix de la conscience et séparait ce qui appartenait au politique de ce qui relevait de la religion. Reste que, comme nous l'avons souligné plus haut, le passage d'une égalité des consciences devant Dieu à une égalité devant la loi, cette fois fondée sur la possibilité de liberté qui existe en chaque homme, change profondément la donne. Ne faut-il pas se pencher maintenant sur ce que la laïcité apporte de radicalement neuf par rapport au message chrétien ?*

– Sans doute, mais il faut bien préciser que *la laïcité n'est pas l'athéisme* – pardon pour le truisme, mais il n'est pas toujours bien compris –, ni même, comme on l'entend souvent, le refus des communautarismes. C'est l'idée, qui transparaît dans la Déclaration des Droits de l'homme et du citoyen de 1789, selon laquelle l'être humain a des droits et mérite d'être respecté indépendamment ou abstraction faite de ses enracinements communautaires, qu'ils soient religieux, ethniques, linguistiques, culturels ou nationaux. On est là dans un universalisme qui transcende la citoyenneté au nom de l'être humain. Nous avons suffisamment abordé ce thème au cours de ce chapitre pour qu'il ne soit pas besoin d'y revenir plus longuement.

La liberté conférant à l'être humain sa *dignité* propre, comme faculté de s'arracher à toutes les appartenances et déterminations sociales ou naturelles, voilà le principe qui va donner naissance à l'idée de *laïcité* : c'est la reconnaissance du droit qu'ont les individus d'appartenir à toute communauté de leur choix dans un État qui, lui, n'a pas ce droit. L'État n'a pas de religion officielle, n'impose aucune appartenance communautaire, ce qui permet justement aux diverses confessions de coexister pacifiquement. Au demeurant, la laïcité a aussi été inventée pour mettre un terme aux guerres de Religion qui avaient ensanglanté la France depuis François Ier. Dans une théocratie, les religions minoritaires sont sans cesse mises en danger par la religion majoritaire. Ce qui caractérise l'Europe qui s'est construite dans le sillage de l'esprit des Lumières, c'est l'aspiration à la laïcité, la critique des communautarismes agressifs, et le primat accordé à la liberté conçue, je le répète, comme capacité d'arrachement à tous les enracinements communautaires, à toutes les déterminations subies, qu'elles soient sociales ou naturelles.

– *À cet égard, la laïcité présente, en quelque sorte, deux faces : du point de vue de l'État et de la relation qu'il entretient avec les citoyens, il s'agit de s'abstraire radicalement des communautés d'appartenance quelles qu'elles soient, mais ce retrait même garantit au citoyen la liberté d'exercer pleinement son droit de critique par rapport à sa communauté d'origine, la possibilité de s'en émanciper, voire d'en choisir une autre pour le temps qui lui plaira.*

– C'est ce qui permet d'être athée bien qu'appartenant à des nations chrétiennes, et libre de critiquer la France même si on est de nationalité française.

– *L'égalité chrétienne en Dieu, une fois sécularisée, est donc transposée sur une base intégralement humaine : les hommes deviennent égaux devant la loi en raison même du fait qu'ils le sont par leur capacité de liberté.*

– Tocqueville affirme en effet que, si les Droits de l'homme ont été inventés dans des nations de tradition chrétienne, c'est parce qu'elles ont simplement sécularisé l'idée d'égalité devant Dieu pour la transformer en égalité devant la loi. Il est, à ma connaissance, l'un des premiers à établir ce lien de manière aussi claire :

« C'est nous, écrit-il dans *La Démocratie en Amérique*, qui avons donné un sens pratique et déterminé à cette idée chrétienne que tous les hommes naissent égaux et qui l'avons appliquée aux faits de ce monde. C'est nous qui, en détruisant dans tout le monde le principe des classes, des castes, en retrouvant, comme on dit, les titres du genre humain qui étaient perdus, c'est nous qui, *en répandant dans tout l'univers la notion d'égalité de tous devant la loi comme le christianisme avait créé l'idée de l'égalité de tous les hommes devant Dieu* [c'est moi qui souligne], *je dis que c'est nous qui sommes les véritables auteurs de l'abolition de l'esclavage*[1] ».

L'idée républicaine, c'est donc bien une sécularisation de la vision chrétienne, de même que dans les écoles de la République les bons points et les bonnets d'âne reproduisent quelque chose de l'esprit qui anime la parabole des talents – le hussard de la République préfère un élève peu doué mais travailleur à un élève doué qui ne fait rien, c'est bien connu.

Pour qui sait voir, l'héritage chrétien apparaît ainsi en filigrane dans la République. Bien sûr, nous avons en tête l'image des prêtres réfractaires, l'écho des polémiques autour de la séparation de l'Église et de l'État... Il ne s'agit pas de nier que l'Église catholique ait longtemps été antirépublicaine ni que l'État ait pu suivre, à une certaine époque, une ligne anticléricale, mais seulement de discerner l'influence du message évangélique dans le mouvement qui a conduit les peuples d'Europe à s'émanciper des traditions (y

1. Alexis de Tocqueville, *De la démocratie en Amérique, op. cit.*

compris chrétiennes) pour conquérir leur autonomie fondée sur les droits inaliénables. L'égalité éthique portée par Jésus est un moment incontournable de cette marche vers l'émancipation de l'humanité, même si l'Église traditionaliste, qui s'appuyait sur une doctrine thomiste supposant un monde hiérarchisé, voire féodal, s'est efforcée de lui résister. On comprend en quoi l'*Europe moderne est à la fois le continent de la laïcité et celui de la chrétienté : il est l'un parce qu'il est l'autre*.

– La sécularisation de la vision chrétienne dans les principes humanistes rappelle ce que nous avons dit plus haut sur la sécularisation de la mythologie dans la conception du cosmos développée par les philosophes grecs de l'Antiquité. Jusqu'où peut-on pousser le parallèle ? On a l'impression qu'il s'agit, formellement au moins, du même processus dans les deux cas, comme si la sécularisation était l'un des grands leviers de l'invention philosophique ; mais d'un autre côté, il me semble que l'humanisme fait subir au message chrétien des transformations plus marquées que ne l'avaient fait les philosophes grecs pour la sagesse des mythes. Même si Jésus renvoie ceux auxquels il s'adresse à leur libre conscience, bien plus que ne l'a fait et le fait encore l'Église catholique, il n'en reste pas moins qu'il parle et agit au nom de Dieu, ne laissant guère aux autres que le choix d'y adhérer (sauf pour de mauvaises raisons). Il y a là, à mon sentiment, une dimension foncièrement autoritaire (il n'est que de lire les passages de l'Évangile où Jésus demande à ses disciples de tout abandonner, y compris leur famille, pour le suivre) qui, de surcroît, ramène tout ce qui a un sens dans la vie humaine à la relation

à Dieu. L'humanisme, en reprenant l'idée d'égalité chrétienne pour la fonder sur la liberté individuelle, va lui donner une extension plus large qui en change assez profondément la signification : la liberté devient à elle seule sa propre règle, et les penseurs humanistes vont donner du sens à des dimensions de l'existence négligées par le christianisme – comme, pour n'en donner qu'un exemple volontairement caricatural, la liberté de la presse qui, pour des raisons évidentes, n'était pas le souci de Jésus !

– Je peux comprendre l'esprit de cette remarque mais je ne le partage pas complètement. À mes yeux, l'analogie est parfaite entre la sécularisation de la mythologie grecque par les philosophes de l'Antiquité et celle que l'humanisme accomplit à partir du christianisme. De même que Platon, Aristote et les stoïciens ont rationalisé et sécularisé la *Théogonie* d'Hésiode, l'*Odyssée* d'Homère, les grands mythes grecs et le théâtre classique, de même la République va présenter sous une forme rationnelle, argumentée, l'essentiel du message de l'Évangile de Jean qui, à l'instar de la mythologie, ne se présente pas comme un discours rationnellement construit mais s'appuie sur des paraboles. Le Christ ne s'exprime pratiquement qu'ainsi. On peut certes considérer qu'il s'agit d'un discours dogmatique, puisqu'il n'est pas argumenté, mais le rôle des paraboles, comme celui des contes de fées, c'est de parler à tous. Jésus s'adresse à des gens totalement incultes, des bergers pour la plupart. Une parabole n'en est pas moins porteuse d'idées qui, justement, invitent à la réflexion. C'est d'ailleurs l'une des raisons pour lesquelles une philosophie chrétienne s'est développée au Moyen Âge : tout n'est pas que savoir révélé, il faut encore décrypter le sens du corpus qui nous a été transmis et, notamment, interpréter le message implicite caché dans les grandes paraboles de l'Évangile.

– *Si l'humanité de l'homme réside dans la liberté conçue comme pouvoir d'arrachement à tout ce qui nous détermine, via la double historicité dans laquelle elle nous entraîne (l'histoire individuelle de l'éducation et l'histoire collective de la culture et de la politique), alors la doctrine du salut qui va en résulter sera « historiciste » : on a sauvé sa vie quand on a apporté sa pierre à l'édifice du progrès, quand on a apporté sa contribution à l'histoire de l'émancipation et du bonheur des hommes. C'est l'idéologie des « savants et bâtisseurs » telle que nous l'avons décrite plus haut. Mais il y a deux manières de concevoir le rôle central ainsi accordé à l'Histoire : ou bien on la voit comme le résultat des efforts volontaristes des hommes pour accomplir les progrès dont elle témoigne ; ou bien on considère qu'elle obéit à ses propres lois (sociales, « civilisationnelles », économiques) dont les humains sont les agents aveugles, quoique efficaces à leur insu.*

– On va assister, en effet, à la naissance de deux philosophies de l'Histoire qui s'opposeront tout au long du XVIIIe et du XIXe siècle mais qui sont déjà présentes en germe au XVIIe. D'un côté, une philosophie de l'Histoire volontariste, constructiviste, sur le modèle cartésien et plus encore jacobin, avec cette idée, révolutionnaire elle-même, que les êtres humains, les jacobins en l'occurrence, sont capables de s'organiser non seulement pour rompre avec le passé de l'Ancien Régime, mais encore pour construire un monde nouveau, par les seuls « artifices » de leur habileté technique et stratégique, conforme au dessein rationnel qu'ils se proposent de réaliser – on aura donc là une histoire de la volonté et de la conscience, une histoire révolutionnaire ou à tout le moins réformiste.

Mais on voit s'affirmer aussi une autre conception appuyée sur l'idée, d'apparence un peu moins naïve, selon laquelle, comme le dira Marx, héritier de cette tradition, « les hommes font leur histoire sans savoir l'histoire qu'ils font ». Le thème apparaît déjà chez Leibniz et Mandeville, on le retrouve dans la théorie de la « main invisible » d'Adam Smith, puis chez Kant, dans ses grands textes sur l'Histoire, chez Ricardo, et, bien sûr, au cœur des œuvres de Hegel et de Marx. Par-delà tout ce qui les oppose et les distingue, ces auteurs ont en commun la conviction que les causes de l'Histoire échappent très largement à ses acteurs, parce qu'elle est la résultante d'une infinité de décisions, certes conscientes et volontaires, mais dont l'effet global est totalement imprévisible pour les individus. « Affirmer que les hommes font leur histoire mais sans savoir l'histoire qu'ils font », c'est dire qu'ils en sont bien les moteurs (et non une force ou une volonté extérieures à eux), mais que le jeu des interactions de leurs décisions comme de leurs réactions produit une résultante générale que personne n'a voulu ni ne maîtrise. L'Histoire, dans cette perspective, est totalement inconsciente et aveugle.

À partir de la conviction commune que l'Histoire est le grand vecteur du progrès et le lieu du sens de la vie humaine, deux conceptions radicalement divergentes de l'historicité s'opposent donc : une conception révolutionnaire (dont le réformisme n'est qu'une variante adoucie), constructiviste et volontariste, selon laquelle les hommes peuvent s'organiser consciemment pour rompre avec le passé et inventer l'avenir (ce qui justifie fondamentalement les projets révolutionnaires et le réformisme le plus ambitieux) ; une conception libérale qui incline, au contraire, à la prudence dans la conduite des changements collectifs quand ce n'est pas au « laisser-faire », puisqu'il est entendu que l'infinité des petites actions, toutes les entreprises, toutes les recherches scientifiques qui s'enchevêtrent pour produire cette résultante aveugle qu'est l'Histoire ne peuvent être contenues ni maîtrisées par personne, pas même par le chef de l'État le plus puissant du monde.

Voilà les deux schémas qui vont se mettre en place. Hegel, si grandiose que soit la reconstruction dialectique de l'Histoire qu'il propose, sera évidemment du côté des libéraux. La caractéristique du marxisme, qui est très singulière et d'ailleurs explosive, c'est qu'il tentera de combiner les deux. Marx, du reste, empruntera aux deux visions de l'Histoire, ce qui explique d'ailleurs pour une bonne part l'existence de plusieurs marxismes. D'un côté, il propose une philosophie volontariste et révolutionnaire qui appelle à intervenir activement dans la société civile pour renverser l'ordre bourgeois et faire « changer de base » la société ; de l'autre, il développe une philosophie de l'Histoire qui en soumet le cours aux effets des infrastructures économiques. Paradoxalement, c'est sur le modèle libéral de la « main invisible » d'Adam Smith ou selon la dynamique hégélienne de la « ruse de la raison » (selon laquelle la « logique » de l'Histoire se déploie inexorablement en utilisant à ses fins les actions aux motifs illusoires des individus) que Marx pense ce second volet de sa théorie. Il saute aux yeux qu'il est hautement problématique de prôner une action révolutionnaire consciente de ses buts et des effets qu'elle entend produire quand on s'attache longuement, par ailleurs, à démontrer que l'Histoire est de part en part conduite mécaniquement par des interactions économiques dont les individus sont nécessairement inconscients. Quel que soit l'indéniable génie de Marx, il y a là une faille dans sa philosophie qui explique, en partie, les dérives que sa mise en pratique a toujours entraînées. Nous reviendrons un peu plus en détail sur l'apport de Hegel et de Marx à la théorie de l'Histoire, parce que leur originalité, leur profondeur et aussi leur position intermédiaire entre la période humaniste et l'âge de la déconstruction le méritent.

– *Avant de passer au neuvième et dernier trait annoncé, j'aurais cependant une question « subsidiaire » à poser : selon que l'on pense l'Histoire comme le résultat des projets volontaires des hommes ou comme la résultante de mécanismes aveugles, n'est-on pas conduit à concevoir tout différemment le rôle de la loi ?*

– Oui, bien sûr, et c'est même un point particulièrement significatif des attitudes opposées que l'on est amené à prendre sur les sujets juridiques et politiques selon que l'on se réclame de l'une ou l'autre école. Dans la conception volontariste, la loi est conçue comme devant agir « de haut en bas » : l'État édicte des lois pour corriger une société civile corrompue, livrée aux intérêts privés et à la recherche du profit, à la limite de la délinquance, en tout cas encline à se satisfaire de son peu de vertu ; la loi vise donc à la « redresser » et à la porter, autant que possible, au niveau de l'idéal que l'on se propose pour elle. C'est là, par excellence, l'esprit des lois révolutionnaires.

Dans la perspective libérale, au contraire, la loi, émanant de la société civile, s'élabore en quelque sorte « du bas vers le haut », dans la mesure où elle vise à répondre aux besoins exprimés par l'opinion, en restant aussi proche que possible de ses attentes – notre législation sur l'avortement est un bon exemple de cette approche libérale : elle vient consacrer l'évolution des mœurs plutôt que de prétendre toujours les corriger.

On a bien là deux conceptions tout à fait différentes de la loi, liées aux deux philosophies de l'Histoire que nous avons distinguées. Le premier modèle, volontariste, trouve une parfaite illustration dans le Code Napoléon ; le second, libéral, dans la jurisprudence anglo-saxonne. Ces deux modèles vont coexister jusqu'à nos jours, et ce pour une raison de fond : ils correspondent aux deux dimensions qui structurent la subjectivité moderne (la *volonté*, d'un côté, et l'*intelligence*, de l'autre). Mais développer cette difficile question nous entraînerait trop loin du cadre de ce livre...

NEUVIÈME TRAIT

L'éducation et la... colonisation

– Comme nous l'avons relevé au début, on ne peut s'empêcher d'être stupéfait, sinon effrayé, de constater que l'humanisme, tout entier dédié à l'édification d'un monde construit par et pour la liberté, ait finalement débouché sur des visions de l'Histoire

promptes à exclure tous ceux qui n'y participaient pas, au point d'en venir à justifier le colonialisme et même, hélas, une forme persistante de racisme paternaliste et autosatisfait. Aux traits positifs que nous avons évoqués pour en définir l'idéal type, il me semble que l'on devrait ajouter celui-là, même s'il est moins glorieux.

– C'est évidemment le neuvième et dernier trait de notre portrait de l'humanisme. J'ai donné tout à l'heure de rapides indications sur les caractéristiques en quelque sorte structurelles du premier humanisme expliquant qu'il ait pu, d'un même mouvement, sacraliser les Droits de l'homme et les bafouer sans vergogne pendant toute la période de la colonisation. Rien n'illustre mieux ce double visage de l'humanisme que la confrontation des textes que Tocqueville consacre, d'un côté, à la condamnation de l'esclavage en Amérique et, de l'autre, à la justification de la politique coloniale, y compris sous ses formes les plus brutales.

J'ai cité un peu plus haut le passage où, après avoir montré que le principe humaniste d'égalité des hommes devant la loi était la transposition de l'idée chrétienne d'égalité des hommes devant Dieu, Tocqueville créditait les Européens d'être « les véritables auteurs de l'abolition de l'esclavage ». Sous le titre « Contre l'européocentrisme colonial et esclavagiste », il note encore : « Ne dirait-on pas, à voir ce qui se passe dans le monde, que l'Européen est aux hommes d'autres races ce que l'homme lui-même est aux animaux ? » Pourtant, observe-t-il, « le succès des Cherokees prouve que les Indiens ont la faculté de se civiliser ».

Quand on compare ces textes de Tocqueville aux écrits que le même consacre à la colonisation en Algérie, on reste sidéré : c'est Dr Tocqueville et Mr Alexis ! Le premier est le brillant pourfendeur de l'européocentrisme et de l'esclavage, le second un partisan étrangement brutal de la colonisation. Autant il était profond et émouvant sous son premier visage, autant il se montre violent et sans état d'âme sous le second : « On doit viser avant tout à ce que ces Arabes indépendants s'habituent à nous voir nous mêler de leurs affaires intérieures. La colonisation sans la domination sera toujours, selon moi, une œuvre incomplète et précaire » car, ajoute-t-il, « nous avons d'abord reconnu que nous n'avions pas en face de nous une véritable armée, mais la population elle-même. Il s'agissait moins de vaincre un gouvernement que de comprimer un peuple ». Et il s'indigne lorsqu'il croit déceler une marque de bienveillance à l'égard des « indigènes » : « Dans certains endroits, au lieu de réserver aux Européens les terres les plus fertiles, les mieux arrosées, les mieux préparées que possède le domaine, nous les avons données aux indigènes. » Scandaleux, en effet, puisqu'il s'agit bien de « détruire les villages, couper les arbres fruitiers, brûler ou arracher les récoltes, vider les silos, fouiller les ravins, les roches et les grottes, pour y saisir les femmes, les enfants, les vieillards, les troupeaux et le mobilier, et ce n'est qu'ainsi que l'on peut faire capituler ces fiers montagnards ». Tocqueville entend bien ceux qui s'élèvent contre ces exactions tout en leur opposant que ce sont là des « nécessités fâcheuses mais auxquelles tout peuple qui voudra faire la guerre aux Arabes sera obligé de se soumettre ».

On me pardonnera ces longues citations, qui m'ont paru nécessaires pour rendre palpable l'incroyable juxtaposition, dans la pensée d'un homme aussi fin et profond, de la conception la plus élevée de la démocratie et du colonialisme le plus primaire. Tzvetan Todorov a bien mis en lumière, dans sa présentation de ces textes[1], le biais par lequel Tocqueville passe d'une position à l'autre : c'est bien sûr la référence à l'idée de Nation entendue comme un principe transcendant qui justifie la suspension des Droits de l'homme lorsqu'il s'agit d'étendre son empire sur d'autres peuples. Au demeurant, Tocqueville donne lui-même la clé de l'unité de ses deux visages dans cette maxime devenue pour nous stupéfiante : « Les peuples qui affirment l'égalité de tous les hommes ont un droit à dominer les autres qui leur sont inférieurs. »

– *Passé l'impression première qui pourrait nous faire croire que nous lisons une réplique de Ionesco, je crois que l'on voit là, mise à nu pour ainsi dire, la racine de l'européocentrisme et du racisme qui sont les maladies infantiles de l'humanisme : si seuls la liberté, l'égalité et le progrès font* la dignité *de l'homme, alors les peuples qui privilégient d'autres principes sont au mieux arriérés, au pire inférieurs !*

– C'est à peu près ce que va dire et penser un autre grand homme de ce premier humanisme, Jules Ferry, qui sera lui aussi l'un des théoriciens les plus militants du racisme républicain et colonial où il ne verra au fond qu'un complément logique de sa tâche d'éducateur. « Racisme républicain » : l'expression va

1. Tzvetan Todorov a eu l'excellente idée de les republier, aux Éd. Complexe (1988), sous le titre *De la colonie en Algérie.*

faire bondir quelques lecteurs ! Elle est pourtant tout à fait justifiée, car le racisme de ces grands colonisateurs comme Jules Ferry n'est nullement anecdotique, lié seulement de manière contingente à l'esprit du temps. Tout au contraire, il est ancré au plus profond d'une certaine conception du républicanisme. Il faut citer ici les propos tenus par Ferry à la Chambre en juillet 1885 : « Messieurs, il faut parler plus haut et plus vrai ! Il faut dire ouvertement qu'en effet, les races supérieures ont un droit vis-à-vis des races inférieures... Il y a pour les races supérieures un droit parce qu'il y a un devoir pour elles... le devoir de civiliser les races inférieures ». Cette déclaration fait écho à celles de Paul Bert, ministre sous Gambetta en 1881, républicain lui aussi et cofondateur de l'école laïque. Bert répète sur tous les tons, arguments « scientifiques » à l'appui, que « les Nègres sont bien moins intelligents que les Chinois, et surtout que les Blancs », de sorte qu'il « faut placer l'indigène en position de s'assimiler ou de disparaître » (*sic !*). De tels propos posent à l'historien, qui doit toujours se garder des illusions rétrospectives, une double question : y avait-il, oui ou non, un lien intrinsèque entre le racisme colonial, le premier humanisme et l'idée républicaine ? Était-il possible, dès l'époque, de briser ce lien ?

Sur le premier point, la sacralisation de la République qui s'est emparée aujourd'hui des esprits nous empêche de voir la vérité. Car oui, d'évidence et si déplaisant qu'il soit de le reconnaître, il existe en ce temps-là un lien étroit entre racisme colonial et républicanisme. Nous venons de rappeler pourquoi avec la façon dont Tocqueville se réfère à l'idée de Nation, mais il faut aller plus loin. L'humanisme républicain, comme nous l'avons vu, repose alors tout entier sur une certaine idée du Progrès et de l'Histoire avec des majuscules. Pour lui, le but de l'existence humaine est de contribuer à l'évolution générale, d'apporter sa pierre à l'édifice, à l'instar de ces « savants et bâtisseurs » dont j'ai rappelé que l'école de mon enfance faisait l'éloge vibrant. Or, par contraste selon cette conception, « l'Africain » (comme on disait alors, comme si l'on pouvait réduire tous les Africains à un ensemble unique dont chaque individu ne serait que l'illustration) paraît n'être jamais entré dans l'Histoire : la sacralisation des traditions, des coutumes ancestrales, donc de ce qui vient du passé, semble en effet empêcher les peuples à se consacrer au progrès et à l'innovation. Dès lors, aux yeux des « progressistes » que sont nos premiers humanistes, les tribus traditionnelles s'apparentent davantage à une société animale, fourmilière ou termitière, qu'à une société dite « civilisée ». C'est donc de l'extérieur qu'il faut élever les « naturels », comme on dresse des enfants, voire des animaux. Où l'on voit comment, loin de se combattre, éducation et colonisation marchent de pair.

– *Est-il à l'époque possible de penser autrement ?*

– Oui, et la preuve porte un nom : Clemenceau. En juillet 1885, il répond au discours du grand Jules : s'appuyant sur « la thèse de M. Ferry, déclare-t-il, on voit le gouvernement français exerçant son droit sur les races inférieures en allant guerroyer contre elles et les convertissant de force aux bienfaits de la civilisation. Races supérieures ! Races inférieures ! C'est bientôt dit. Pour ma part, j'en rabats singulièrement depuis que j'ai vu des savants allemands démontrer scientifiquement... que le Français est d'une race inférieure à l'Allemand ! » Anticolonialiste et dreyfusard de la première heure, Clemenceau annonce la venue d'un autre républicanisme, antiraciste et anticolonialiste, qui finira – mais seulement après la Deuxième Guerre mondiale – par l'emporter sur celui de Jules Ferry.

CHAPITRE 12

Le moment kantien

Une théorie radicalement nouvelle de la connaissance

– Maintenant que nous avons en tête l'idéal type de l'humanisme, nous pouvons nous référer à ce cadre pour nous repérer dans l'œuvre philosophique d'Emmanuel Kant (1724-1804). La lecture en est difficile, mais sa contribution à l'histoire de la pensée si décisive que l'on perdrait beaucoup à l'ignorer. Kant a profondément renouvelé notre compréhension de ce qui rend possible la connaissance objective, de ce qui fonde les valeurs morales, de ce qui caractérise le sentiment esthétique, de ce qui se joue dans l'Histoire... Il a aussi mis en évidence les tendances de la raison qui nous poussent irrésistiblement à forger des idées illusoires, « métaphysiques » (le Moi, le Monde et Dieu), qui excèdent toute expérience, bien qu'elles nous aident à orienter notre réflexion, mais dont nous sommes portés à croire (par une extrapolation abusive, car elles sont indémontrables) qu'elles renvoient à des réalités. Ce faisant, il a apporté une réponse philosophique radicalement neuve à des problèmes cruciaux restés en suspens depuis la Renaissance. Après nous être intéressés, avec Pic de la Mirandole, à l'un des premiers penseurs de l'humanisme, nous allons nous pencher sur celui qui, à bien des égards, représente l'accomplissement philosophique le plus

achevé de ce mouvement, et tenter de comprendre en quoi Kant prolonge et renouvelle la pensée humaniste. Nous tiendrons ainsi, en quelque sorte, les deux bouts de la chaîne.

– L'œuvre de Kant est immense et imposante entre toutes. Elle couvre les trois questions fondamentales de toute philosophie (théorie de la connaissance, morale, doctrine du salut), tout en rompant de manière absolue et définitive avec les cosmologies anciennes. Cela signifie qu'elle doit élaborer une *theoria* (théorie de la connaissance), bien qu'il n'y ait plus, pour elle, de cosmos harmonieux. La physique de Newton est passée par là, nous l'avons vu, et l'univers n'est qu'un chaos sans valeur, « axiologiquement neutre », un champ de forces qui s'organisent certes, mais dans le choc, sans harmonie ni signification d'aucune sorte. Il n'y a dès lors plus rien dans la nature que l'on puisse imiter sur le plan moral, plus rien de divin à contempler en elle. Jusqu'ici, nous retrouvons les thèmes déjà évoqués, mais Kant va en tirer les questions inédites qui animent ses trois œuvres majeures : la *Critique de la raison pure*, la *Critique de la raison pratique*, la *Critique de la faculté de juger*.

Si le monde, désormais, est un chaos, un tissu conflictuel de forces, il est clair que la connaissance ne peut plus prendre la forme d'une pure contemplation. Il va donc falloir élaborer une tout autre théorie de la connaissance et de la vérité. C'est désormais l'homme lui-même, en l'occurrence le savant, qui va devoir introduire de l'ordre dans un monde qui n'en offre plus guère à première vue. De là la tâche nouvelle, à proprement parler inouïe, de la science moderne, qui ne réside plus dans la contemplation, mais dans un *travail*, dans l'*élaboration active*, voire dans la *construction* de lois qui permettent de donner du sens à un univers désormais désenchanté. Par exemple, avec le principe de causalité, le savant « moderne » va tenter d'établir des relations logiques, des liens de cause à effet (entre certains phénomènes qu'il considère comme des effets et certains autres dans lesquels il parvient, grâce à la méthode expérimentale, à déceler des causes). Voilà la raison pour laquelle la *Critique de la raison pure* s'interroge sur notre capacité à fabriquer des « synthèses », des « jugements synthétiques », c'est-à-dire au sens étymologique des relations (« synthèse » veut dire en grec « poser ensemble », autrement dit « relier »), donc des lois scientifiques qui établissent des *liaisons cohérentes et éclairantes entre des phénomènes dont l'ordonnancement n'est plus donné mais construit.*

Les plus grands interprètes de Kant se sont opposés sur le sujet suivant : la *Critique de la raison pure* est-elle une théorie moderne de la connaissance, une *épistémologie* qui, en gros, correspondrait à la nouvelle physique de Newton, ou bien une *ontologie* qui élaborerait une nouvelle conception de l'être, une nouvelle définition de l'essence la plus intime de l'univers ? De toute évidence, elle est les deux ! À la fois une conception de l'être – de l'« objectivité de l'objet », comme dit Kant, qui recevra sa définition dans la fameuse « table des catégories » figurant au cœur de la *Critique de la raison pure* –, et une définition de la pensée qui rompt presque en tout point avec la *théoria* grecque – à telle enseigne que l'idée de contemplation, liée au vocabulaire de la vision, va faire place à celle d'un travail de l'esprit, d'une activité de synthèse, de « connexion » intellectuelle, diraient les logiciens d'aujourd'hui, seule à même de faire parvenir le savant authentique à des lois scientifiques.

Une éthique fondée sur la liberté

– Dès lors, ne va-t-il pas de soi que la question morale, abordée dans la Critique de la raison pratique, *va elle aussi changer radicalement de sens, puisqu'elle ne peut s'adosser ni à un ordre supérieur du monde ni à une déduction rationnelle de ce qu'exigerait une « nature humaine » dont on a montré qu'elle n'existait pas ?*

– Oui, ce sera la première conséquence de ce changement radical de perspective sur le plan théorique. À l'interrogation classique « Que dois-je faire ? », plus aucun modèle naturel ne saurait désormais répondre. Comment imiter l'ordre du monde si cet ordre, tout simplement, est introuvable ? Non seulement la nature ne paraît nullement bonne en soi, mais la plupart du temps il semble même qu'il nous faille nous opposer à elle et la combattre pour parvenir à quelque bien que ce soit (on se souvient de ce que nous avons dit des réflexions suscitées par le tremblement de terre de Lisbonne, en 1755). Et en nous les choses, si possible, sont pires encore : si j'écoute mes « penchants naturels », c'est sans cesse l'égoïsme le plus viscéral qui parle en moi avec force et qui me commande de suivre mes intérêts particuliers au détriment de ceux des autres ; comment dès lors pourrais-je un instant imaginer que je parvienne au bien commun, à l'intérêt général, si ce sont seulement ces penchants que je me contente d'écouter ? La vérité, c'est qu'avec eux les autres peuvent toujours attendre !

D'où la question cruciale de l'éthique dans un univers moderne qui a fait son deuil des cosmologies anciennes : dans quelle entité enraciner un nouvel ordre, un cosmos bis si l'on veut, qui soit tout à la fois antinaturel et a-religieux ? Nous avons déjà commenté la réponse à cette question, qui fonde l'humanisme moderne, tant sur le plan moral que dans les sphères politique et juridique, sur la seule volonté des hommes pourvu qu'ils acceptent de s'autolimiter en comprenant que leur liberté doit parfois s'arrêter là où commence celle d'autrui. Ce nouveau cosmos, cette « seconde nature », Kant les désignera sous l'expression de « règne des fins » (c'est-à-dire un monde construit autant qu'il est possible par et pour les actions libres et désintéressées des individus). Son principe suprême, c'est le respect d'autrui qui est la chose la moins naturelle du monde et qui suppose un effort sur soi, une volonté qui s'arrache aux penchants égoïstes. D'où le fait que la loi morale s'impose à nous sous la forme d'un *impératif*, d'un devoir : justement parce qu'elle n'est pas naturelle, parce qu'elle ne va pas de soi, mais suppose des efforts, de la « bonne volonté » ou, pour mieux dire, une « volonté bonne ».

– En ce domaine, Kant reconnaît volontiers sa dette envers Rousseau, en qui il voit, nous l'avons dit, le « Newton du monde moral », celui qui le premier a discerné le rôle fondateur de la liberté pour l'action humaine, mais encore et surtout toutes les conséquences que cela entraînait en matière d'éducation, de politique, de philosophie de l'Histoire. La Critique de la raison pratique *formalise de la*

façon la plus rigoureuse les principes éthiques que Rousseau avait exposés de manière plus fragmentée et parfois allusive. Surtout, elle analyse en détail les questions fondamentales posées par le mystère de la liberté dans un monde par ailleurs soumis à l'enchaînement des causes et des effets, les conditions et les modalités d'une action libre, la justification des impératifs moraux.

– Comme la connaissance, qui n'est plus *théoria*, contemplation, mais travail de « synthèse » et de liaison, ce nouveau cosmos éthique est lui aussi un univers moral « artificiel », tout entier construit, un monde où l'homme, loin d'être le fragment minuscule et insignifiant d'une totalité qui l'englobe de toutes parts, un être qu'on pourrait « instrumentaliser » si le grand Tout l'exigeait, devient une « fin en soi », l'alpha et l'oméga de toute valeur et de toute dignité morales. Bref, il s'agit d'un univers non plus livré tout fait par la nature, mais au contraire forgé par et pour la volonté des êtres humains – en quoi, bien sûr, c'est aussi l'avènement de la démocratie qui se joue dans la naissance de ce nouveau paradigme éthique.

Le salut par la pensée élargie

– *Que devient, dès lors, la doctrine du salut, la question du sens de la vie, dans la philosophie de Kant ?*

– Il est clair, pour les raisons que l'on vient d'esquisser, qu'aux yeux des Modernes auxquels la physique et la philosophie nouvelles ouvrent la voie, le salut ne saurait plus désormais résider dans le fait de se fondre dans le monde, l'harmonie cosmique ayant volé en éclats. D'un autre côté, pour ceux qui ne sont plus croyants (la naissance de la science moderne a fait quelques ravages dans les rangs de l'Église et le désenchantement du monde est en marche), ce n'est pas non plus du côté de la religion qu'il faut chercher des réponses.

À première vue, la troisième *Critique*, celle de la « faculté de juger » traite des critères du beau et de la définition des êtres vivants. On voit bien comment la *Critique de la raison pure* peut correspondre à la *théoria*, et la *Critique de la raison pratique* à la philosophie morale, mais que devient alors la question du salut ? Ne faut-il pas d'ailleurs y renoncer ? Hors des cosmologies et des grandes religions, n'est-elle pas, en effet, privée de l'espace qui lui permettait tout simplement de prospérer ? Et n'est-ce pas pour cette raison que la troisième *Critique* semble ne lui accorder aucune place ?

En vérité, avant d'être une théorie du beau ou du vivant, la *Critique de la faculté de juger* est d'abord l'analyse d'une activité bien particulière de l'esprit que Kant nomme la « réflexion ». Sans entrer dans les détails, on peut indiquer en quoi la réflexion est impliquée au premier chef dans l'élaboration de ce qu'on pourrait tenir pour une « sagesse sécularisée », une « spiritualité laïque » si l'on veut, tout à la fois acosmique et a-religieuse. Et même si Kant, à titre personnel, reste chrétien, sa conception de la réflexion va permettre de poser en termes neufs la question du sens de l'existence humaine. Elle est, en effet, à la racine de ce qu'il nomme la « pensée élargie », par opposition à l'« esprit borné ». La pensée élargie, c'est justement la pensée qui, *grâce à la réflexion*, parvient à s'arracher à sa situation particulière d'origine pour s'élever jusqu'à la compréhension d'autrui. Pour donner un exemple simple, lorsque j'apprends une langue étrangère, il faut tout à la fois que je m'éloigne de moi-même – de ma condition particulière d'origine qui est, en l'occurrence, le français – pour entrer dans une sphère plus large, plus universelle, où vit une autre culture, une autre communauté humaine. En m'arrachant à mes particularités de départ, j'entre dans *plus d'humanité*. En apprenant une autre langue, je m'élève en quelque sorte du particulier au général : je peux non seulement communiquer avec un plus grand nombre d'êtres humains, mais je découvre aussi, à travers le langage, d'autres concepts, d'autres modalités du rapport à autrui et au monde. J'élargis ainsi l'horizon, je repousse les bornes naturelles de l'esprit rivé à sa communauté. Si connaître et aimer ne font qu'un, comme le veut la Bible, j'entre en outre dans une dimension de l'existence humaine qui, en un sens théologique qu'on pourrait dire sécularisé, la justifie et lui donne véritablement un sens, c'est-à-dire à la fois une signification et une direction. À côté de l'espérance chrétienne – à laquelle Kant continue d'adhérer –, c'est donc aussi vers une réponse laïcisée que nous amène peu à peu sa philosophie. En quoi elle nous conduit au seuil de la pensée contemporaine.

Un renversement sans précédent : la finitude humaine relativise l'idée de Dieu

– Kant ouvre déjà, sur un plan théorique, la voie à cette nouvelle solution, en faisant de l'homme un être radicalement fini, définitivement coupé du divin. Avec lui, ce sont, en effet, deux grandes conceptions des limites inhérentes à la connaissance humaine qui vont commencer de s'opposer. Ces deux visions engagent aussi bien la question *métaphysique* des rapports entre l'homme et Dieu (entre le relatif et l'Absolu, le fini et l'infini : je prends soin d'indiquer ici les termes synonymes afin que le lecteur ne soit pas gêné par la suite) que celle, *épistémologique*, du statut de l'ignorance et de l'erreur qui caractérisent toujours plus ou moins le savoir humain. Ce point est décisif et, même s'il peut sembler très abstrait, il faut prendre le temps de s'y arrêter, car il s'agit là de l'une des pensées les plus profondes de toute l'histoire de la philosophie.

Pour aller à l'essentiel, on pourrait dire que, du point de vue des cartésiens (celui-ci domine la philosophie du XVIIe siècle et exerce encore une influence non négligeable sur le XVIIIe), le savoir humain est limité par rapport à une référence absolue : l'idée d'une omniscience dont Dieu est censé être le dépositaire. *La finitude humaine est ainsi pensée sur fond préalable d'Absolu*, et l'existence de Dieu, son infinité et son omniscience, ne font pour ainsi dire aucun doute. Chez Descartes, comme chez Leibniz et Spinoza, elles sont démontrées par un « argument ontologique » – même si cet argument prend ici ou là, chez Descartes ou Leibniz par exemple, des formes différentes. On sait qu'en substance cette (prétendue) démonstration consiste à dire que nous concevons nécessairement Dieu comme un être qui possède toutes les qualités, tous les attributs. Or, l'existence étant une qualité éminente, il serait pour ainsi dire contradictoire que Dieu n'existe pas. Kant sera le premier philosophe moderne à présenter une déconstruction radicale de cette fameuse « preuve » : quand bien même nous aurions nécessairement l'idée que Dieu existe, cette idée n'en resterait pas moins une idée et ne prouverait encore rien quant à son existence réelle ; l'idée d'une existence nécessaire n'est, en effet, pas encore cette existence elle-même.

Je ne rentrerai pas plus avant dans les détails de l'argumentation. Qu'il nous suffise pour l'instant de noter qu'aux yeux des cartésiens qui, contrairement à Kant, se satisfont de cet argument ontologique, l'Absolu est premier et la condition humaine seconde, de l'ordre du moindre, la différence qui sépare l'homme de Dieu pouvant dès lors recevoir diverses dénominations : ignorance, erreur, faute, sensibilité et, finalement, mort. C'est en effet parce qu'il est fini *stricto sensu*, tout bêtement *borné* par un monde qui lui fait toujours face (dès que j'ouvre les yeux, je m'aperçois que je ne suis pas le tout de l'être !), donc parce qu'il est un être *sensible* situé – c'est-à-dire limité – dans l'espace et dans le temps, qu'il peut aussi se tromper, pécher, et finalement mourir, puisque cette sensibilité est, pour le meilleur et pour le pire, le signe de l'appartenance charnelle à un *corps mortel*.

Le « moment kantien » – et sur ce point, comme j'ai déjà eu l'occasion de le dire, des interprètes aussi différents que Heidegger et Cassirer trouvent à s'accorder – représente un retournement de perspective complet, sans précédent dans l'histoire de la pensée, par rapport au schéma cartésien. Ce retournement, dont la *Critique de la raison pure* est le théâtre, consiste très exactement en ceci : Kant pense *d'abord* la finitude, donc la sensibilité et le corps situés dans l'espace et le temps, *ensuite seulement* l'Absolu ou la divinité intemporelle – telle est la raison pour laquelle la première partie de la *Critique de la raison pure* s'appelle

« Esthétique », du grec *aisthesis*, qui signifie « sensibilité », et pourquoi elle est tout entière consacrée à l'analyse de ces deux marques de la finitude que sont l'espace et le temps.

Que je ne sois pas un être infini, en effet, c'est ce dont témoigne tout simplement le fait que mon corps occupe un certain espace (et non la totalité de l'espace) et un certain temps (au-delà duquel mon ticket n'est plus valable). En d'autres termes, la finitude, le simple fait que notre conscience soit *toujours déjà limitée* par un monde extérieur à elle, par un monde qu'elle n'a pas produit elle-même, est le *fait premier*, celui dont il faut partir pour aborder toutes les autres questions de la philosophie, et cela pour la simple et bonne raison qu'il n'existe *aucun autre point de vue réel* sur le monde. Je peux bien sûr essayer de faire abstraction de ma finitude, tenter de me placer en imagination non plus du point de vue de l'homme fini, mais du point de vue d'un Dieu infini. L'honnêteté intellectuelle la plus élémentaire m'oblige cependant à conserver la conscience claire du fait qu'il s'agit bien là d'une abstraction, d'une hypothèse fictive et qu'à la vérité c'est toujours un être fini qui pense, même quand il se prend pour Dieu. Il faut donc toujours partir non de ce dernier, comme le fait Spinoza dans l'*Éthique*, mais de l'homme qui est et reste, malgré ses capacités d'abstraction et d'invention, un être radicalement fini.

Car, sans cette finitude, il n'aurait même pas conscience de quoi que ce soit, s'il est vrai, comme le dira plus tard Husserl dans le sillage de Kant, que « toute conscience est conscience de quelque chose », représentation d'un objet qui vient la limiter. Où l'on voit, au passage, l'importance du concept de réflexion, central dans toute l'œuvre de Kant. Comme la conscience, dont elle est l'opération par excellence, la réflexion est le propre de la pensée finie car elle suppose toujours un objet qui fait face à la conscience et qui la limite, un monde hors de soi sur lequel on bute, pour revenir, pour ainsi dire dans un second temps, sur soi. Même dans le phénomène de la conscience de soi, où l'on pourrait croire que l'on reste à l'intérieur de la subjectivité, l'objectivité se réintroduit : on s'y prend soi-même pour objet, de sorte que la réflexion est consubstantielle à la finitude, à l'idée de limite, de distance entre soi et le monde, voire entre soi et soi. Dieu, lui, ne saurait réfléchir, puisqu'il est omniscient et que son entendement, par définition, n'est limité par rien. Dieu est l'être pour lequel être et penser sont identiques. Comme Spinoza l'avait parfaitement compris, il ne saurait, pour cette raison même, avoir de conscience – car pour qu'il y ait conscience, réflexion, il faut aussi qu'il y ait limite, ce qu'exclut l'idée de l'infinité et de l'omniscience divines. Pour nous, êtres finis, être et pensée sont distincts, et la coupure entre les deux, justement, se nomme « sensibilité ». Voilà pourquoi la *Critique* commence par une analyse de l'*aisthésis*, de la sensibilité, et de ses deux cadres incontournables : l'espace et le temps.

– C'est donc cette analyse qui amène Kant à conclure que l'homme, dans sa finitude, est premier et que c'est à partir de lui, seulement, qu'il est possible de penser Dieu ou l'Absolu – en quoi ceux-ci sont radicalement relativisés, puisqu'ils ne sont pensables qu'à partir de nos facultés limitées.

– Oui. Conséquence ultime de ce renversement : c'est la prétention à connaître l'Absolu, à démontrer, par exemple, l'existence de Dieu, qui va se trouver relativisée, chez Kant, par rapport à l'affirmation initiale de la condition limitée de l'homme. C'est par rapport à cette dernière que la prétendue « connaissance métaphysique » sera dénoncée comme illusoire, parce qu'hors de notre portée.

Il faut bien mesurer l'ampleur abyssale de cette révolution théologique, qui n'a rien à envier à celle qu'on vient d'évoquer touchant la cosmologie. Formulons-la le plus simplement possible : avec Kant, *ce n'est plus la figure divine de l'Absolu, de l'omniscience, qui vient relativiser la finitude humaine et définir l'homme comme un moindre être ; tout à l'inverse, c'est au nom de la finitude indépassable qui est celle de toute connaissance humaine que la figure divine de l'absolu est à son tour relativisée, rabaissée au rang d'une simple idée dont la réalité objective est désormais indémontrable par les voies d'une quelconque théorie philosophique ou scientifique.* Telle est à mes yeux l'essence véritable du moment kantien, tout à la fois son point de départ et son point culminant.

CHAPITRE 13

Hegel et Marx : humanistes ou déconstructeurs ?

Philosophes de l'Histoire ou théoriciens de la négation de l'Histoire ?

– Si Kant marque une étape cruciale de la pensée humaniste, comment situer Hegel (1770-1831) et Marx (1818-1883), que nous avons déjà évoqués à propos de la philosophie de l'Histoire ? Hegel prétend « dépasser » Kant tout en « ressuscitant » l'idée d'une réconciliation de l'Absolu et du relatif à laquelle celui-ci déniait toute légitimité : mais comment comprendre ce dépassement ? Lorsqu'on en vient à Marx, qui cherche à concilier une vision volontariste de l'Histoire avec une théorie qui la soumet aux lois aveugles de l'économie, on peut avoir le sentiment de passer du côté des déconstructeurs – Paul Ricœur le range d'ailleurs parmi ceux qu'il appelle les « philosophes du soupçon », ceux qui déconstruisent les « idoles », au sens de Nietzsche, à commencer par celles de l'humanisme. En tout cas, Hegel comme Marx donnent une importance centrale à des thèmes qui n'étaient que marginaux chez leurs prédécesseurs (à l'exception de Montesquieu et de quelques autres, qui les traitaient davantage en moralistes) : la guerre, l'évolution des mœurs, l'histoire des arts, l'économie... Surtout il y a, chez Hegel comme chez Marx, l'idée que la « logique » de l'Histoire nous échappe – Les hommes font leur histoire sans savoir

l'histoire qu'ils font. D'un côté, ce sont donc des philosophes foncièrement « progressistes » mais, de l'autre, la « logique » inconsciente de l'Histoire leur apparaissant comme la clé ultime de notre existence, ils se livrent à un travail de déconstruction de nos représentations, réputées illusoires.

– Ce n'est pas exactement comme ça qu'il faut poser le problème. Si l'on veut aller au fond des choses, il faut partir, comme je le suggérais tout à l'heure, des deux traits de la subjectivité moderne : la *volonté* et la *raison*. Mais c'est un sujet très difficile et j'ai quelques scrupules à me lancer dans une réflexion sur ce thème. À la volonté consciente correspond l'idée d'une Histoire, révolutionnaire ou réformiste, que les hommes construisent délibérément, conformément aux finalités qu'ils visent à réaliser. Au principe de raison répond la conception d'une Histoire soumise à l'enchaînement inexorable de causes et d'effets qui nous échappent, ne serait-ce que par ce qu'ils sont trop nombreux et interconnectés pour que nous puissions en prendre conscience, mais qui n'en sont pas moins déterminants et inéluctables : le principe de raison implique qu'il y ait toujours des causes nécessaires et suffisantes derrière ce qui advient dans l'Histoire, dont il tend à donner une interprétation entièrement rationaliste. Dès lors, rien n'arrive qui ne soit prévisible depuis le début pour qui détiendrait la science de ce processus. Nous sommes dans la temporalité historique, mais l'Histoire que nous y inscrivons est, pour ainsi dire, hors temps, au sens où, du point de vue du savoir absolu, elle est déjà potentiellement achevée : c'est comme une musique que nous serions en train de jouer mais dont la partition serait écrite ou, mieux, comme un CD dont les dernières notes sont déjà enregistrées et sont en ce sens contemporaines des premières, même si l'écoute du disque se déroule dans le temps. D'où cet immense paradoxe : *la vérité de cette histoire rationaliste, c'est qu'elle n'a pas d'histoire*, puisque dès que son début est donné, on peut, en droit (si on en connaît les lois inexorables), en déduire la fin ! Tout le monde croit que Hegel, c'est l'invention de l'Histoire, alors que c'en est plutôt, comme le verra Heidegger dans le sillage de Kant, la négation absolue !

On a l'impression que le temps existe, qu'il y a de l'Histoire, mais du point de vue de Dieu, du point de vue du savant qui aurait percé à jour tous les déterminismes, il n'y a pas d'Histoire, en ce sens que sa fin est inscrite de toute éternité dans son commencement ! C'est un effet direct du principe de raison suffisante : on pose que tout ce qui advient a sa raison, mais ce n'est pas pour autant que l'on pose en même temps qu'il existe un savant qui connaisse les causes de tous les événements ! Les causes nous échappent, on postule simplement qu'elles sont là. Voilà pourquoi je disais que dans la philosophie de l'Histoire de Hegel (mais c'est aussi vrai de celle de Marx), il n'y a pas d'Histoire, aussi surprenant, voire choquant, que cela puisse paraître. Ce sont, en vérité, de grandes négations de l'Histoire, parce que dans la perspective qui est la leur, quand on a le germe, on a le fruit – ou, du moins, on sait ce que sera ce fruit et quand il sera mûr. L'Histoire n'est que la manière qu'ont les humains de vivre une suite d'événements qui, du point de vue du savoir absolu (Hegel) ou du matérialisme dialectique (Marx), est achevée dès qu'elle a commencé, dans la mesure où son issue est inscrite intégralement dans son origine. On retrouve là la conception leibnizienne ou spinoziste d'une nécessité qui se déploie sans faille, non pas en s'imposant de l'extérieur aux acteurs, mais du seul fait de l'enchaînement de leurs actions spontanées.

L'illusion du temps

– Il me semble pourtant qu'il y a, chez Hegel, une réflexion sur la spécificité des divers domaines de l'activité humaine, sur les visions du monde propres à chaque époque et sur la manière dont elles s'engendrent les unes les autres « dialectiquement », dont on ne rencontre pas l'équivalent chez Leibniz. Je comprends que l'on retrouve, au fondement de leurs pensées, un principe commun d'explication de l'Histoire. Reste que, selon Leibniz, « pendant qu'il fait le monde, Dieu calcule » : il ne saurait créer que l'univers le plus rationnel, le plus riche en diversité à partir du plus petit nombre de principes, bref « le meilleur des mondes possibles ». Tout découle ici du calcul divin, même si, à partir de là, chacun agit selon ses propres inclinations, prévues de toute éternité par le Grand Calculateur ! Chez Hegel, en revanche, c'est l'autodéploiement de ce qu'il appelle l'« Esprit » (disons, pour faire simple, quelque chose comme les représentations collectives, conscientes et inconscientes) qui engendre l'Histoire, à travers les actions individuelles, les faits sociaux, la succession des époques et des civilisations. Même si l'on n'y voit qu'une sorte de sécularisation du modèle leibnizien, je trouve que ça fait une grande différence ; sans être hégélien, j'y vois un pas important vers la moder-

nité. Au fond, Hegel me paraît, si j'ose dire, avoir un pied dans le passé – qu'il veut récapituler dans son œuvre en refondant l'héritage de ses prédécesseurs – et l'autre dans l'avenir – auquel il entend léguer une vision tout à fait neuve et ouverte à des dimensions jusque-là ignorées. Je crois d'ailleurs que l'on pourrait voir quelque chose de semblable dans la musique de Beethoven ou même dans la politique de Napoléon Ier, ses exacts contemporains.

– Si l'on veut caractériser en quelques mots l'apport original de Hegel touchant à la philosophie de l'Histoire (étant entendu que c'est un immense penseur auquel on doit, par ailleurs, des pages géniales sur l'esthétique, l'histoire des religions, la philosophie du droit, et bien d'autres sujets), si on veut voir aussi sa vraie différence avec Leibniz et Spinoza, le meilleur moyen est de l'aborder par la question du scepticisme qu'il pose explicitement lui-même, dans ses leçons sur l'histoire de la philosophie, comme l'une des origines fondamentales de son système tout entier : la pluralité des philosophies n'invalide-t-elle pas la prétention de la philosophie à trouver la vérité ? Hegel commence vraiment à développer sa réflexion sur ce problème, vers 1801-1802, dans ses *Écrits sur la différence des systèmes de Fichte et de Schelling* et dans un article tout à fait essentiel intitulé *Sur l'essence de la critique philosophique*, mais il va évoluer, et c'est dans *La Phénoménologie de l'Esprit*, en 1807, qu'il formule pour la première fois sa solution définitive de ce problème difficile. C'est là qu'il va inventer une réponse, par l'Histoire justement, à la question du scepticisme, née du constat de la pluralité des philosophies qui se contredisent et se combattent entre elles.

Le principe de cette réponse est le suivant : la vérité ne réside pas dans un point de vue particulier, serait-il le dernier dans l'Histoire, mais dans la recollection systématique de tous les points de vue qui se sont manifestés au cours du temps. Si l'on passe, selon lui, d'une époque à une autre de manière nécessaire et déterminée, chaque période incarne une vision partielle (et donc fausse) de la vérité. Celle-ci ne se dévoilera *in fine* que dans la recollection de toutes les erreurs, de toutes les « figures de la conscience » qui se sont déployées dans l'Histoire, au sein d'une pensée qui les synthétise et les dépasse. Au fond, Hegel a l'idée que ces représentations du monde qui se déploient au cours du temps forment un « système » qui lui-même n'est pas historique, puisque son achèvement dévoile la raison d'être de l'ensemble du processus, présente dès son origine, et qui l'explique de part en part : là est le paradoxe. Reste qu'il donne ainsi un statut à la pluralité des visions du monde qui se succèdent d'époque en époque, et c'est par ce biais-là que l'on peut rendre compte de ce qui le distingue de Leibniz qui, lui, met l'accent sur les principes formels et théologiques dont découle « le meilleur des mondes possibles ». C'est là encore un sujet très difficile, dont je ne peux donner ici qu'un aperçu.

Selon Hegel, la pluralité des visions du monde s'articule dans l'Histoire grâce au principe de raison suffisante, auquel sa conception *dialectique* de la succession des époques donne une portée plus grande encore, puisqu'elle consiste à intégrer les processus par lesquels un nouveau stade de la civilisation peut naître en *s'opposant* au précédant tout en le *dépassant* :

« Le vrai c'est le tout », écrit-il dans la préface de *La Phénoménologie de l'Esprit*. Autrement dit, la vérité n'est pas dans telle ou telle position philosophique qui s'opposerait aux autres, mais, encore une fois, c'est la totalité des points de vue philosophiques qui se sont imposés au cours de l'Histoire. Chez Hegel comme chez Leibniz, le temps n'est au fond qu'une illusion, de l'« intelligible confus » disait déjà Leibniz. Nous percevons dans la succession ce qui est en fait simultané du point de vue de Dieu ou du savoir absolu. Exactement comme dans un raisonnement mathématique où la conclusion est déjà contenue dans le point de départ. Mais nous, modestes humains, nous en sommes évidemment réduits à voir confusément cette logique sous la forme du temps.

Hegel, l'adversaire des Lumières

– On pourrait dire, dans cette perspective, que Hegel veut penser l'Histoire, mais qu'il la pense comme si c'était un livre de philosophie : il projette dans le temps l'édifice conceptuel de la théorie. La première grande philosophie de l'Histoire est ainsi profondément non historique. Il achoppe sur une difficulté du même type que celle dont avait pâti Lamarck lorsqu'il avait formulé la première grande théorie de l'évolution des espèces : ce dernier n'avait pu s'empêcher de transposer dans le temps la belle ordonnance des tableaux des espèces établis par les naturalistes fixistes qui l'avaient précédé. Du coup, il voyait l'évolution du vivant comme un progrès continu et rationnel, dont le moteur était l'« hérédité des caractères acquis », à l'exclusion de tout hasard et de

toute contingence. C'est Darwin, comme on sait, qui allait réintroduire le caractère aléatoire de la sélection naturelle (certaines mutations sont favorables à l'adaptation et la reproduction d'une espèce dans son milieu), lui ajoutant ainsi une dimension temporelle. Pour des raisons voisines de celles de Lamarck, Hegel me paraît là encore à cheval, si je puis dire, entre l'ancien monde et le nouveau, comme si, venant de traditions encore marquées par le dogmatisme chrétien et néocartésien, il était rattrapé par elles au moment de faire le « grand saut » dans l'Histoire.

– J'utiliserais une autre métaphore, d'ordre musical : Hegel, c'est le moment de la résolution, au sens harmonique du terme, de toutes les dissonances, de toutes les perspectives philosophiques concurrentes et apparemment inconciliables, qui apparaissent au cours de l'Histoire. Il veut réintroduire la métaphysique rationaliste classique, celle de Leibniz et Spinoza, après l'ouverture à l'expérience, à la finitude qui caractérise la philosophie de Kant.

Chez ce dernier, nous venons de le voir, l'être humain est premier par rapport à l'Absolu, qui n'est par conséquent qu'une idée, un « idéal régulateur » (autrement dit, un horizon de sens dont la réflexion peut se servir pour s'orienter, sans pour autant prétendre qu'il ait ni vérité ni réalité) : l'idée de Dieu n'est qu'une idée de la raison humaine, et le point de vue de l'humain sur elle est plus vrai, si je puis dire, que le point de vue de Dieu sur l'homme.

Ce que Hegel veut absolument rétablir, contre Kant, c'est la vérité du point de vue de Dieu qui consiste évidemment à abolir l'Histoire ou plutôt à la présenter, à l'instar de Leibniz, comme de l'« intelligible confus », c'est-à-dire comme une illusion de l'imagination. Car, sans la réconciliation de l'Absolu et du relatif, de l'objectif et du subjectif, l'homme lui paraît voué non seulement à la finitude, mais à une « incomplétude » radicale qui le voue à une tragique et définitive insatisfaction.

Hegel donne d'ailleurs du temps une définition qui illustre cette résorption de l'Histoire dans l'Absolu et son retour au modèle leibnizien : « Le temps, dit-il, est le concept qui se Déploie dans l'existence *(die Zeit ist der daseiende Begriff).* » Le parallèle avec Leibniz, que je développais plus haut, trouve ici une parfaite confirmation ; c'est exactement la même idée que défend Leibniz lorsqu'il affirme que « le temps ne se conçoit que par le détail de ce qui change ». Hegel prétend donc recréer un dogmatisme absolu, dans la lignée de Spinoza et Leibniz, contre l'ouverture à la finitude humaine qui caractérisait la philosophie des Lumières et, au premier chef, celle de Kant. C'est pourquoi, malgré tout, il verra dans cette philosophie des Lumières (ce qu'il appelle la *Reflexionsphilosophie*, la « philosophie de la réflexion ») son plus grand adversaire.

La fin de l'Histoire

– *Un autre aspect surprenant de cette philosophie hégélienne, c'est que la recollection de toutes les philosophies qu'elle entreprend marque inévitablement l'aboutissement du processus : ce que Hegel appelle la « fin de l'Histoire ». Francis Fukuyama, nous y avons déjà fait allusion, a repris l'expression et l'idée, en référence explicite à l'auteur de* La

Phénoménologie de l'Esprit, *pour défendre la thèse selon laquelle les principes de la démocratie libérale et humaniste apparaissent désormais partout comme un idéal indépassable. La fin de l'Histoire n'est donc en rien synonyme d'une quelconque fin des temps, mais désigne simplement l'avènement d'un état de la civilisation dont les valeurs s'imposent comme les plus satisfaisantes possibles. Cela ne signifie pas qu'il n'y aura plus d'événements dramatiques ou positifs, d'innovations heureuses ou malheureuses, de régressions dangereuses ou de réformes fécondes, mais seulement que les principes et le type d'organisation économique qui nous paraissent aujourd'hui les plus souhaitables (en gros, ceux de la social-démocratie) ne semblent plus pouvoir être concurrencés. C'est un peu dans le même esprit que Hegel parle de la « fin de l'Histoire », à ceci près que la clôture du processus historique qu'il annonce, lui, a une portée beaucoup plus large. Comment la conçoit-il ?*

– En réunissant et en dépassant tous les points de vue philosophiques différents, toutes les dissonances et toutes les différences qui se sont déployés au cours de l'Histoire, on atteint enfin une vision globale, une sorte d'accord parfait, pour reprendre notre métaphore musicale, comme celui qui conclut une symphonie classique : c'est la fin de l'Histoire. Hegel en est le premier grand théoricien – il était sérieusement convaincu que Napoléon et lui achevaient le processus historique !

Mais essayons d'aller plus loin, de ne pas en rester aux métaphores. Si on veut vraiment comprendre le cœur du système hégélien, il faut partir de l'attirail conceptuel qui fonde cette philosophie de l'Histoire

– à savoir la célèbre triade « en-soi », « être-là », « pour-soi » dont la formulation paraîtra obscure de prime abord au lecteur non-spécialiste mais qui peut être « traduite » en termes clairs. Hegel en suggère lui-même, notamment dans l'introduction de ses *Leçons sur l'histoire de la philosophie*, une métaphore organique, végétale : *l'en-soi*, c'est le germe, où tout est encore indifférencié, c'est l'*apeiron* des Grecs, l'être encore en puissance, le chaos d'Hésiode ; *l'être-là*, c'est le déploiement ou l'actualisation des différences contenues dans ce germe ; *le pour-soi*, c'est le fruit, c'est-à-dire la recollection en une totalité cohérente de tous les développements qu'a connus la plante en accédant à l'âge adulte avant de se reproduire.

Prenons un exemple. Quand on regarde une graine, à moins d'être un professionnel du jardinage, on ne voit pas encore de quelle plante il s'agit, on ne perçoit pas vraiment la différence entre une graine de sapin et une graine de platane par exemple, car tout en elle est encore indifférencié : cette graine, c'est l'en-soi, avec toutes les potentialités encore indistinctes, encore indéterminées et confuses, qu'il recèle. Maintenant, si l'on plante cette graine, elle va se développer et l'on pourra voir qu'elle produit de larges feuilles (si c'est une graine de platane) ou des aiguilles (si c'est un sapin) : c'est le moment de l'être-là, de l'existence, du déploiement des particularités, des différences qui deviennent visibles et qui s'exposent au grand jour, le passage, si l'on veut de la puissance à l'acte... Dans un troisième temps, ces arbres vont produire des fruits et des graines qui engendreront d'autres arbres : c'est le moment du système, de la recollection des différences, le moment du pour-soi en ce qu'il ressemble à la conscience, à la subjectivité qui rassemble en elle, dans une unité, la diversité des représentations. Si on applique ce modèle organique à l'Histoire, on comprend ce que veut dire Hegel quand il déclare que « le vrai, c'est le tout » : la vérité n'est pas un moment du processus, mais l'ensemble du processus au cours duquel les différentes visions du monde se déploient dans le temps, s'opposent entre elles, puis se rassemblent dans une totalité harmonieuse, un système.

– *Nous sommes plutôt dans l'idée aujourd'hui qu'il faut faire, dans l'Histoire, la part de la contingence, de l'irruption d'événements ou de transformations en partie imprévisibles, dont l'influence peut s'avérer longue et spectaculaire. Comment cette manière de voir s'est-elle réintroduite, après Hegel et Marx ?*

– La vision de l'Histoire qui anime l'hégélianisme est tout entière dominée par le principe de raison, par l'idée que les époques s'enchaînent de manière continue, le passé comprenant pour ainsi dire la cause, la raison d'être du présent, chaque époque engendrant la suivante de manière rationnelle. Heidegger et Hannah Arendt, notamment, vont proposer une véritable déconstruction de ce principe de raison, qui va conduire à l'idée que les événements, comme la rose d'Angelus Silesius, sont « sans pourquoi », qu'il y a aussi, dans l'Histoire, des surgissements imprévisibles, de la créativité pure.

Voyez bien que le seul moyen de redonner à l'« événementialité » sa dimension proprement historique (dont la première condition est qu'il puisse se passer des choses qui ne soient pas totalement prévisibles a priori), c'est de la soustraire au principe de raison suffisante, autrement dit à l'enchaînement ininterrompu, inexorable des causes et des effets. Du point de vue de Heidegger, les époques se succèdent non pas sur le modèle du *nexus* causal, fût-il « dialectique » comme chez Hegel, mais sur celui de la fleur qui croît, chaque époque étant un surgissement nouveau dont le caractère inédit est, pour une part au moins, irréductible aux circonstances qui ont pu favoriser son apparition. On rend ainsi à l'événement (dans ses formes les plus fécondes) sa dimension inaugurale, créatrice, par essence imprévisible ou, du moins, jamais complètement prévisible (son originalité excède toutes les causes qui peuvent lui être attribuées). C'est le « miracle de l'être », pour employer le vocabulaire de Heidegger – l'un des problèmes que pose cette conception de l'événement (*Ereignis*) étant de savoir comment cette vision de l'historicité peut être rendue compatible avec une approche scientifique de l'Histoire.

Ce n'est évidemment pas un hasard si cette ouverture à la part irréductible de contingence et d'invention de l'Histoire se développe, chez Heidegger comme chez Arendt, dans le cadre d'un retour à Kant contre Hegel : le premier laissait toute sa place à la dimension créative, en partie imprévisible de l'Histoire (pour des raisons de fond liées à la priorité que sa philosophie accordait à la finitude humaine par rapport à l'idée d'Absolu, mais aussi à cause de sa critique du principe de raison), quand le second (parce qu'il visait, justement, à réhabiliter l'Absolu) avait mis tout son génie à résorber le temps historique dans le concept, de telle façon que son aboutissement ne soit que le déploiement rationnel de ce qui était déjà présent en germe à l'origine.

C'est le même problème chez Marx : d'une certaine manière, le communisme final est déjà en germe dans le « communisme primitif » censé avoir précédé le temps où l'instauration de la propriété des moyens de production au bénéfice d'une classe privilégiée a engendré l'Histoire.

La double vision explosive de Marx

– Marx reconnaît sa parenté avec Hegel quand il écrit cette phrase célèbre à propos de la dialectique hégélienne : « Chez lui [Hegel], elle marche sur la tête ; il suffit de la remettre sur les pieds pour lui trouver une physionomie tout à fait raisonnable[1]*. » Mais il me semble qu'il y a une différence dans la conception qu'ont l'un et l'autre de l'aveuglement des hommes face à leur histoire. Chez Hegel, la recollection de toutes les erreurs passées est la vérité du savoir absolu à la fin de l'Histoire : il s'agit donc seulement de repenser ce qui a été pensé par les hommes ; en quelque sorte, on disqualifie moins leurs pensées qu'on ne les « requalifie ». Chez Marx, au contraire, si ce sont bien les hommes qui créent les rapports de production, ce sont les lois de l'économie, aveugles et dénuées de sens pour les humains, qui déterminent toute l'Histoire ; du coup, l'avènement annoncé du communisme mondial apparaît moins comme une recollection de toutes les « erreurs » précédentes dans une reconfiguration qui leur donne sens que comme une nouvelle ère disqualifiant radicalement le passé dont, justement, il s'agit de faire table rase. Cette différence entre les approches*

1. Karl Marx, postface de la seconde édition du livre I du *Capital*.

de Hegel et de Marx doit-elle conduire à distinguer plus nettement que nous ne l'avons fait jusqu'ici leurs philosophies de l'Histoire ?

– Non, quoi qu'en disent les marxistes, c'est bien fondamentalement la même structure que l'on retrouve chez l'un comme chez l'autre. Marx, sur ce plan, s'inscrit totalement dans le rationalisme hégélien : chez lui, comme chez Hegel, les époques s'enchaînent de manière implacable, chacune étant pour ainsi dire la cause de celle qui la suit ; il n'y a pas plus de surgissement imprévisible chez lui que chez Hegel. Simplement, en tant que scientifique ou prétendu tel, Marx va s'efforcer d'analyser concrètement les conditions économiques et les rapports de production qui engendrent les contradictions dont découlent les luttes de classes : il essaie de décrire en détail ces processus, parce qu'il considère que là résident les causes ultimes des grands événements historiques, et d'en dégager des lois, ce que Hegel, en effet, ne fait pas (en matière économique et politique, du moins). Cependant, la matrice de l'interprétation de Marx reste de part en part hégélienne : dans la préface du *Capital*, il ne cesse d'insister sur l'idée que les modes de production se succèdent dans l'Histoire de manière totalement nécessaire, « avec la fatalité qui préside aux métamorphoses de la nature », précise-t-il, de telle sorte que le communisme lui-même se détachera comme un fruit mûr de l'évolution historique qui précède. Portés inexorablement par ce mouvement auquel ils ne comprennent rien, les individus y participent malgré eux, au nom de valeurs plus ou moins illusoires, reflets inconscients et « fétichisés » des rapports de production du moment, par lesquels ils sont « aliénés ».

C'est là une reprise, presque à l'identique, du thème hégélien de la ruse de la raison qui rend la conscience naïve malheureuse parce qu'elle ne sait ni d'où elle vient ni où elle va, et qu'elle voit toujours son monde s'écrouler, un monde auquel l'habitude l'avait attachée, tandis qu'un nouveau monde apparaît sans qu'elle en perçoive le sens : elle ne se rend pas compte que c'est la dialectique interne à sa position et à ses propres contradictions qui a engendré *inéluctablement* cette nouvelle figure en laquelle elle ne voit qu'un destin malheureux qui s'oppose à elle. En quoi le modèle hégélien réapparaît dans ce qu'il a de plus fort chez Marx : quand on connaît le début de l'Histoire, on en connaît la fin, pour peu que l'on sache analyser les données originelles, car il existe bel et bien des « lois de l'Histoire », donc une science de l'Histoire.

Cependant, comme je l'ai souligné plus haut, Marx a cette étrange originalité de faire coexister, dans son œuvre, une théorie « scientifique » de l'Histoire – qui se réalise à l'insu des individus – et une doctrine révolutionnaire – qui suppose évidemment des acteurs conscients de la situation dans laquelle ils se trouvent et capables d'agir pour leur cause. Comme je l'ai dit, l'association de ces deux visions de l'Histoire dans une même philosophie est « explosive » et peut expliquer, en partie, les constantes dérives du communisme. Nous allons voir en quoi.

À partir du moment où il existe un sens de l'Histoire et une science qui en rend compte, au point de permettre de prévoir dans quelle direction elle *doit* aller, il faut, puisqu'on postule par ailleurs qu'une action révolutionnaire consciente et efficace est possible, que des « guides géniaux » (Lénine, Staline, Mao), experts en cette science, conduisent la société vers son destin radieux. Il est évident, dans ces conditions, que toute concession à une opposition, quelle qu'elle soit, est une faiblesse indigne, une démission démagogique face à ce qui ne peut rien être d'autre qu'une erreur ! Toute opposition doit donc, par principe, être écartée. Ce genre de considération a conduit Simone de Beauvoir à écrire cet étrange aphorisme : « La vérité est une, l'erreur multiple. Ce n'est pas un hasard si la droite professe le pluralisme » ! Puisqu'on sait où est la vérité salvatrice de l'Histoire, tout ceux qui s'y opposent ne peuvent qu'être fous ! D'où la création de services psychiatriques pour désaxés politiques. Cette conclusion serait incroyable si l'on ne savait pas, hélas, qu'elle s'est concrétisée.

Dès lors que l'on adopte le point de vue de la fin de l'Histoire, qui est réputé être celui du guide génial (auquel on prête pratiquement l'omniscience de Dieu), non seulement il n'y a plus d'historicité mais encore, si l'action révolutionnaire consciente et efficace est possible, il ne saurait y avoir de démocratie.

C'est pourquoi il est si important d'en finir avec le principe de raison suffisante en Histoire et de revenir au point de vue de la finitude humaine contre le point de vue de Dieu ou du savoir absolu. Le principe de raison suffisante restera, sans doute, comme un « idéal régulateur » (au sens que Kant donne à cette expression) pour orienter la recherche des causes et des effets qui contribuent au mouvement de l'Histoire, mais on cessera de le prendre comme la clé de la vérité de celle-ci.

CHAPITRE 14

Les critiques des Lumières

– L'humanisme des Lumières est aujourd'hui au centre de notre vision du monde, presque une seconde nature – si l'on peut dire s'agissant d'une philosophie de l'« antinature ». Nous le prenons spontanément comme point de départ de nos réflexions et de nos jugements, même lorsque nous voulons critiquer ses insuffisances ou défendre une vision alternative. Cependant, tout en y revenant sans cesse, nous aspirons à le remplacer en lui substituant une conception du sens de la vie fondée sur d'autres principes. Car nous ne nous reconnaissons plus dans l'européocentrisme dont il est porteur, nous ne croyons plus que notre modèle de civilisation est supérieur aux autres, et nous valorisons désormais des dimensions de l'existence (liées aux singularités individuelles, aux sentiments, aux désirs) auxquelles ce premier humanisme est incapable de donner la place qu'elles méritent. Cette position instable justifie que l'on s'intéresse aux grands types de critiques qui ont été adressées à l'humanisme – d'autant que, depuis son origine, des philosophies concurrentes n'ont cessé de contester ses principes, avec une intensité, une diversité et une continuité très supérieures aux remises en cause

qu'avaient pu connaître, à leur zénith, la philosophie de l'Antiquité gréco-romaine ou le christianisme.

– Il y a au moins quatre grandes critiques de l'humanisme, qui sont essentielles dans l'histoire contemporaine. D'abord, la critique contre-révolutionnaire et romantique ; ensuite, la critique au nom d'un « différentialisme », d'un relativisme radical des valeurs adossé à l'idée que chaque culture a ses propres normes qui la rendent incomparable à toute autre ; puis, la critique de la croyance au progrès – non seulement il a été impuissant à empêcher les barbaries nazie et communiste, mais encore plus personne désormais ne maîtrise sa marche aveugle, indifférente aux aspirations humaines, vers l'innovation généralisée, qui nous expose à des risques croissants ; enfin, la critique venue de l'écologie profonde (*deep ecology*) et des théories de la décroissance, lesquelles tiennent pour une folie suicidaire le projet humaniste de s'arracher aux contraintes de la nature, dont nous ne serions que des éléments parmi d'autres, notre survie dépendant du maintien de ses équilibres internes. Je ne développerai ici que les deux premières critiques, nous aurons l'occasion de revenir sur les deux autres plus tard.

La critique contre-révolutionnaire et romantique

La première critique, que j'appelle romantique et contre-révolutionnaire, se déploie elle-même dans quatre directions : la critique de la civilisation et du luxe par Rousseau (voir les polémiques avec Voltaire sur le luxe, le théâtre, le parisianisme, etc.) ; la critique politique de la Révolution (chez Rehberg, Burke et les romantiques allemands, Jacobi et Adam Müller notamment, dont on trouvera un prolongement intéressant au XXe siècle chez Hans Georg Gadamer) ; la critique de l'individualisme (auquel on objecte que l'homme n'est homme qu'au sein d'une communauté humaine) ; enfin, la critique du rationalisme mécaniste (au nom d'un certain vitalisme qui réhabilite notamment l'idée des causes finales dans la nature).

Rousseau constitue ici un cas singulier : il s'inscrit évidemment, au moins pour une part, dans l'esprit des Lumières (notamment avec son *Contrat social* qui plaide malgré tout pour la démocratie), mais il en dénonce la tendance à confondre l'exercice de la liberté avec un culte de l'artifice pour l'artifice (dans le raffinement de la civilisation, le luxe, la sophistication des œuvres de culture, la multiplication des signes de distinction justifiant un ostracisme sournois) ; il voit dans cet excès de sophistication une dangereuse perversion du progrès, source de ce qui sépare les hommes les uns des autres et, surtout, les sépare d'eux-mêmes dans ce qu'ils ont de plus authentique. Comme l'a montré Jean Starobinsky, Rousseau aspire à la transparence de l'individu avec lui-même, avec la nature, avec les autres, et toute son œuvre témoigne de sa recherche des moyens de retrouver cette unité dans la simplicité, en matière politique comme en éducation, sur le terrain des sentiments comme sur celui de l'autobiographie. C'est d'ailleurs pourquoi il fait l'éloge de la fête populaire, où chacun est à la fois acteur et spectateur, pour mieux condamner le théâtre qui rend les spectateurs passifs, qui les maintient enfermés et ne les relie que dans un troisième terme, la scène, tout en les poussant à se projeter hors d'eux-mêmes pour s'émouvoir de situations, de passions artificiellement reproduites par des acteurs qui feignent de les ressentir.

Je n'en dirai pas plus sur Rousseau qui, je le répète, est à la fois dans le courant des Lumières et dans sa critique. Mais j'analyserai de façon un peu plus détaillée les trois autres points, en les abordant toutefois à partir du seul angle politico-juridique, afin de ne pas trop alourdir le propos.

La raison ne suffit pas

Si l'on considère ce trait fondateur des Lumières qu'est la subjectivisation du monde (toutes nos représentations, y compris les plus objectives, sont désormais fondées sur les seules facultés du sujet, de l'individu humain), on peut dire que les romantiques, et Jacobi peut-être le premier, y décèlent ou croient y déceler les dangers d'un constructivisme trop exclusivement rationnel (selon lequel l'homme peut fabriquer par la seule puissance de sa volonté consciente le système politique et l'Histoire qui lui conviennent) dont la Déclaration de 1789, puis les excès de la Terreur apparaissent comme les conséquences inéluctables. Une lettre que Jacobi adresse à son ami l'académicien La Harpe le 5 mai 1790 évoque ainsi la formule de Rabaut-Saint-Étienne selon laquelle la Révolution française aurait fait découvrir une « manière fixe d'être gouverné par la seule raison » en des termes qui annoncent les principaux motifs de l'historicisme contre-révolutionnaire :

> Une dame française disait qu'elle concevait parfaitement l'utilité de la lune, puisqu'elle nous éclairait pendant

> la nuit, mais qu'elle ne saurait imaginer à quoi le soleil pouvait être bon en plein jour. Supposé que la manière fixe d'être gouverné par la seule raison (surtout pour un peuple de vingt-cinq millions d'âmes qu'il faudrait commencer par avoir réuni par la seule raison dans un seul corps politique) fût un plein jour sans soleil, cette erreur n'appartiendrait pas seulement aux révolutionnaires français ; c'est l'erreur du siècle. Aujourd'hui, dans tous les pays policés, on entend presque également invoquer la seule raison, comme on invoquait autrefois la grâce d'en haut ; cette grâce suffisante, dont il a été dit qu'elle ne suffisait pas. C'est un malentendu de la raison avec elle-même que la rapidité de nos progrès dans les sciences exactes a très naturellement amené et que d'autres progrès n'auront pas de peine à corriger. Il est impossible que l'expérience ne nous désabuse pas bientôt sur la suffisance de la seule raison, sur tous ces projets de construire le fond avec la forme, les désirs avec la volonté, l'être raisonnable avec sa conception abstraite, la vertu avec son précepte, toutes les causes avec les effets de ces causes.

Ce que ces quelques lignes de Jacobi inaugurent, c'est tout simplement le combat du romantisme contre les Lumières. Dans un essai publié en 1814, qui peut être regardé comme le véritable manifeste de l'école historique du droit, c'est-à-dire de la première grande école juridique romantique tournée contre les Lumières, Friedrich Karl von Savigny se demande s'il convient, comme le pensent certains juristes convertis aux idées de la grande Révolution, de rédiger un code civil commun aux différents États allemands en adoptant le modèle français. Sa réponse[1] s'organise autour

1. Il prend le contrepied d'un ouvrage de son collègue Thibaud, *Sur la nécessité d'un droit civil général pour l'Allemagne* (1814).

du rejet de la table rase au nom du concept de Vie. D'où le thème central de cet historicisme vitaliste : la dénonciation du caractère artificiel des lois et des codes qui risquent sans cesse de figer la Vie (avec laquelle, en revanche, la fluidité du droit coutumier s'avère être en constante harmonie). Soucieux, pour autant, d'éviter des connotations trop manifestement liées au projet d'une Restauration, Savigny exprime sans doute ce que le romantisme politique possède de plus profond : il soutient que la tâche de l'historien du droit est non de préserver à tout prix la tradition, mais plutôt de déterminer ce qui en elle est de l'ordre de la Vie :

> La méthode historique rigoureuse [...] ne consiste pas, comme l'ont dit de façon incompréhensible certains de ses récents adversaires, en une valorisation exclusive du droit romain ; elle ne consiste pas non plus à exiger inconditionnellement la conservation du matériau donné quel qu'il soit [...] Son effort est plutôt d'analyser le matériau donné jusqu'à la racine afin de découvrir son principe organique par où va automatiquement séparer ce qui est encore vivant de ce qui est mort[1]...

C'est grâce à cette méthode que « peut être conservé le lien vivant avec les états originels des peuples ». Réciproquement, « la perte de ce lien a pour conséquence d'arracher à chaque peuple la meilleure partie de sa vie spirituelle ». Ce qui est bon juridiquement n'est pas l'historique en tant que tel, mais seulement ce qui, dans l'Histoire, est encore véritablement vivant. Et

1. Friedrich Karl von Savigny, *De la vocation de notre temps pour la législation et la science juridique* (*Vom Beruf unserer Zeit für Gesetzgebung und Rechtswissenschaft*).

c'est dès lors la Vie, plutôt que l'Histoire, qui devient le critère du juste et de l'injuste. Il ne s'agit donc pas de refuser toute élaboration rationnelle du droit au nom du respect des traditions, mais de dépasser ces deux perspectives dans une synthèse originale.

La Vie comme dépassement des Lumières

– Pour que l'on saisisse bien ce que reproche aux Lumières cette école historique du droit, je crois qu'il serait bon de préciser la signification que signifie pour les romantiques le concept de Vie.

– Sans entrer dans le détail, on peut le comprendre si l'on tient compte de ce que l'être organisé vivant est une totalité à la fois transcendante et immanente à ses parties : transcendante parce qu'elle ne disparaît pas nécessairement lorsqu'une de ses parties (un organe) est lésée ou même détruite, mais au contraire développe spontanément des activités de reproduction ou de compensation ; immanente cependant puisqu'elle n'existe nulle part ailleurs qu'incarnée dans ses parties. Le parallélisme avec la question du droit peut alors être poursuivi : dans la tradition de la philosophie des Lumières, le droit naturel est identifié au droit rationnel, par opposition au droit positif qui est purement factuel ; en d'autres termes, le droit naturel prétend à l'universalité, tandis que le droit positif est toujours un droit particulier, historiquement et géographiquement situé dans tel ou tel cadre national. Il est donc clair que, de ce point de vue, le droit naturel joue par rapport au droit positif le rôle d'un étalon transcendant, au nom duquel – et en son nom seulement – il devient possible de critiquer les éventuelles « injustices » propres au droit positif immanent à un ordre social particulier. Or c'est cette opposition caractéristique de l'*Aufklärung* que le romantisme entend dépasser à l'aide du concept de Vie : de même que la vie réelle est l'union de l'âme et du corps, de l'universel et du particulier, de l'intelligence et de la sensibilité (qu'on sépare l'un de ces couples et nous aurons aussitôt affaire à la mort), de même la véritable vie juridique doit être union du droit naturel et du droit positif, réconciliation de la transcendance et de l'immanence. Tel est le sens en lequel Savigny entend échapper aux accusations de conservatisme et de relativisme. S'il ne s'agit pas de conserver à tout prix le droit positif, lors même qu'il serait le résultat d'une tradition, c'est que le corps politique, comme tout être vivant, possède une naissance et une mort. Il faudra donc éliminer si besoin est ce qui, en lui, apparaîtra au juriste comme témoignant d'un déclin.

De façon analogue, on pourra établir un certain nombre de points communs entre des systèmes juridiques très différents, pourvu qu'ils appartiennent de plain-pied à l'ordre de la Vie et offrent ainsi toutes les propriétés de l'organisation, entendue ici en son sens biologique.

La nation plutôt que la personne

– En dépit de toutes les précautions prises par les juristes romantiques pour ne pas tomber dans une sacralisation des traditions juridiques de chaque peuple (et du leur en particulier), il me semble que

leurs thèses mènent inévitablement à un certain nationalisme et à une vision relativiste du droit.

– C'est évident – et c'est ce qui explique leur aversion pour la Révolution française, comme pour les Lumières et le républicanisme qui en est sorti. Pour mener à son terme l'analogie, on dira que les différentes nations se distinguent entre elles comme se distinguent les espèces animales dans l'ordre du vivant – analogie qui permet aux romantiques d'envisager l'idée d'une hiérarchie des nations parallèle à la hiérarchie des espèces. L'héritage du romantisme dans le national-socialisme est ici assez clair...

Par ailleurs, si l'ordre juridique et politique est pensé sur le modèle biologique, il faut admettre que la notion d'individualité change radicalement de sens par rapport à l'idéologie qui sous-tend la Déclaration de 1789. Dans la philosophie des Lumières, et notamment chez Kant, l'individualité se confond en dernière instance avec la personnalité (le seul individu véritable est la personne). Chez les romantiques en revanche, l'individualité désigne la communauté vivante, c'est-à-dire la Nation : conformément à une définition logique que l'on rencontre déjà chez Aristote, elle se définit comme la réconciliation de l'universel et du particulier. C'est sur ce dernier point que la pensée romantique se montre très puissante, même si elle en tire des conséquences détestables en termes de nationalisme, de traditionalisme et de limitation des libertés individuelles : son effort pour dépasser le caractère réducteur du rationalisme aussi bien que celui des philosophies empiristes (qui fondaient l'ensemble des représentions humaines sur les effets directs ou indirects des impressions des sens) a le mérite de tenter de comprendre la vie dans toutes ses dimensions puisque la philosophie romantique, je le répète, vise à réconcilier, parfois avec une grande profondeur, le sensible et l'intelligible, le particulier et l'universel, l'individuel et le collectif.

De ce point de vue, l'individualisme jusnaturaliste n'apparaît pas seulement comme une idéologie « égoïste » (au sens que Marx donnera à ce terme dans sa critique de la Déclaration française des Droits de l'homme), mais comme une abstraction morte. Rejet de l'individualisme, dénonciation de la perte de transcendance à quoi il conduit, nationalisme... tels sont les traits par lesquels la critique romantique de l'idéologie rejoint les thèmes les plus fondamentaux de la pensée contre-révolutionnaire, et notamment la célèbre formule de De Maistre qui vaut d'être citée dans sa version originale :

> La Constitution de 1795, tout comme ses aînées, est faite pour l'homme. Or, il n'y a point d'homme dans le monde. J'ai vu, dans ma vie, des Français, des Italiens, des Russes, etc. ; je sais même, grâce à Montesquieu, qu'on peut être persan : mais quant à l'homme, je déclare ne l'avoir rencontré de ma vie ; s'il existe, c'est bien à mon insu[1]. »

La réhabilitation des préjugés

C'est tout à fait dans le même esprit qu'un philosophe allemand contemporain, Hans Georg Gadamer, a entrepris, de manière assez paradoxale et provocante,

1. Joseph de Maistre, *Considérations sur la France* (1797), Vrin, 1936, p. 81.

de réhabiliter les préjugés contre l'esprit critique hérité de Descartes et des Lumières. Comme Savigny, Gadamer tente d'éviter les pièges d'un historicisme vulgaire ; en réaffirmant le rôle de la tradition, il ne s'agit pas pour lui de légitimer purement et simplement tous les préjugés comme tels, mais de poser cette question : « Sur quoi doit se fonder la légitimité des préjugés ? Qu'est-ce qui distingue les préjugés légitimes de tous ceux, innombrables, qu'il appartient incontestablement à la critique de surmonter[1] ? » Sans entrer ici dans le détail d'une argumentation difficile, on soulignera seulement deux aspects fondamentaux de cette « critique de la critique des préjugés » pour en mesurer pleinement les conséquences sur une déconstruction de la subjectivité métaphysique.

Partant de l'idée que « le préjugé fondamental de l'*Aufklärung* est le préjugé contre les préjugés en général, avec la récusation de la tradition qui en résulte », Gadamer entend non supprimer purement et simplement la critique, mais montrer qu'elle se fonde toujours déjà elle-même sur un préjugé ou, pour employer le terme qui convient, sur une « précompréhension ». Si l'on en simplifie le vocabulaire et le raisonnement, l'argument, qui s'appuie pour l'essentiel sur une analyse déjà menée par Heidegger, consiste à montrer qu'en amont de toute réflexion susceptible d'être partagée avec d'autres interlocuteurs, il y a toujours un « consensus préréflexif ».

– Autrement dit, il faut que nous partagions certains préjugés de départ pour disposer d'un cadre commun

1. *Vérité et Méthode*, p. 115-116, première édition française, Seuil, 1976 ; nouvelle édition intégrale, Seuil, 1996.

en référence auquel nous pourrons situer les idées que nous échangeons, faute de quoi nous ne saurions nous comprendre (rien n'interdit, d'ailleurs, que ces nouvelles réflexions nous conduisent à limiter ou remettre en cause une part de ces préjugés).

– On peut, en effet, résumer l'idée de cette manière. Tel est bien le principe de la distinction entre préjugés légitimes et préjugés soumis à la critique : si la tradition n'est pas seulement un objet de réflexion mais bien une condition de possibilité de la réflexion et de la critique, il faut la réhabiliter au niveau de la vérité, dans la mesure où elle contribue à l'établir (ce qui implique qu'on puisse la critiquer pour la part où elle ne joue pas ce rôle). Au plus haut niveau, cette dimension de précompréhension portée par les préjugés sera, pour Gadamer, représentée par la sphère du langage – dont Nietzsche disait déjà qu'elle véhiculait « la plus vieille métaphysique », un ensemble de préjugés venus de la nuit des temps.

– On pourrait en donner un exemple très simple. Si je veux argumenter en faveur de l'égalité des hommes et des femmes, je suis obligé de passer par le langage qui, si j'use de la langue française notamment, colporte dans son vocabulaire, dans sa syntaxe et dans ses règles de grammaire une foule de connotations sexistes donnant la prime au masculin. Je dois nécessairement m'appuyer sur cette matrice de précompréhension partagée qu'est la langue, y compris quand cela me conduit à critiquer certains des préjugés dont elle est porteuse.

– La principale difficulté soulevée par cette critique gadamérienne de la critique, qui conduit à rétablir le « tribunal de la tradition » en lieu et place du « tribunal de la raison », est celle de tout historicisme, même le plus sophistiqué : il ne s'agit pas, en effet, de nier que nous sommes toujours déjà pris dans une histoire et dans un langage, mais de savoir si ces conditions préréflexives doivent être décrétées légitimes parce qu'elles sont inévitables. Il s'agit en outre de savoir dans quelle mesure, pour reprendre une célèbre distinction de Sartre, il nous est possible de distinguer ici entre *situation* et *détermination* : ce n'est pas parce que nous sommes toujours en situation (avec ce que cela implique de contraintes qui tendent à orienter et limiter nos choix) que nous sommes nécessairement déterminés en tout par cette situation ; selon Sartre, nous sommes au contraire toujours libres, tant que nous vivons et jouissons de nos facultés, de nous en arracher, au moins partiellement.

La critique de l'universalisme

La deuxième critique, comme je l'ai annoncé, est celle qui dénonce le caractère illusoire de l'universalisme des Lumières : elle conteste l'idée qu'il puisse y avoir des valeurs universelles, a fortiori que l'on puisse juger les diverses civilisations à l'aune de la nôtre et affirme au contraire que chaque culture a ses propres critères qui la rendent, au sens propre, incomparable à toute autre.

De manière plus générale, le mouvement que nous avons appelé, avec Alain Renaut, la « pensée 68 » (représenté, entre autres, par des penseurs tels que Gilles Deleuze et Félix Guattari, Michel Foucault ou Jacques Derrida) fera, sous diverses formes, l'apologie de la *différence*, en affirmant que chacun devrait développer sa propre culture, ses valeurs originales, en fonction de ses particularités : c'est ainsi que l'on s'est mis à plaider pour un « devenir-femme », un « devenir-homosexuel », un « retour à ses racines » (bretonnes, slovaques ou peules, peu importe) contre le rouleau compresseur du républicanisme hérité des Lumières et de son universalisme. Le paradoxe ici, c'est que l'intention libératrice de départ (soustraire des dimensions de l'existence, jusque-là réprimées, à la domination réductrice des valeurs humanistes prétendues universelles) menaçait de retomber dans une soumission aux déterminations naturelles, sociales ou communautaires bien plus contraignante que celle à laquelle on avait voulu échapper. Si le fait d'être femme, homosexuel ou breton *doit* devenir votre *raison d'être*, le poids de la nature, de votre histoire ou des traditions sur votre destin redevient plus grand qu'il ne l'a jamais été depuis l'Antiquité !

– *Cette critique de l'universalisme vient sans doute de plusieurs sources. D'abord, l'expérience des effets pervers de l'humanisme, à commencer par la colonisation, et le constat dramatique que le progrès des Lumières (censé apporter un adoucissement des mœurs et la paix) a été impuissant à empêcher les horreurs du nazisme et du stalinisme. Ensuite, la volonté de tirer radicalement les conséquences de l'impossibilité de trouver un fondement ultime à la raison, à la liberté et aux valeurs morales. Enfin, le projet de libérer des dimensions de l'existence – tenues en marge par le modèle humaniste – devenues centrales dans la vie des individus (les traits de personnalité, la sexualité, les sentiments, la part enfantine ou animale en chacun de nous).*

Claude Lévi-Strauss : l'apologie de la différence

– Des facteurs divers ont, en effet, contribué au développement de ce type de critique des Lumières. Je me bornerai à une brève analyse de ce que j'ai appelé ailleurs le « moment Lévi-Strauss » : c'est celui de la critique de l'européocentrisme, de l'ethnocentrisme. Il s'agit alors de changer radicalement de perspective, de cesser de regarder les autres civilisations avec les yeux de la nôtre, bref de se « décentrer » pour tenter d'adopter un point de vue qui permette de les comprendre chacune dans leur singularité. En 1956, dans *Race et histoire*, Claude Lévi-Strauss formule le principe de cette nouvelle approche de la diversité des civilisations : l'Europe n'est pas *la* civilisation, les sociétés qu'on dit alors « primitives » et que Lévi-Strauss nommera « sociétés sauvages » ne valent pas moins que les nôtres ; elles ne sont pas moindres, elles sont simplement autres. Elles ne sont pas sous-développées, elles ont une culture différente de la nôtre.

– *On mesure le chemin parcouru depuis le discours de Jules Ferry cité plus haut, si plein de la certitude de la supériorité européenne. Lévi-Strauss a aussi en tête les œuvres de nombre de ses prédécesseurs dans l'étude des peuples extra-européens, dont les thèses n'échappaient pas à ce travers.*

– Pour lui, le projet de l'ethnologue n'est plus d'analyser les civilisations en termes de hiérarchie sur une échelle mesurant leur degré d'accomplissement par rapport au modèle européen, mais de les étudier *dans leur irréductible altérité.* Cela va l'amener, pour en finir définitivement avec ce genre de hiérarchisation, à défendre un relativisme total : toutes les cultures se valent. Lévi-Strauss rompt ainsi avec l'habitude si répandue avant lui d'étudier les autres civilisations selon les critères de la nôtre. Mais dans sa volonté d'aller jusqu'au bout de sa logique relativiste, sans faire la moindre concession à l'idée qu'il puisse y avoir des valeurs susceptibles de s'appliquer par-delà les différences de civilisation, il en vient à soutenir des paradoxes qui bafouent le plus élémentaire bon sens et, plus encore, la simple sensibilité aux souffrances humaines. À un journaliste qui lui demande si la barbarie nazie a signé la fin d'une civilisation (allemande ou européenne), il répond :

> Non, l'avènement de la barbarie n'amène pas la fin de la civilisation. Ce que vous désignez sous le terme de barbarie, du point de vue d'une civilisation, est civilisation. C'est toujours l'autre qui est le barbare.
>
> *Le Figaro :* Mais ici, il s'agit de l'hitlérisme.
>
> Lévi-Strauss : Mais eux se considéraient comme la civilisation. Imaginez qu'ils aient gagné, car vous pouvez bien imaginer cela.
>
> *Le Figaro :* Il y aurait eu un ordre barbare.
>
> Lévi-Strauss : Un ordre que nous appelons barbare et qui pour eux aurait été une grande civilisation.
>
> *Le Figaro :* Basé sur la destruction des autres.
>
> Lévi-Strauss : Oui, même si les Juifs avaient été éliminés de la surface de la terre (je me place dans une hypothèse du triomphe de l'hitlérisme), qu'est-ce que ça compte au regard des centaines de millénaires ou de millions d'années ? Ce sont des choses qui ont dû arriver un certain nombre de fois dans l'histoire de l'humanité. Si on regarde cette période avec la curiosité d'un ethnologue, il n'y a pas d'autre attitude que de se

dire : une catastrophe s'est abattue sur une fraction de l'humanité dont je fais partie, et voilà. C'est très pénible pour les gens qui sont juifs, mais[1]...

Le dialogue s'achève sur ces points de suspension, sans doute parce que la conclusion s'impose d'elle-même si l'on a bien suivi la pensée de l'ethnologue : le génocide, s'il est évidemment « très pénible pour les gens qui sont juifs », n'est au fond qu'une péripétie tragique parmi tant d'autres au regard de la longue durée dans laquelle s'inscrivent la préhistoire et l'histoire de l'humanité ! Tout autre que Lévi-Strauss aurait sans doute eu à répondre devant la justice de propos comparables. Comment en est-il venu à défendre des idées aussi discutables ? Il est bien sûr ennemi de tout antisémitisme et c'est donc ailleurs qu'il faut chercher ce qui le motive : en vérité, c'est la relative indifférence du monde occidental aux crimes qu'il a commis contre des peuples appartenant à d'autres civilisations qui l'indigne et qu'il veut dénoncer, en replaçant toutes les tragédies de l'Histoire dans la perspective du long terme qui tend à les égaliser et à justifier le regard désabusé avec lequel il les voit. Ce qu'il a en tête, c'est le génocide des Indiens d'Amérique par les colons européens, qui ont poussé l'ignominie jusqu'à disperser dans les forêts des vêtements contaminés par la petite vérole dont ils savaient qu'elle était mortelle pour eux.

– Lévi-Strauss veut rabattre la superbe de cette civilisation européenne qui s'est prise pour la *civilisation et n'a pas hésité, au nom de sa prétendue*

1. *Le Figaro*, 22 juillet 1989.

supériorité, à détruire les autres peuples et les autres cultures. Il en vient à la conclusion que, pour en finir avec cet impérialisme, la meilleure solution est de défendre l'idée d'un « relativisme absolu » (un oxymore dont on pouvait s'attendre à ce qu'il soulève quelques contradictions) dans l'approche des civilisations : à ses yeux, chaque civilisation vaut pour elle-même, leur diversité est la plus précieuse richesse de l'humanité, aucune sorte de hiérarchie n'est légitimement concevable entre elles. Dans cette perspective, chaque fois qu'une civilisation disparaît, c'est un trésor irremplaçable que l'on perd et l'uniformisation qu'entraîne la mondialisation apparaît, dès lors, comme un appauvrissement catastrophique de la culture humaine.

– C'est en effet cette thèse que Lévi-Strauss pousse dans ses dernières conséquences, au point de soutenir que le nazisme aurait pu, s'il l'avait emporté sur les démocraties, apparaître comme une grande civilisation. On voit là à nouveau comment une pensée qui, dans un premier temps, avait l'immense mérite de faire exploser les préjugés européocentristes et les tendances impérialistes inhérentes au premier humanisme pour nous ouvrir à l'apport original des autres cultures en arrive à se fourvoyer dans une impasse, parce qu'elle croit pouvoir faire de la nouvelle dimension qu'elle a magnifiquement libérée l'alpha et l'oméga de la condition humaine. Le geste de libération se renverse alors dans une soumission aux traditions plus forte encore que celle que l'on dénonçait au départ ! Nous verrons dans notre dernière étape comment le deuxième humanisme, l'humanisme de l'amour, s'efforcera de donner la place qui leur revient à ces nouvelles dimensions, à l'ouverture à l'autre, tout en refondant la possibilité de valeurs communes qui permettent aux hommes de s'arracher aux traditions dont ils sont issus.

– C'est encore un exemple de ces « avancées » de la philosophie qui se payent de « régressions » sur d'autres plans... Même si tout système philosophique a inévitablement ses taches aveugles, on peut remarquer que les penseurs ont, face à ce problème, des réactions différentes. Certains sont particulièrement attentifs à prendre en compte, dans leurs analyses, les points de vue alternatifs ou concurrents pour aboutir à des thèses plus complètes et plus solides – Kant me paraît aller loin dans ce sens, mais Aristote et Hegel également ; d'autres tendent, au contraire, à tout miser, pour ainsi dire, sur le nouveau principe qu'ils ont découvert, dont ils paraissent vouloir faire une arme de guerre contre ce qui ne répond pas directement à leur vision – il semble que ce soit, pour une part, au moins, le cas de Lévi-Strauss, mais on pourrait sans doute ranger aussi Descartes dans cette catégorie... Nous en arrivons maintenant aux deux dernières catégories de critique des Lumières que vous évoquiez.

La critique du progrès

La troisième critique ne reproche plus seulement aux Lumières de s'être appuyées sur une analyse erronée ou d'avoir oublié des dimensions humaines essentielles mais, portant le fer au cœur même de leur projet, dénonce dans la conception même de celui-ci un vice originel qui l'a conduit à se transformer progressivement en son exact inverse : le rationalisme technique dans lequel les Lumières voyaient le moyen d'ouvrir aux hommes la voie du bonheur en les libérant des contraintes naturelles n'a bientôt plus suivi que sa propre logique pour devenir à lui-même sa propre fin, dans une course incessante à l'innovation dénuée de tout projet d'amélioration de la condition humaine ; loin de libérer les hommes, il les a soumis aux lois anonymes d'une rationalisation à outrance de la société, que personne n'a voulue ni ne maîtrise, et à un renouvellement toujours plus rapide des objets du désir marchand, dont le but n'est plus de satisfaire des besoins humains mais seulement de permettre aux entreprises et aux nations de survivre dans un univers de concurrence généralisée.

À la base de ce type de critique, il y a l'idée que cette dérive était sinon inévitable, du moins inscrite dans le geste, emblématique des Lumières, consistant à s'en remettre totalement et uniquement à la raison, à la science et à la technique pour construire l'avenir de l'humanité, fixer ses buts, assurer son bonheur. Ce thème irrigue, notamment, les analyses que développent Theodor Adorno et Max Horkheimer[1]. Dans des sociétés vouées de part en part à la rationalisation des activités humaines et à la domination de la nature, l'homme est relégué au statut de « chose », il est menacé de « réification ».

1. Voir le livre de Theodor Adorno et Max Horkheimer, publié en 1947, *Dialektik der Aufklärung* (littéralement « Dialectique des Lumières », dont la traduction française a été publiée en 1974 sous le titre un peu absurde *Dialectique de la raison*).

Les démocraties libérales n'échappent pas à cette perversion des principes dont elles se réclament. D'où la thèse selon laquelle les totalitarismes du XXe siècle pourraient être compris, paradoxalement, comme une hypertrophie du processus de rationalisation intégrale issu des Lumières. Dans cette hypothèse, l'humanisme n'aurait pas seulement été impuissant à empêcher la barbarie, il en aurait fait le lit ! Nous reviendrons plus longuement sur ce type de critique à propos des réflexions du sociologue allemand Ülrich Beck sur ce qu'il nomme la « société du risque », celle de cette « seconde modernité » où nous sommes désormais entrés de plain-pied et dans laquelle tous les idéaux de la première (portée, justement, par les Lumières) se sont inversés, au point que le progrès n'apparaît plus comme un espoir, mais comme une menace.

La critique écologiste

Enfin, le quatrième type de critique des Lumières est celui qui est porté par l'« écologie profonde » (*deep ecology*) et les théories de la décroissance : l'écologie profonde affirme qu'en tant que membres parmi d'autres de la nature, dont dépend notre survie, nous devrions soumettre nos projets à l'impératif de respecter ses équilibres, ce qui condamne l'ambition prométhéenne de l'humanisme dans sa prétention à s'arracher aux contraintes naturelles ; les théories de la décroissance considèrent, quant à elles, que la croissance continue, inhérente à la conception du progrès que nous ont léguée les Lumières, est insoutenable parce qu'elle conduit inéluctablement à l'épuisement des ressources naturelles, donc à une catastrophe humanitaire et à une dramatique régression.

On retrouve là la crainte que l'homme, dans sa volonté de s'émanciper de toute contrainte pour « n'en faire qu'à sa tête », n'ait eu une confiance excessive dans les pouvoirs de la raison, de la technique et du progrès dont les effets pervers pourraient bien, maintenant, se retourner catastrophiquement contre lui. En l'occurrence, on lui reproche de s'être cru au-dessus de la nature, alors qu'il n'en est qu'une petite partie et qu'il dépend d'elle pour vivre.

– *Étrangement, il y a, dans l'écologie contemporaine, à la fois un retour au thème romantique du primat de la nature, dont les humains ne sont que des membres, et une préoccupation, beaucoup plus moderne, de donner la place qu'elle mérite à une dimension de l'existence humaine jusque-là délaissée, celle, justement, de la « nature en nous ».*

– L'écologie est en tout cas traversée par deux courants divergents, dont l'un, c'est vrai, rejoint certains thèmes romantiques, quand l'autre s'inscrit dans le cadre des principes de la social-démocratie. Le premier, celui de l'écologie profonde, pose que l'ordre de la nature transcende celui des hommes qui ont avant tout la tâche, sinon le devoir, d'accorder leurs actions à cet ordre et de le restaurer chaque fois que l'imprudence, la folie, l'*hybris* humaine l'auront déséquilibré ; la formule de Hans Jonas résume parfaitement cette exigence : « Les fins sont domiciliées dans la nature. » Le second courant se place du point de vue de l'homme, qu'il continue de privilégier, et non de celui d'un primat de la nature, tout en défendant la nécessité de sauvegarder un environnement vivable et de s'assurer que nous disposerons de ressources naturelles suffisantes pour nos besoins et, surtout, ceux des générations futures, bref, de créer, comme on dit, les conditions d'un « développement durable » : on reste dans une optique réformiste, mais élargie aux questions écologiques.

Je le répète, l'écologie est le premier mouvement politique nouveau depuis l'émergence du libéralisme et du socialisme qui, c'est le moins qu'on puisse dire, ne datent pas d'hier : il fait entrer dans le débat politique, pour la première fois dans l'Histoire, la préoccupation du monde que nous allons laisser à nos enfants, le souci des générations futures. C'est encore une fois, un changement profond sur lequel je reviendrai. Ne serait-ce qu'à ce titre, personne ne peut plus faire fi de la question écologique. Mais on ne peut ignorer non plus la contradiction fondamentale à laquelle nous renvoie l'écologie : si l'on prétend qu'il faut conformer nos actions à l'ordre naturel, on retombe nécessairement dans le cosmologico-politique, autrement dit dans la soumission de la sphère politique à la transcendance de la nature, ce qui revient à en finir avec la démocratie ou à la limiter drastiquement pour donner une partie du pouvoir à des experts supposés connaître les mesures écologiques qu'il *faut* prendre ; d'un autre côté, si l'on veut préserver pleinement l'autonomie de l'homme par rapport à la nature, le risque demeure qu'en quelques générations il laisse un monde invivable aux générations futures. La seule solution raisonnable est de favoriser la montée en puissance de la question des générations futures dans le débat politique, de manière à pouvoir, sur cette base, investir davantage dans les techniques de recyclage et dans les technologies dites « vertes ».

– L'analyse de ces quatre types de critiques des Lumières montre en tout cas que nous ne pouvons plus nous en tenir au modèle humaniste, même si nous voulons sauvegarder les valeurs de liberté et de progrès dont il est porteur : il faudra donc inventer une perspective qui permette de le dépasser, tout en conservant ce qu'il a de meilleur. C'est ce que le deuxième humanisme va tenter de faire, comme nous le verrons lors de notre dernière étape. Mais auparavant, il nous faut encore aborder la phase de déconstruction, sans laquelle il n'aurait pas été concevable.

QUATRIÈME PÉRIODE

Le temps de la déconstruction

CHAPITRE 15

Schopenhauer : du pessimisme à l'art d'être heureux

Débusquer les illusions

*– À côté des critiques romantiques dénonçant le rationalisme des Lumières, nous avons vu se dessiner une forme de contestation beaucoup plus radicale qui dénie tout fondement légitime à la raison aussi bien qu'aux valeurs et propose une philosophie adaptée à ce monde où, selon la formule de Nietzsche, « il n'y a pas de faits, seulement des interprétations ». Ce sont les philosophes de ce temps de la déconstruction que nous allons aborder maintenant. La critique des traditions et de l'obscurantisme enclenchée par les Lumières ne pouvait en effet qu'en venir à se retourner contre les préjugés de celles-ci, et les errements de la Révolution française, la reprise d'une partie de ses principes par Napoléon Ier dans un cadre impérial qui les contredisait, l'échec final de ce dernier, ont alimenté les doutes sur la validité du modèle rationnel prôné par les philosophes de l'*Encyclopédie *et par les révolutionnaires. Les philosophies de la déconstruction vont d'ailleurs émerger assez vite : le premier grand penseur de ce courant, Arthur Schopenhauer (1788-1860), fera paraître son ouvrage majeur,* Le Monde comme volonté et comme représentation, *dès 1819*[1].

1. Cette première édition sera suivie d'une deuxième en 1844 et d'une troisième en 1859.

– Schopenhauer est souvent présenté comme le philosophe du pessimisme par excellence. Nombre de ceux qui s'en réclament ont, hélas, contribué à lui faire cette réputation, trouvant sans doute avantageux d'afficher un pessimisme désabusé qui vous donne toujours un air profond et clairvoyant, là où l'optimisme vous a toujours un petit côté un peu niais. S'il a sa part de vérité, ce cliché a beaucoup moins de pertinence qu'on ne l'imagine et risque de nous faire manquer l'essentiel de sa pensée. Car Schopenhauer n'est pas vraiment le pessimiste qu'on prétend. D'abord parce qu'il ne se réclame pas d'un sentiment psychologique, mais d'une position philosophique : il n'est pas dépressif ou neurasthénique ; en revanche, il entend démontrer, de manière argumentée et rationnelle, que l'existence n'a pas de sens, qu'elle est radicalement absurde (il se voit d'ailleurs à cet égard comme un parfait disciple de Kant et de sa critique radicale du principe de causalité). Ensuite, le pessimisme de Schopenhauer est principalement méthodique et provisoire, un peu comme l'est le doute chez Descartes : de même que Descartes vise à découvrir une vérité indubitable sur laquelle fonder une représentation solide du monde, de même Schopenhauer veut découvrir les conditions d'un nouvel optimisme, d'une sagesse désillusionnée propre à nous apporter le bonheur. Non content de montrer qu'une telle sagesse est possible, il va s'appliquer à la développer, notamment dans ce livre au titre éloquent : *L'Art d'être heureux*[1], art auquel il donne aussi les noms d'« eudémonique » ou « eudémonologie » et auquel – étrange pessimiste ! – il va consacrer toutes

1. Arthur Schopenhauer, *L'Art d'être heureux*, Seuil, 2004.

les dernières années de sa vie – ce que ses disciples neurasthéniques et dépressifs se gardent en général soigneusement de mentionner.

Pour autant qu'il y ait bien un moment pessimiste chez Schopenhauer, il est lié à l'approche par la *généalogie*, qui consiste, pour lui, comme plus tard pour Nietzsche, à repérer, sous nos valeurs et nos grands principes, des intérêts, des pulsions, des motifs cachés plus ou moins avouables. Bref, la généalogie, c'est le point de vue du *soupçon* par lequel est débusquée sous toutes les certitudes affichées la dimension d'illusion qui nous y fait adhérer comme si elles étaient vraies. Et l'illusion suprême, c'est évidemment l'idée, véhiculée depuis toujours par les grandes religions et les grandes philosophies, selon laquelle le monde serait rationnel et notre existence en quelque façon sensée. Schopenhauer va contester, arguments rationnels tirés de Kant à l'appui, ces deux affirmations centrales, selon lui, dans toutes les grandes visions passées du monde. C'est en ce sens qu'il est le premier grand déconstructeur, celui qui prépare le terrain au « grand soupçon » que Nietzsche explicitera de façon grandiose, en évidente référence à son prédécesseur, dans *Par-delà le bien et le mal*. Je cite ce texte de Nietzsche parce qu'il s'agit d'un des passages les plus clairs qu'on puisse trouver sur ce que signifie le soupçon, l'attitude généalogique, le refus de croire aux visions traditionnelles du monde, à tout ce qui nous rassure et nous permet de vivre dans le monde idéal mais trompeur de la conscience :

> Le solitaire ne croit pas qu'un philosophe – à supposer que tout philosophe ait d'abord été un solitaire – ait jamais exprimé ses opinions véritables et ultimes dans

ses livres. N'écrit-on pas plutôt des livres précisément pour cacher ce que l'on porte en soi ? Il doutera même qu'un philosophe puisse avoir de manière générale des opinions ultimes et véritables, qu'il n'y ait pas de toute nécessité en lui, derrière toute caverne, une autre caverne plus profonde – un monde plus vaste, plus étranger, plus riche, par-delà une surface, un arrière-monde, un arrière-fond d'abîme derrière tous les fonds, derrière toutes les fondations. Toute philosophie est une philosophie de surface – c'est là un jugement de solitaire. Il y a de l'arbitraire dans le fait qu'il se soit arrêté ici ou là ; qu'il ait regardé en arrière et alentour, qu'il n'ait pas creusé plus profondément ici ou là, qu'il ait remisé sa bêche – il y a aussi de la méfiance là-dedans. Toute philosophie cache aussi une philosophie, toute opinion est aussi une cachette, toute parole est aussi un masque[1].

On tient là la quintessence de l'attitude dont va découler la démarche généalogique, faite de « méfiance », comme dit Nietzsche ou, si l'on préfère, de soupçon envers tout ce qui relève de la « surface », de l'apparence, des fausses évidences. On retrouvera cela chez Freud : derrière les symptômes, derrière les paroles, c'est toujours l'inconscient qui parle. C'est, de même, l'une des composantes de la pensée de Marx : derrière les idéologies se cachent des intérêts inavoués et inavouables que la critique sociale doit dégager et mettre au jour.

Mais Schopenhauer reste le premier philosophe du soupçon, le premier à décrire le monde sous les deux traits qui sont distingués dans le titre de son livre : la *représentation* d'un côté – c'est la

1. Friedrich Nietzsche, *Par-delà le bien et le mal*, § 289.

surface, le sommet de l'iceberg, le monde illusoire de la conscience – et, de l'autre côté, le *vouloir*, la *volonté*, le règne des forces aveugles et inconscientes, infiniment plus important, comme dans tout iceberg qui se respecte, que ce qui émerge – ce que Nietzsche appellera les « arrière-mondes », Dostoïevski les « souterrains », Freud l'« inconscient », Marx les « intérêts de classe ».

Le monde comme représentation

– *Maintenant que nous avons compris le principe qui fonde le point de vue qu'adopte Schopenhauer, voyons ce que signifient les concepts sur lesquels il appuie son analyse : qu'entend-il, pour commencer, par l'expression le « monde comme représentation » ?*

– Reprenons donc ces deux traits du monde selon Schopenhauer : pourquoi le monde est-il présenté sous ces deux modalités, d'un côté la représentation – et qu'est-ce exactement que la représentation ? –, de l'autre la volonté – qu'il faudrait en réalité traduire plutôt par « vouloir », parce qu'il ne s'agit pas essentiellement de la volonté au sens d'une force guidée par une intention consciente, mais de toutes les pulsions, de toutes les forces, y compris les plus aveugles, la force de gravitation universelle par exemple ou la force vitale qui est en jeu dans la croissance des plantes et des animaux.

Le monde de la représentation, c'est ce que Nietzsche, dans un de ses premiers textes, alors qu'il est encore sous l'influence directe de Schopenhauer, appellera l'« apollinien », le monde d'Apollon, le monde de la clarté, de la conscience, de la luminosité claire et distincte. Il possède trois caractéristiques : tout y est identifiable, bien délimité et déterminé (c'est le contraire de ce que les premiers philosophes grecs nommaient l'*apeiron*, l'indéterminé du chaos primitif d'où le monde, selon Hésiode, est sorti) ; tout y est rationnel, explicable par la science selon le principe de causalité ou principe de raison ; enfin, tout y est sensé, selon la double acception du terme (orienté dans une certaine direction et doté d'une signification ultime). C'est donc, si je puis dire, un monde très rassurant : les choses sont ce qu'elles sont, elles ne sont pas ouvertes sur un abîme, il n'y a pas de souterrains derrière. Elles sont en outre compréhensibles par notre raison et pleines de signification, de sorte que dans ce monde-là les humains se croient en mesure de se repérer, d'élucider progressivement les lois qui gouvernent l'univers et de donner un sens à leur vie. Cela posé, il nous faut aller encore un peu plus loin dans l'analyse de ces trois caractéristiques ; il importe de bien les comprendre car, comme nous allons le voir, le monde de la volonté est tout l'inverse de celui de la représentation.

D'abord les choses, au sein du monde perçu sous les espèces de la représentation claire et consciente, sont identifiables et bien identifiées. Selon le « principe d'individuation » – Schopenhauer est d'ailleurs l'auteur d'un essai consacré à ce *principium individuationis* –, les choses sont conformes au principe d'identité : elles sont ce qu'elles sont, elles ne sont pas en contradiction avec elles-mêmes, comme elles le deviennent lorsqu'on accepte par exemple l'hypothèse de l'inconscient, où le sujet devient un sujet brisé, coupé en deux, qui s'échappe à lui-même, comme dans la célèbre formule de Rimbaud selon laquelle « Je est un autre ». Non, dans ce monde de la représentation, « je est je », « moi = moi », « je est bien identique à lui-même ».

Ensuite le monde, dans la perspective de la représentation, est logiquement explicable, les effets y ont des causes, rien n'y advient sans raison : c'est le monde de la science, celui dans lequel les savants cherchent des explications rationnelles, et les trouvent d'ailleurs – mais paradoxalement, le problème est justement là, car il va en résulter l'illusion que tout finalement peut être expliqué, qu'il n'y a pas de mystère dans l'univers. Évitons toutefois ce qui serait un complet malentendu : Schopenhauer n'est pas « irrationaliste », il ne nie nullement la capacité de la science à donner des explications fiables, à parvenir à une certaine forme la vérité. Les savants découvrent bel et bien les causes de certains événements, simplement – nous allons y revenir –, ils ne dévoilent jamais les causes ultimes et dernières, de sorte que s'imaginer que la science peut rendre le monde intelligible est une pure illusion. Toutes les explications scientifiques se perdent à un moment ou à un autre dans les sables, aucune ne trouve jamais un fondement dernier : c'est cela que Schopenhauer veut dire quand il dit que le monde est absurde, insensé.

Enfin, le monde de la représentation est un monde dans lequel il y a du sens. Pour prendre notre propre exemple d'humains, nous éprouvons sans cesse dans la vie de tous les jours le sentiment que notre volonté est une volonté sensée, consciente, animée par des intentions claires et compréhensibles. Lorsque je me lève de mon bureau pour aller acheter des cigarettes au tabac du coin, je sais pourquoi j'enfile mon manteau, je prends mes clés, mon portefeuille : tout cela répond à une finalité limpide, à des intentions conscientes, tout cela a du sens.

Ainsi, le monde de la représentation est conforme au principe d'identité, au principe de causalité et au principe de finalité.

Le monde comme volonté

– *Qu'est-ce alors que le monde de la volonté et en quoi remet-il en question les certitudes du monde de la représentation ?*

– Si l'on creuse sous la surface ordonnée du monde de la représentation pour voir sur quoi il repose, en explorer les fondations, on découvre un champ de forces totalement aveugles, de pulsions inconscientes, d'instincts – ce que Nietzsche, là encore héritier de Schopenhauer, appellera la « volonté de puissance » ou, plus simplement, la « vie ». Bref, le monde de la conscience claire, de la représentation, en cache un autre, dont il n'est qu'un épiphénomène, mais qui est tout son contraire : le monde du vouloir, inconscient et dénué de sens. La force qui fait que les plantes poussent, celle qui fait que la pierre tombe, celle qui fait que je me lève de mon bureau pour aller acheter des cigarettes sont une seule et même force : le vouloir, la volonté. Cette réalité fondamentale est, selon Schopenhauer, univoque : c'est la même nature fondamentale qui se manifeste sous différentes formes. Mais il y a plus : ce monde du vouloir, sous-jacent à la représentation, est, en réalité, ce qui l'anime et la configure à son insu.

– *Mais pourquoi la conviction que le monde de la volonté détermine nos actes, nos désirs et jusqu'à nos représentations les plus rationnelles doit-elle nécessairement conduire à un pessimisme radical ?*

– Contrairement au monde de la représentation, qui n'a pas de forces propres et ne peut que s'appuyer sur celles du monde de la volonté, ce dernier en comprend une infinie variété, même si toutes dérivent d'une seule et même force originelle : la force vitale des animaux et des plantes, la force de gravitation, toutes les énergies naturelles en sont autant d'exemples. Mais surtout, le monde du vouloir se caractérise par sa puissance, tout à la fois absolue et inaccessible à la représentation. D'où ce jugement de Schopenhauer : « Tout ce qui s'opère par le médium de la représentation, c'est-à-dire de l'intellect, n'est qu'une plaisanterie par rapport à ce qui émane directement de la volonté. » Derrière tous les mouvements dans le monde, on trouve cette force incroyable du vouloir, cette puissance cachée, complètement insaisissable encore une fois par la représentation. Ce dernier trait conduit Schopenhauer à comparer (de façon assez discutable, mais peu importe ici) le monde du vouloir avec la « chose en soi » de Kant, elle aussi inconnaissable.

Quoi qu'il en soit, la puissance absolue du vouloir domine et submerge complètement le monde de la conscience claire, de sorte que la notion de libre arbitre, de choix libre et conscient n'a rigoureusement aucun sens. Dans ces conditions, il ne saurait y avoir de liberté humaine, entendue comme liberté de choix. C'est une pure illusion – en quoi Schopenhauer est ici, malgré ses dires, beaucoup plus proche de Spinoza et Leibniz que de Kant. La vérité, selon lui, c'est que derrière nos choix apparents, comme derrière notre conscience, c'est le vouloir qui œuvre à notre insu : « Il est clair que la volonté se présente toujours comme l'élément primaire et fondamental, que sa prédominance sur l'intellect est incontestable, que celui-ci est absolument secondaire, subordonné, conditionné. » Le monde clair de l'intellect, de la représentation, c'est-à-dire de la conscience, n'est donc pas simplement le sommet de l'iceberg, il est de surcroît, comme je le laissais entendre tout à l'heure, entièrement « subordonné, conditionné », déterminé par les forces sous-jacentes, irrépressibles et inconscientes du vouloir.

– *Si tout se joue dans les profondeurs radicalement inconnaissables du monde de la volonté, la démarche généalogique, consistant, comme chez Nietzsche, Marx ou Freud, à explorer les forces et les structures inconscientes qui nous déterminent paraît, par définition, impraticable. Comment Schopenhauer parvient-il à éviter que son diagnostic ne le condamne au silence et à une résignation impuissante ?*

– De fait, comme le souligne Clément Rosset[1], l'attitude du généalogiste, si vivace chez les philosophes de la déconstruction qui s'attacheront à expliquer le sommet par la base, la superstructure par l'infrastructure, la face visible de l'iceberg par ce qui se situe en dessous, sera très peu présente chez Schopenhauer. Il

1. Dans son excellent petit essai, *Schopenhauer, philosophe de l'absurde*, Presses universitaires de France, coll. « Quadrige », 1989.

ne s'intéresse guère à ce que nous appelons aujourd'hui les « sciences sociales », à l'analyse psychologique des névroses ou à l'explication sociologique des choix et des valeurs de telle ou telle classe sociale. Sa démonstration de l'absurdité du monde est purement philosophique.

Elle repose pour l'essentiel sur trois piliers qui expliquent son moment de pessimisme, c'est-à-dire tout le premier versant de sa philosophie. D'abord, toutes les explications scientifiques produites par l'intellect causal, explicatif, se perdent, comme je le disais, dans les sables, pour une raison de fond : la causalité est elle-même sans cause. De manière analogue, la supposée finalité que l'univers idéal de la représentation prétend voir à l'œuvre dans les actions humaines est en réalité sans fin : nous croyons que nos actions ont un sens, parce qu'au niveau de la représentation elles semblent en effet en avoir un, mais en vérité, celui-ci sens est toujours, in fine, enraciné dans un non-sens absolu. Mais il y a plus, et c'est ce dernier point qui va parachever ce moment de pessimisme : ce monde dénué de sens et de raison est également un monde d'ennui et de souffrance, dont le « divertissement » ne parvient jamais à nous distraire vraiment, moins encore à nous consoler – où l'on retrouve un thème à la fois épicurien et pascalien. Selon une argumentation que Schopenhauer prétend développer de manière parfaitement rigoureuse, quasi démonstrative, la vie humaine oscille en permanence entre la souffrance et l'ennui. Abordons ces trois concepts plus avant.

Le monde n'a pas de cause

– À quels arguments Schopenhauer recourt-il plus particulièrement pour convaincre ses lecteurs que les explications scientifiques ne peuvent que se perdre dans les sables et que le monde n'a pas de cause ?

– À l'appui de sa vision d'un monde déchiré entre représentation et vouloir, Schopenhauer développe une argumentation extrêmement puissante et paradoxalement très rationnelle, qu'il emprunte du reste largement à Kant (sur ce point, la filiation qu'il revendique avec l'auteur de la *Critique de la raison pure* est la plus juste). Bien qu'il paraisse en arriver à la conclusion que le monde est totalement irrationnel, il entend montrer qu'il est parfaitement rationnel qu'il en soit ainsi. S'agissant donc d'abord de la causalité, il affirme en effet qu'elle est elle-même sans cause (*grundlos* en allemand), c'est-à-dire « sans fondement », « sans fondation », comme le souligne ce passage du *Monde comme volonté et comme représentation* :

> La volonté, comme chose en soi, est, ainsi que nous l'avons dit, en dehors du principe de raison, sous toutes ses formes ; elle est, par conséquent, sans raison (*grundlos*)[1].

Clément Rosset fait remonter cette argumentation à Hume, c'est-à-dire à l'idée que la causalité serait une simple croyance. Comme je n'ai pu évoquer précédemment l'empirisme humien que de façon très

1. Arthur Schopenhauer, *Le Monde comme volonté et comme représentation*, trad. A. Burdeau, Félix Alcan, 1909, t. I, § 23, p. 117.

allusive, je rappellerai brièvement ici la façon dont Hume (1711-1776) critique la notion de causalité, qu'il réduit à l'idée selon laquelle nos explications scientifiques causales ne reposeraient que sur le bien fragile principe du raisonnement par induction. Par exemple, j'ai observé dix fois que l'eau bout à cent degrés, alors j'en déduis qu'elle en fera autant la onzième fois, je me mets donc à attendre qu'elle le fasse ; cette attente repose par conséquent sur une espèce de croyance qui ne vaut pas plus cher au fond que n'importe quelle croyance – par où Hume s'amuse en quelque sorte à faire de la science une espèce de religion, pour ne pas dire de superstition comme les autres. De là, aussi, son fameux scepticisme, qui peut bien, en effet, avoir séduit Schopenhauer.

Ce n'est cependant pas à Hume que Schopenhauer se réfère en l'occurrence, mais à l'argumentation développée par Kant dans la troisième antinomie de la *Critique de la raison pure*. Alors que Kant est un parfait rationaliste, grand admirateur de la méthode scientifique en général et de la physique de Newton en particulier, il n'en démontre pas moins dans ce célèbre passage de la première *Critique* que le principe de causalité est constamment miné par une contradiction dont il ne peut guère s'émanciper. Le savant cherche les causes des divers phénomènes qu'il observe : les causes du mouvement des planètes, des maladies, des tremblements de terre, etc. C'est l'essence même de son métier : chercher à expliquer les phénomènes, à « sauver » les phénomènes comme disaient déjà les Grecs, c'est-à-dire à en « rendre raison » (*rationem dare* en latin, *logon didonai* en grec) –, toutes ces formules anciennes décrivant déjà la science comme une volonté de chercher des causes. Mais cet effort de rationalisation incessant porte en lui la contradiction insoluble que j'annonçais et dans laquelle s'empêtre de lui-même, pour ainsi dire, le principe de causalité : la série des causes ne peut jamais s'achever, de sorte qu'aucune explication scientifique ne peut être vraiment complète. Pourquoi ? Précisément parce qu'on ne peut pas arrêter l'application du principe de causalité. Vous cherchez, par exemple, les causes de la guerre de 14, et vous les trouvez dans un état antérieur, quelque part dans le passé, mais l'Histoire est continue, et ce passé lui-même a été forgé par une autre série de causes... Le principe de causalité est donc, par définition même, une régression à l'infini qui nous fait constamment remonter de cause en cause. On cherche la cause de tel phénomène, puis la cause de la cause, puis à nouveau la cause de la cause de la cause, etc. C'est pourquoi Schopenhauer en conclut que l'explication se perd toujours dans les sables : on ne trouve jamais la cause première, le point de départ. Et si l'on voulait arrêter la série en prétendant trouver une cause première (Dieu par exemple), alors celle-ci serait elle-même sans cause, ce qui contredirait le principe de causalité. Du coup, même les explications les plus sublimes et les plus parfaites, les plus rationnelles, s'ouvrent sur le *grundlos*, le « sans-fond ».

En définitive, c'est le principe de causalité lui-même qui nous emmène vers le « sans-cause » : voilà l'absurde selon Schopenhauer. L'absurde ne vient pas du fait qu'on ne trouverait jamais de cause – ça, ce serait le scepticisme empiriste de Hume, lequel affirme en effet que la causalité n'est qu'une croyance. Non, Schopenhauer ne dit pas que la science est fausse, qu'elle n'est pas certaine. Au contraire, c'est justement parce que la science fonctionne très bien que le monde est absurde : plus on trouve des explications solides aux phénomènes particuliers, plus on s'aperçoit que cette merveilleuse rationalité scientifique qui s'installe au niveau du monde de la représentation repose sur un abîme, une série infinie de causes elles-mêmes sans cause. Le principe de raison s'enracine dans l'absence totale de raison, le principe de causalité débouche sur le sans-cause le plus total, dès lors toutes les explications scientifiques, y compris et même surtout les plus belles et les plus convaincantes, sont flottantes, elles sont comme un bouchon, certes très bien fait, mais qui serait ballotté sur un océan, l'océan du vouloir. Elles sont donc ouvertes sur l'infini de l'absurde : le vrai savant sait très bien qu'il n'atteindra jamais le savoir absolu, qu'il n'atteindra jamais l'explication de toutes les explications – *et c'est cela l'absurde par excellence, le tragique au cœur du monde.*

L'absurdité de l'existence humaine

– *Après avoir montré que le monde est sans raison, Schopenhauer va nous expliquer pourquoi l'existence humaine n'a pas de sens ! Elle aussi se perd dans les sables, de sorte que nos projets sont illusoires et dépourvus de tout but véritable...*

– C'est le deuxième trait du versant pessimiste de la pensée de Schopenhauer : les actions humaines sont dénuées de sens, même si nous avons le sentiment d'agir le plus souvent en fonction de motifs raisonnables, adaptés aux circonstances et délibérés. Au niveau de l'intellect conscient, de la représentation claire, tout paraît sensé. Pour reprendre cet exemple, je me lève de mon bureau pour aller chercher des cigarettes et toutes les actions que j'accomplis en relation avec cette intention (prendre mes clés, mon portefeuille, mon manteau, etc.) s'enchaînent de façon cohérente par rapport au but visé. Tout semble ici guidé par la liberté de choix et par des intentions claires. Nous vivons toute la journée dans cet univers en apparence plein de sens, qui est celui de la représentation. Parfois, il y a bien quelques petites brisures, mais ce ne sont que des incidents de parcours : les lapsus, les actes manqués, une perte de mémoire font surgir, pour un instant, une part d'insensé qui nous échappe dans le courant bien réglé de notre vie quotidienne ; les rêves sont, évidemment, une autre brèche par où l'inconscient s'impose à nous, mais nous n'avons pas de mal à les séparer du flot de nos activités conscientes. Hormis dans certaines formes de maladies mentales, tout ou presque dans l'univers de la représentation fait donc sens, puisque nos actes répondent à des finalités conscientes par les moyens qui nous paraissent les plus appropriés pour les atteindre.

Mais quand nous en venons à nous demander quel est le but ultime de ces projets particuliers, notre univers de sens commence à vaciller. De fait, si nous pouvons aisément justifier la plupart de nos choix, expliquer, le cas échéant, comment l'un entraîne l'autre, nous sommes bien embarrassés dès qu'on répète la question « pourquoi ? », car chaque réponse entraîne aussitôt un nouveau « pourquoi ? » comme on le voit avec les enfants qui enchaînent indéfiniment les « pourquoi du pourquoi ». Au bout du compte, la question de la fin est... sans fin, si je puis dire, et sans réponse plausible. En général, les parents, irrités, finissent par asséner un « Parce que c'est comme ça, et maintenant tu te tais ! » ; or, s'ils s'énervent, c'est justement parce qu'ils sentent confusément que le dialogue autrement serait interminable, qu'il n'y a aucun but ultime, bref que sa finalité, en dernière instance, est sans fin. À s'y arrêter, on sortirait de la sphère du raisonnable, de la vie quotidienne « normale ». Et, de fait, la question du pourquoi du pourquoi nous fait entrer dans ce que Schopenhauer appelle l'« étonnement philosophique », qu'il oppose à l'étonnement scientifique :

> Ainsi, l'homme a toujours un but et des motifs qui règlent ses actions : il peut toujours rendre compte de sa conduite dans chaque cas. Mais demandez-lui pourquoi il veut, ou pourquoi il veut être, d'une manière générale : il ne saura que répondre ; la question lui semblera même absurde[1].

C'est ce sentiment d'absurdité qui provoque l'impatience des adultes face aux questions inépuisables de l'enfant. Mais c'est bien sûr l'enfant, ici, qui a raison, qui est dans l'étonnement philosophique auquel nous préférons, le plus souvent, ne pas prêter attention pour rester centrés sur le monde de la représentation où nos actes ont une signification claire. Bref, dans l'univers de la représentation, tout semble avoir du sens, mais en réalité c'est seulement parce que nous ne nous posons jamais la question du *sens du sens*. Si d'aventure nous la posons, il apparaît immédiatement que, comme celle des causes, elle se perd dans les

1. *Ibid.*, t. I, § 29, p. 168-169.

sables et n'a pas de réponse. À nouveau, on plonge dans l'absurde.

Autrement dit, l'existence n'a pas de sens. Il me semble que Schopenhauer a raison sur ce point : d'un point de vue laïque, s'il y a des sens *dans* l'existence – non seulement ceux de nos actions particulières, mais aussi celui que nous pouvons chercher à donner à nos vies en fonction de ce qui nous y paraît le plus précieux –, en revanche il n'y a pas de sens *de* l'existence – car cela supposerait une réalité extérieure à elle qui puisse lui conférer ce sens. Il en va différemment, bien entendu, quand on se place dans une perspective religieuse, chrétienne notamment, point de vue que toute la philosophie de Schopenhauer s'attachera à disqualifier. Car s'il est un admirateur du bouddhisme, Schopenhauer est par contre un virulent critique de la pensée judéo-chrétienne.

Voués à la souffrance et à l'ennui

– *En quoi le fait que le monde soit sans raison et sans finalité doit-il nous conduire, comme l'affirme Schopenhauer, à la conclusion qu'il ne peut que nous vouer à la souffrance et à l'ennui ?*

– Dès lors que le monde est sans raison et sans finalité, il ne nous reste, pour motiver nos actes et avoir l'impression qu'ils donnent un peu de sens à nos vies, qu'à nous efforcer de satisfaire nos désirs. Mais la logique du désir – Schopenhauer reprend là, très largement, les idées d'Épicure et de Lucrèce, ainsi que la critique pascalienne du divertissement –, est une logique du manque, de l'insatisfaction permanente :

une fois assouvi, le désir disparaît, le plaisir cesse, pour laisser place à un autre désir, encore insatisfait ; autrement dit, le désir, tant que nous l'éprouvons, est toujours marqué par l'inassouvissement, l'insatisfaction et, quand il se réalise, il s'éteint en même temps que le plaisir qu'il nous laissait espérer. C'est Don Juan qui, constamment, court après les filles, les « consomme » pour les abandonner aussitôt. Hegel décrit cette « dialectique » où la satisfaction se transforme toujours en insatisfaction : Don Juan se croit libre et souverain mais dépend en réalité des « objets » de son désir ; lui qui se voit en tyran impérial est en fait tyrannisé, comme un drogué, par la tension du manque qui se reconstitue sans cesse en lui. Une fois plongés dans cette dynamique de consommation, nous n'aimons plus ce que nous avons et nous aspirons sans cesse à posséder ce que nous n'avons pas. De surcroît, l'énergie, l'habileté et les ruses que nous déployons pour réaliser nos désirs nous mettent en compétition permanente avec les autres, ce qui, bien sûr, accroît les risques d'échec, d'humiliation, de spoliation mais, plus encore, engendre des famines, des crimes, des guerres. Si l'on y ajoute les douleurs de la maladie, le chagrin de perdre des êtres chers (l'« art d'être heureux », selon Schopenhauer, sera essentiellement centré sur les moyens de vaincre la peur de la mort), on comprend comment l'auteur du *Monde comme volonté et comme représentation* en arrive à l'idée que la vie est, pour l'essentiel, souffrance.

Mais quand la souffrance lui laisse un répit, elle est en proie à l'ennui. La logique du désir en est en partie la cause, car l'addiction dans laquelle elle nous enchaîne nous plonge toujours davantage dans le regret du passé ou dans les espoirs que nous mettons dans le futur, donc dans les illusions frustrantes d'un temps jadis qui n'existe plus et d'un avenir qui n'existe pas encore, au détriment du présent qui seul pourrait nous apporter une expérience effective de l'amour de ce qui est là, si toutefois nous nous réconciliions avec lui. Je n'insiste pas sur ce thème que j'ai déjà abordé à propos de la philosophie antique.

Je voudrais en revanche mettre l'accent sur l'autre grande source de l'ennui inhérent à l'absurdité du monde : la structure indéterminée du désir, liée au fait que la quête indéfinie du plaisir se transforme en non-sens, nous amène à nous rabattre sur la recherche incessante de ce qui pourrait caractériser l'utilité de ce que nous faisons, voire lui donner une cohérence susceptible d'y dessiner un projet légitime, sinon de lui conférer une signification convaincante. C'est un thème très profond, qu'Heidegger (étonnamment proche, sur ce point, des conceptions de Schopenhauer) reprendra, notamment dans *Qu'est-ce que la métaphysique ?*. Traduisons l'idée en termes plus simples : si le monde n'est vu que sous ses aspects utilitaires, comme un vaste réservoir d'objets destinés seulement à satisfaire l'appétit des hommes, alors ce ne peut être qu'un monde de l'ennui, un monde de la pure consommation où l'on glisse constamment d'une chose à l'autre sans jamais trouver un sens ultime, un sens du sens. La souffrance et l'ennui mettent ainsi le comble à l'absurdité de la vie humaine : si seulement la vie avait un sens, on accepterait peut-être de se résigner à la souffrance ; si elle était belle et passionnante, sans doute s'accommoderait-on du fait qu'elle n'a pas de sens. Mais à partir du moment où elle cumule le non-sens et la souffrance, on a tous les motifs de se demander si elle vaut d'être vécue.

L'art d'être heureux selon Schopenhauer

– Ces trois arguments en faveur de l'absurdité du monde et de la vie montre bien ce qui a conduit Schopenhauer à un pessimisme philosophique radical. Si radical d'ailleurs qu'à ce stade, on peut se demander comment il va pouvoir sortir de cette vision désespérante pour aller vers ce qu'il appelle l'« art d'être heureux ».

– Comment, en effet, « apprendre à vivre », selon l'expression de Schopenhauer lui-même, si l'on part d'une philosophie qui dévalorise à ce point la vie ? La stratégie consistera à trouver les meilleurs moyens d'échapper à ce tyran qu'est le vouloir : puisque le monde apparemment clair de la représentation est en permanence disqualifié par la réalité du vouloir où l'absurdité de l'existence est évidente, alors il faut découvrir les voies qui nous permettront de nous soustraire à l'emprise du dit vouloir et du non-sens dont il est porteur. Schopenhauer propose trois manières de s'en détacher : *l'art comme consolation, la morale comme exercice de piété, la spiritualité comme voie d'accès à la sérénité.*

L'art, en effet, nous permet d'échapper à la vie des pulsions, à la tyrannie du vouloir aveugle, irrationnel et dépourvu de sens, c'est en quoi il nous apporte une consolation (nous verrons que Nietzsche lui prête une fonction rigoureusement inverse dans la mesure où, loin d'y voir un remède contre les forces inconscientes de la vie, il en attend l'intensification la plus vive).

Schopenhauer développe d'autre part une morale de la pitié, assez proche de celle de Rousseau, propre selon lui à nous « sauver » du monde de la volonté – en quoi elle représente, littéralement, une voie vers le salut : pitié pour les animaux, les arbres, les plantes (Schopenhauer léguera d'ailleurs toute sa fortune à son caniche, Atma), bref, compassion pour toutes ces formes de vie dénuées de sens et vouées à la souffrance. À certains égards, ce volet de la pensée schopenhauérienne apparaît comme l'un des moments fondateurs de la philosophie de l'écologie.

Enfin, une spiritualité ouvrant à la sérénité, au nirvana pourra seule nous mettre sur le chemin d'une victoire sur les peurs. Schopenhauer emprunte largement ici au bouddhisme. Vaincre les peurs et, par-dessus tout, la peur des peurs si je puis dire, la peur fondamentale qui irrigue directement ou indirectement toutes les autres : la peur de la mort. Au final, c'est toujours cela qui nous rend le plus malheureux : la tyrannie de la peur, née du sentiment de l'absurdité du monde.

Voilà pourquoi Schopenhauer affirme que *toute* sa philosophie est une philosophie de la mort, en quoi là encore il retrouve un thème central chez Épictète, le stoïcien, et chez Lucrèce, l'épicurien : toutes nos pensées, dit explicitement Lucrèce, doivent tendre à vaincre la peur de l'Achéron, le fleuve des Enfers, symbole de la mort. Schopenhauer écrit même que sans la peur de la mort, il n'y aurait jamais eu de philosophie ni de religion ; l'une et l'autre partagent selon lui un même projet, celui de vaincre l'angoisse métaphysique par excellence, mais la seconde espère y parvenir par Dieu et par la foi, quand la première ne veut s'appuyer que sur l'homme et la lucidité de sa raison (ce que j'ai appelé, au début de nos entretiens, une « spiritualité laïque », une « doctrine du salut sans Dieu »). Peu de philosophes modernes ont donné une définition aussi claire de la philosophie comme doctrine du salut sans Dieu, même si Schopenhauer le dit en d'autres termes. Ainsi, par exemple, dans ce passage du *Monde comme volonté et comme représentation :*

> La mort est proprement le génie inspirateur ou le « musagète » de la philosophie, et Socrate a pu définir aussi la philosophie comme une « préparation à la mort ». Sans la mort, il serait même difficile de philosopher [...] Cette même réflexion, source de l'idée de la mort, nous élève à des opinions métaphysiques, à des vues consolantes, dont le besoin comme la possibilité sont également inconnus à l'animal. C'est vers ce but que se sont dirigés tous les systèmes religieux et philosophiques. Ils sont ainsi d'abord le contrepoison que la raison, par la seule force de ses méditations, fournit contre la certitude de la mort[1].

C'est donc la souffrance et, au premier chef, la souffrance liée à l'absurdité de la mort qui nous pousse vers la philosophie comme élaboration de vues consolatrices, clé et couronnement des consolations que nous apportent l'art et la morale.

– Nous comprenons le rôle de consolation que nous apportent l'art, la morale de la pitié, et la philosophie. Mais quelles sont les idées directrices qui président à la méditation spirituelle que nous propose Schopenhauer pour accéder à la sérénité ?

– Elles sont liés à une analyse critique de la notion d'individu. Le sage est d'abord et avant tout celui qui comprend dans toutes ses conséquences

1. *Ibid.*, t. III, ch. XLI, p. 273.

ce qu'implique le constat que seul l'individu meurt mais non l'espèce. Si l'on replace cette idée dans les catégories fondamentales de la philosophie schopenhauérienne, cela signifie que la mort n'habite que le monde de la représentation, pas celui du vouloir : la notion d'individu, en effet, est une pure illusion de la conscience, qui appartient de part en part au monde de la représentation mais aucunement à celui du vouloir, lequel ignore complètement, en tant que tissu de forces aveugles, l'idée même d'individualité. Or c'est bien évidemment l'individu (cette illusion) qui meurt, pas le vouloir, pas la vie en général, pas l'espèce. Comme rien ne se crée ni ne se perd dans le monde du vouloir, le sage sait donc que s'il meurt en tant qu'individu (sur le plan illusoire de la représentation, de la conscience), il ne mourra pas au niveau du vouloir, il subsistera par les éléments qui le composent et par la force de la nature à laquelle il participe. Comme l'écrit Schopenhauer, « l'espèce, voilà ce qui vit toujours, et, dans la conscience de l'immutabilité de l'espèce et de leur identité avec elle, les individus existent, confiants et joyeux ».

Ainsi voit-on se cristalliser ce qui va apparaître comme le principe du bonheur : je suis « confiant et joyeux » quand j'ai compris que je ne meurs pas ou, pour mieux dire, que je ne meurs que comme individu, ce qui est sans importance puisque l'individualité est une illusion ; au sein de l'être réel, du vouloir, je suis éternel, comme chez Spinoza, dans cette sphère du réel j'appartiens à la communauté des êtres, celle que les humains forment avec les animaux et les plantes – d'où la morale de la pitié et l'« écologisme » de Schopenhauer. Dans ces conditions, on ne sera pas étonné qu'aux yeux de celui-ci, la perspective chrétienne sur la mort apparaisse comme particulièrement stupide et absurde, puisque le christianisme nous promet que l'individu va survivre en tant que personne. Schopenhauer s'oppose ici non seulement au judéo-christianisme, mais aussi à toute forme de pensée personnaliste, au cartésianisme comme à la philosophie des Lumières – en laquelle il ne voit, à juste titre, qu'une sécularisation de l'idée chrétienne. En contrepoint, on trouve chez lui une véritable célébration du bouddhisme, seule grande vision du monde (avec, peut-être, le stoïcisme) qui soit réellement capable de penser la communauté des êtres au niveau du vouloir : nous appartenons tous à un ordre cosmique et nous sommes tous en lien les uns avec les autres dans l'éternité du cosmos.

Vive la mort ?

– Si la mort nous libère des illusions qui nous plongent dans la souffrance et dans l'ennui, elle apparaît alors comme une libération. Je comprends pourquoi Schopenhauer trouve là une source de joie, vu les thèses qu'il défend, mais je dois avouer qu'en ce qui me concerne ses conclusions me font, c'est le cas de le dire, froid dans le dos ! La mort m'apparaît déjà comme une tragédie, mais voir un penseur de l'envergure de Schopenhauer s'en réjouir y ajoute l'angoisse d'assister à une sorte de reddition de la réflexion face à l'horreur. C'est peut-être le moment d'expliquer ce qui retient Schopenhauer de faire l'apologie du suicide.

– Il est vrai que, dans sa méditation sur la mort, ce pessimiste radical en vient à donner dans un optimisme presque délirant : non seulement la mort n'est plus à craindre, mais elle est même une grande chance parce qu'elle va nous permettre de nous libérer de l'illusion suprême, celle de l'individualité, qui nous persuade, à tort, que nous sommes des consciences claires et personnelles. La vraie sagesse réside donc dans la mort. C'est en ce sens que Schopenhauer ne cesse de dire : « J'aspire à la mort ». Il ne s'agit cependant pas d'une incitation au suicide, parce que ce dernier serait encore un piège de la conscience : décider consciemment de se suicider, ce serait prendre le suicide pour un but ; or le suicide est, lui aussi, une illusion qui participe du monde de la représentation. Schopenhauer exclut donc très clairement cette solution, mais en revanche, il aspire à la mort en tant que réconciliation avec le monde, avec ce vouloir que, pourtant, il entend fuir par l'art dans la vie de tous les jours.

– Malgré tout, l'idée que la mort soit le sens de la vie n'est pas seulement un paradoxe mais, si j'ose dire, un sacré problème ! On retrouve ici la double contradiction que nous avons déjà relevée chez d'autres philosophes défendant l'idée qu'une nécessité inconsciente déterminait toutes nos décisions : non seulement on peut se demander comment Schopenhauer peut croire avoir découvert la nature de forces sous-jacentes dont il affirme qu'elles échappent nécessairement à notre conscience (même s'il argue de sa lucidité hors norme), mais surtout on comprend mal qu'il puisse nous adjurer de nous détacher du monde de la représentation et de l'individualité, alors qu'il soutient que tout ce qui advient dans l'univers, y compris nos illusions, dérive inexorablement du jeu de forces qu'induit le vouloir.

– La philosophie de Schopenhauer soulève, il est vrai, un certain nombre de difficultés, dont deux au moins méritent qu'on s'y arrête un instant.

La première renvoie en effet à un problème que rencontrent toutes les philosophies qui nient radicalement le libre-arbitre : bien qu'elles déconsidèrent complètement l'idée de liberté – entendue comme la faculté de choisir entre des possibles, entre des destinées différentes – qu'elles décrivent comme une illusion de la conscience, elles ne peuvent s'empêcher de la réintroduire subrepticement – de manière parfaitement illégitime au regard du déterminisme absolu qu'elles ont posé en principe – pour donner quand même un minimum de sens au discours qu'elles tiennent dans le dessein de convaincre les lecteurs d'abandonner leurs illusions et de se rallier à la quête de la sagesse qu'elles préconisent. Comme par miracle, à ce niveau, les humains retrouvent une certaine marge de manœuvre, une liberté de choix, dont Schopenhauer a pourtant nié absolument la possibilité, qui devrait leur permettre de choisir entre rester de stupides chrétiens attachés à leur *ego* ou devenir de sages schopenhauériens acceptant la mort avec joie et prêts à se fondre dans l'océan du vouloir !

Une deuxième difficulté me semble liée à cette étrange conviction selon laquelle l'existence oscillerait nécessairement entre ces deux pôles que sont la souffrance et l'ennui. Certes, la critique du divertissement et de la logique sans fin du désir possède sa part de vérité et donne lieu à une belle philosophie de l'ennui, mais rien ne dit qu'elle épuise toutes les possibilités de notre rapport au monde. Il existe notamment une tout autre tradition de pensée – que Pierre Hadot, l'un de nos plus grands historiens de la philosophie antique, a décrite dans son beau livre sur Goethe, *N'oublie pas de vivre* – qui voit au contraire une joie dans le simple fait de vivre (à l'instar de Rousseau ou justement de Goethe). Ce sentiment échappe à la critique de Schopenhauer : c'est une joie prise à l'existence non parce qu'elle aurait un sens, mais parce que le simple fait d'exister est un bonheur, indépendamment de tout projet, de tout désir de consommer, de toute activité particulière, quelle qu'elle soit. Être au monde est un bonheur, voilà tout ! Au fond, rien ne prouve vraiment que le monde soit un océan de souffrance et d'ennui ; la conviction qu'il en serait ainsi est davantage l'expression d'un sentiment personnel de Schopenhauer que la conclusion incontestable d'une démonstration philosophique. En tout cas, ce n'est pas du tout le sentiment qui habite l'autre tradition philosophique que j'évoquais, celle de Rousseau, de Goethe, ainsi que celle de Nietzsche et de ce qu'il appelle l'« innocence du devenir » : celui qui est capable de se réconcilier avec le monde, de l'habiter au présent découvre que l'existence est une joie plutôt qu'une souffrance même si, bien évidemment, le malheur existe – ce que chacun sait, sans avoir besoin qu'un grand philosophe le lui fasse remarquer.

CHAPITRE 16

Nietzsche : rendre sa vie la plus intense possible

Le non-sens du monde est sa chance

– Pour Schopenhauer, la vie est dénuée de sens, et donc condamnée à la souffrance ou à l'ennui... C'est précisément cette conséquence que Nietzsche (1844-1900) va contester de façon radicale, au point de renverser complètement la perspective schopenhauerienne dans laquelle, pourtant, ses premiers écrits s'inscrivaient encore : le non-sens, loin de condamner la vie à l'inanité, la libère définitivement, pourvu qu'on l'assume jusqu'au bout, de toute raison de se plier à des idéaux extérieurs à elle et donc la délivre de tout autre souci que de chercher sa plus grande intensité dans l'immanence des forces actives qui l'animent. Autrement dit, le non-sens de l'existence n'est pas un malheur mais une chance, puisqu'en ramenant les critères rationnels ou moraux à de simples illusions, il abolit sans appel ce qui pourrait empêcher la vie d'être à elle-même, et à elle seule, sa propre loi et son unique horizon. L'absurdité du monde, c'est la garantie que nous allons enfin pouvoir « vivre pour vivre » !

Ce simple, mais génial, renversement de point de vue suffit à révéler, dans le non-sens où la vie semblait perdre tout intérêt, la clé de sa réconciliation avec elle-même. Il va conduire Nietzsche à développer une généalogie extraordinairement variée et profonde des dimensions les plus diverses de l'existence humaine, car toutes, selon l'usage qu'on en fait, peuvent participer à son intensification ou, au contraire, à son affaiblissement. À cet égard aussi, il prend le contrepied de Schopenhauer que son mépris de la vie n'incitait guère à s'appesantir sur les multiples particularités de ses manifestations.

– Oui, vos remarques donnent une première idée du renversement de perspective qu'opère Nietzsche par rapport au point de vue de Schopenhauer sur l'absurdité du monde. Mais je crois qu'il faut les replacer dans un cadre plus large. L'œuvre de Nietzsche a donné lieu à trois grands types d'interprétation qu'il est utile d'avoir en tête avant d'entrer, comme nous allons le faire, dans le cœur de sa pensée.

On peut d'abord voir en Nietzsche, nous l'avons dit dans notre préambule, un héritier des Lumières, un philosophe qui poursuit et radicalise la critique de la religion et de la métaphysique inaugurée par Voltaire et les encyclopédistes au XVIIIe siècle, auxquels il reproche de s'être arrêtés en chemin et de n'avoir pas vu qu'ils conservaient encore des illusions métaphysiques (rationalisme scientiste, morale reprise du christianisme sous une forme sécularisée, idée de progrès, démocratie, etc.), dont l'effet ne pouvait être que de prolonger l'« asservissement » de l'humanité.

Une deuxième interprétation, que l'on trouve dans les ouvrages de Gilles Deleuze ou d'Henri Birault par exemple, fait au contraire de Nietzsche un critique radical, et non un continuateur, de l'humanisme des Lumières, qu'il inclut dans sa déconstruction au vitriol de la modernité. Cette lecture, dont se réclame également Michel Foucault, tient Nietzsche pour le premier et principal philosophe non seulement de la « mort de Dieu », mais bel et bien de la « mort de l'homme », un penseur résolument *antihumaniste*, au sens où les Lumières sacralisaient encore, de manière quasi religieuse et « idolâtre », les Droits de l'homme et l'idée de progrès.

Enfin, une troisième interprétation, celle de Heidegger, qui me paraît de loin la plus profonde même si les autres ont leur part de vérité, reconnaît en Nietzsche le penseur de la technique par excellence, dans la mesure où la conception nietzschéenne de la « volonté de puissance » trouve une parfaite incarnation dans le « monde de la technique », de part en part soumis à la « raison instrumentale » et exclusivement préoccupé de multiplier les moyens comme d'augmenter les forces productives sans se soucier des finalités ultimes. C'est un monde dans lequel la volonté ne veut plus rien de précis (pas même le bonheur, la liberté, le progrès ou les Droits de l'homme) sinon son propre accroissement : de fait, la volonté frénétique du capitalisme moderne, à l'instar de la volonté de puissance nietzschéenne, ne veut rien d'autre qu'elle-même, son auto-intensification ; elle ne vise que la force pour la force, la maîtrise pour la maîtrise, et n'est plus, selon le mot de Nietzsche que Heidegger reprend à son compte, que « volonté de volonté » (nous reviendrons sur cette dernière analyse).

La critique du nihilisme

– Nietzsche nous a déjà servi de guide pour la présentation des philosophies de la déconstruction dans notre préambule, où quelques-uns des thèmes centraux

de son œuvre ont déjà été expliqués. Faisons-en une brève synthèse, qui nous servira de base pour aller plus avant.

– Au cœur de la pensée de Nietzsche, il faut d'abord placer la critique de ce qu'il nomme le « nihilisme », en un sens tout différent, nous l'avons vu, de l'acception courante : le mot ne désigne pas pour lui, comme dans la langue commune aujourd'hui, l'attitude désabusée ou cynique de ceux qui ne croient à rien, mais au contraire la position de ceux qui adhèrent à des idéaux, à des valeurs supérieures à la vie. Non seulement le nihilisme, dans le vocabulaire de Nietzsche, n'a rien à voir avec un quelconque désenchantement du monde, mais il en est même l'exact inverse : il consiste à opposer toujours l'idéal au réel, le ciel à la terre, l'au-delà à l'ici-bas, le droit naturel (qui serait un droit idéal) au droit positif (qui est le droit réel), le paradis à venir à la réalité actuelle.

La matrice philosophique du nihilisme, c'est le dualisme platonicien, lequel distingue d'un côté le monde intelligible (le monde des Idées) et de l'autre le monde sensible (le monde de la caverne, censé être illusoire et trompeur). Le christianisme, ce « platonisme pour le peuple » selon une célèbre formule de Nietzsche, ne fait à ses yeux que vulgariser le dualisme platonicien en opposant le paradis futur à la réalité actuelle. Il constitue à cet égard la version populaire la plus achevée du platonisme. Le monde intelligible, c'est à la fois un monde de transparence, de clarté, de non-contradiction et d'intelligence, mais aussi un monde où tout est stable, éternel. C'est au fond tout à fait le monde de la représentation tel que Schopenhauer le décrit.

Nietzsche est donc en tout point opposé au monde sensible qui est, pour lui, le monde de l'erreur, immoral et impur, celui du corps, de la sexualité, des illusions de tous ordres, mais aussi de la mort et de la finitude. Cette opposition vaut pour *tous* les idéaux, quels qu'ils soient, métaphysiques, religieux ou politiques : Dieu, le progrès, la démocratie, la révolution, le socialisme, les Droits de l'homme, la science, la nation, la république, etc. Ceux-ci ont en commun le défaut de déprécier la vie présente, le réel, au nom de causes supposées plus vraies, plus nobles, plus belles, plus désirables, auxquelles notre volonté et notre existence doivent être soumises. C'est, rappelons-le, ce que Nietzsche appelle des « idoles ». En ce sens, le paradis des chrétiens au même titre que le communisme de Marx sont des idoles.

Pourquoi désigner par ce terme de « nihilisme » toutes les pensées de l'idéal opposé au réel – c'est-à-dire, convenons-en, toutes les religions et presque toutes les philosophies (Spinoza est la grande exception, en quoi Nietzsche le considère comme un « frère ») depuis que le monde est monde ? Parce que, selon la thèse fondamentale de Nietzsche (ce que Bergson appelle l'« intuition fondamentale » d'un philosophe), les humains n'ont inventé les idéaux, tous les idéaux de quelque nature qu'ils soient, les idoles donc, que pour mieux *nier* et dévaloriser le réel, que pour mieux affirmer qu'il ne vaut *rien* (en latin *nihil*, racine du mot « nihilisme ») : on invente le paradis pour affirmer que la vie sur terre est négligeable, on promet l'avènement d'une société sans classe qui justifie que nous haïssions la nôtre, on prône les Droits de l'homme pour dénigrer toutes les pulsions qui, chez les autres comme en nous, débordent de toute part l'idée réductrice de l'humanité sur laquelle ils se fondent ; autrement dit, chaque fois on invente un idéal afin de donner un sens à notre action, à nos vies, comme si elles ne pouvaient rien valoir en elles-mêmes.

– Ces idéaux que nous inventons sont doublement illusoires : d'une part, ils impliquent que la vie ait un sens, ce que Nietzsche, comme Schopenhauer, conteste radicalement ; d'autre part, ils sont extérieurs à la vie, ce qui veut dire qu'ils prétendent lui imposer d'être ce qu'elle n'est pas et ignorent ce qu'elle est. C'est pourquoi Nietzsche tient tous les idéaux pour des négations de la vie et leur livre une guerre sans merci.

– On ne saurait mieux dire. « Pour agir, écrit Nietzsche, il faut que les yeux se voilent d'un bandeau d'illusion » : tel est, pour lui, la finalité de ces boursouflures métaphysiques, morales, religieuses ou politiques qu'on appelle les « valeurs », les idéaux de toute nature.

Casser les idoles

– Nous avons vu aussi que Nietzsche voulait donc « casser les idoles au marteau ». On comprend mieux maintenant en quoi ce choix est en cohérence avec ses autres thèses : pour en finir avec les idéaux, il ne suffit pas de leur opposer les arguments de la raison (autre illusion), il faut encore, et surtout, dévoiler leurs motivations cachées au plus profond, lesquelles tiennent à la volonté de nier la vie ; il faut donc refuser de se placer sur le terrain de discussion que proposent les idéalistes, et chercher plutôt, sous sa

surface, la haine de la vie qui les anime, la guerre qu'ils lui livrent et contre laquelle la seule réponse à la hauteur est de leur faire la guerre à notre tour. C'est cela, je crois, que Nietzsche appelle « philosopher au marteau ».

– Si son combat contre les idéaux s'inscrit bien dans cette ligne, il faut préciser qu'il n'entend pas défendre pour autant – en tout cas, ce n'est pas son intention – un quelconque cynisme. Son souci est au contraire de revaloriser une certaine conception de l'idéal grec. On objectera sans doute que cela paraît contradictoire, puisque ce sont *tous* les idéaux en tant que tels qui sont nihilistes et que le nihilisme est l'attitude la pire qui soit. Sauf que l'idéal grec, justement, du moins au sens où Nietzsche l'entend, n'est pas un idéal comme les autres, indiquant un monde meilleur qu'il faudrait mériter ou pour lequel il faudrait se battre, militer. Non, c'est un idéal de *réconciliation avec ce qui est*, non pas un désir d'au-delà mais une volonté d'ici-bas, ce que Nietzsche désignera sous le nom d'*amor fati* : l'« amour du destin », de ce qui est là, de la réalité telle qu'elle va, ici et maintenant.

Pourquoi Nietzsche déteste-t-il autant l'invention des idoles, des idéaux, bref, ce qu'il nomme le « nihilisme » ? Parce que ce sont précisément ces valeurs supérieures qui fondent tous les militantismes destinés à faire vivre en nous l'illusion que l'existence aurait un sens. Quel inconvénient ? dira-t-on. Il est considérable aux yeux de Nietzsche : les valeurs supérieures nous empêchent toujours de nous réconcilier avec le réel, d'habiter le présent, comme le voulaient à juste titre les sagesses grecques, d'accéder à cet *amor fati* qui désigne sous sa plume non pas l'amour résigné de son sort, mais l'amour de ce qui est là, l'amour du réel, l'amour de la terre opposée au ciel des religions. L'*amor fati*, qui est le fin mot, le dernier et ultime moment de la sagesse de Nietzsche, c'est, comme Ulysse rentrant à Ithaque, le moment de la réconciliation avec le monde, avec le présent, l'instant enfin semblable à l'éternité parce qu'il n'est plus relativisé et déprécié par la dimension du futur qu'implique toujours l'idéal à réaliser, pas davantage par celle de la nostalgie, des remords et des regrets qui hantent le passé.

Comme les stoïciens ou les épicuriens, Nietzsche considère qu'il existe deux maux qui interdisent d'accéder à la sagesse et enlaidissent la vie humaine : le passé et le futur. À rester rivés au passé, nous versons dans les « passions tristes », pour parler comme Spinoza, nous sombrons dans la nostalgie, la culpabilité, les regrets et les remords. Ou bien nous sommes dans le futur, dans l'espérance, dans l'idéal à venir, mais cet idéal nous fait justement manquer le réel, nous empêche d'habiter le présent. Si Nietzsche entend casser les idoles (nos idéaux), ce n'est pas seulement pour déconstruire, casser pour casser, mais c'est pour préparer une autre sagesse – une sagesse de la réconciliation, une « sagesse qui dit "oui" au monde », qui se réconcilie avec lui et permet de vivre enfin au présent. Je ne dis pas que je partage la pensée de Nietzsche – j'ai déjà indiqué pourquoi, au contraire, je ne pouvais m'empêcher de lui adresser plusieurs critiques de fond –, mais il faut d'abord bien la comprendre, en percevoir toute la grandeur, avant de s'aventurer plus loin.

Dans un passage de *Ainsi parlait Zarathoustra* (1885), Nietzsche rappelle qu'autrefois, blasphémer, c'était porter des accusations contre Dieu, contre la religion, contre les idoles sacrées des croyants. Désormais, selon la nouvelle sagesse qu'il veut instaurer, blasphémer consistera à porter des accusations non pas contre le ciel, mais contre la terre :

> Je vous en conjure, ô mes frères, demeurez fidèles à la Terre et ne croyez pas ceux qui parlent d'espérance supraterrestre. Sciemment ou non, ce sont des empoisonneurs, des contempteurs de la vie, des moribonds, des intoxiqués dont la Terre est lasse. Qu'ils périssent donc[1] !

Vous le voyez, le vrai blasphémateur ce n'est plus celui qui médit de Dieu (cette attitude convient très bien à Nietzsche, auteur d'un livre intitulé *L'Antéchrist*), mais celui qui médit de la terre, car la véritable divinité, c'est elle (entendez : la réconciliation avec le réel, la sagesse de l'*amor fati*). *Zarathoustra* est rédigé comme une sorte de parodie des Évangiles – Nietzsche reprenant sans cesse les formules du Christ, mais pour faire l'éloge d'un tout autre sacré que celui de la religion chrétienne. Blasphémer contre Dieu était jadis le pire des blasphèmes, mais « Dieu est mort », et avec lui tous ses blasphémateurs. Désormais, le crime le plus affreux consistera à accorder, comme il l'écrit explicitement dans la suite du même texte, « plus de prix aux entrailles de l'insondable

1. Friedrich Nietzsche, *Ainsi parlait Zarathoustra*, trad. Geneviève Blanquis, GF-Flammarion, 2006, I, « Prologue de Zarathoustra », § 3, p. 48.

qu'au sens de la Terre », ce qui est l'essence même du nihilisme.

– *Après avoir aussi radicalement déconstruit l'idée de vérité objective, les principes moraux et les idéaux, comment Nietzsche va-t-il pouvoir développer une philosophie complète, s'il est vrai, comme on l'a dit au début de ces entretiens, que cela implique de proposer tout à la fois une théorie de la connaissance, une éthique, et une doctrine du salut ?*

– Paradoxalement, c'est à partir de sa critique du nihilisme et de la déconstruction des idéaux qui en découle que Nietzsche va découvrir une voie inédite pour construire une pensée dans ces trois axes constitutifs de toute grande philosophie. Une théorie de la connaissance ? Nous verrons que sa théorie est, bien sûr, une *antithéorie*, une déconstruction radicale des théories traditionnelles de la connaissance – qu'il entend remplacer par ce qu'il appelle la « généalogie », laquelle consiste à interpréter les idéaux éthiques et les valeurs, y compris la vérité, comme autant de symptômes d'une défiance ou d'une haine envers la vie. Une éthique ? À la morale traditionnelle, Nietzsche substitue là encore une *antimorale*, celle de l'« immoraliste », pour reprendre cette formule qu'il affectionne – sachant qu'il ne saurait y avoir de valeurs universelles, l'immoraliste cherche, « par-delà le bien et le mal », à harmoniser les forces qui sont en lui pour atteindre, sur le modèle de l'artiste, à une intensité de vie maximale. Une doctrine du salut ou de la vie bonne ? Nietzsche prend à nouveau à contrepied les sagesses religieuses, métaphysiques ou humanistes traditionnelles (qui, sans exception, déprécient à ses yeux la vie dans son immanence) pour leur préférer une tout autre sagesse : celle de l'« éternel retour », de l'*amor fati*, de l'« innocence du devenir » (*Unschuldigkeit des Werdens*), une sagesse soucieuse d'exalter la puissance de la vie au présent.

Bien que ces réponses de Nietzsche aux trois grandes questions de la philosophie se situent délibérément à l'opposé de tout ce que ses prédécesseurs visaient, elles s'articulent de manière cohérente et argumentée. Il n'est pas le « poète fou » qu'on a parfois voulu voir en lui. S'il écrit par aphorismes ou par fragments, s'il s'exprime de façon poétique et jamais sur un mode systématique (comme il convient à un penseur dénonçant comme illusoire et dangereux tout ce qui prétend surplomber le flux immanent de la vie), ses argumentations n'en sont pas moins puissantes, de sorte qu'il est possible de « reconstruire » sa pensée de manière tout à fait rationnelle.

Une antithéorie de la connaissance : la généalogie des idoles

– Commençons donc par cette antithéorie de la connaissance que constitue la démarche généalogique. Elle présente un double visage : d'un côté, elle mène une critique radicale de toutes nos certitudes, dynamitant par exemple la conviction que notre conscience est transparente à elle-même, que les vérités objectives de la science méritent qu'on s'y soumette parce qu'elles sont au-dessus des passions humaines, que nos valeurs morales doivent s'imposer à tous parce qu'elles sont universelles ; de l'autre côté, elle ouvre une nouvelle dimension de la connaissance, qui consiste à explorer, en quelque sorte, le sous-sol de nos représentations,

pour en découvrir les motivations profondes, liées à nos pulsions et nos stratégies inconscientes destinées à légitimer notre rapport, conquérant ou craintif, à la vie. Sur son versant critique, cette antithéorie nous révèle la part d'illusion et de tromperie dans ce que nous considérons comme les vérités les plus incontestables et les plus sacrées ; sur son versant constructif, elle éclaire le sens des motivations inconscientes qui nous poussent à inventer et révérer ces erreurs.

– Pour Nietzsche en effet, ceux qui en restent à la théorie traditionnelle de la connaissance, aux « idées claires et distinctes » comme dit Descartes dans le sillage de Platon, se condamnent à ne jamais voir plus loin que la surface des choses. Le travail de généalogie consiste, lui, à découvrir une vérité plus profonde, si profonde qu'elle est, à vrai dire, *sans fond*. Comme chez Schopenhauer, c'est un *Ungrund*, un abîme sans fin, qui ouvre sur des arrière-mondes inconscients et des souterrains invisibles que l'on peut arpenter indéfiniment sans jamais trouver l'issue vers la lumière. À la différence de Schopenhauer toutefois, Nietzsche n'en tire pas la conclusion qu'il est inutile d'entrer dans les détails de cette généalogie une fois qu'on l'a poussée assez loin pour démontrer qu'elle ne pouvait mener à aucune conclusion ultime ; il considère au contraire qu'elle mérite d'être approfondie, affinée sans cesse, puisqu'elle est un des rares moyens, avec l'art et l'action, de nous approcher au plus près de l'immanence de la vie, c'est-à-dire de la vie même, qui est la seule réalité qui vaille. La généalogie, selon lui, est par définition sans fin, l'interprétation est interminable, mais c'est justement ce qui en fait la force.

Ce défi insensé est le seul qui, du point de vue de la philosophie de la connaissance, ait à ses yeux du sens. Parce qu'il dévoile les intérêts cachés et souvent inavouables qui se dissimulent derrière les idoles, le véritable philosophe, aux yeux de Nietzsche, est nécessairement en marge du troupeau, un solitaire, un « ermite » comme il l'écrit lui-même dans le passage que nous avons cité plus haut, qui a le rare courage de se lancer dans l'exploration de la vie en sachant que cette exploration n'aura jamais de conclusion : « Toute philosophie est une philosophie de surface – c'est là un jugement de solitaire. [...] Toute philosophie cache aussi une philosophie, toute opinion est aussi une cachette, toute parole est aussi un masque. »

Tout jugement est un symptôme

En ce sens, on comprend mieux pourquoi maintenant tout jugement est un *symptôme* des peurs inconscientes et des pulsions inavouables qu'il tente, tout à la fois, de dissimuler et de légitimer indirectement en plaidant pour des valeurs susceptibles de les justifier et de donner la prime à ceux qui en sont porteurs. Bien sûr, la démarche généalogique est commune à tous les penseurs pour qui nos jugements et nos actes ne sont que les effets de processus inconscients, même si chacun d'entre eux donne à cette démarche une forme et des objectifs différents. Tous entendent repérer des symptômes et en reconnaître l'origine : symptômes du monde de la volonté chez Schopenhauer, de l'inconscient psychique chez Freud, de l'infrastructure économique chez Marx, du monde de la vie et de la volonté de puissance chez Nietzsche (nous verrons dans un instant en quoi il consiste). Mais ils ne divergent pas seulement sur l'identification de la source de ces symptômes, ils s'opposent aussi sur la question de savoir si l'on peut, ou non, en donner une explication complète et définitive. À cet égard, Schopenhauer et Nietzsche vont beaucoup plus loin que Marx ou Freud dans l'affirmation que tout est symptôme : ils pensent qu'il est radicalement impossible d'en finir avec les souterrains pour parvenir enfin à une théorie scientifique claire et vraie, au sens classique du terme, c'est-à-dire en adéquation avec un réel qu'elle décrirait parfaitement. À l'inverse, Marx et Freud ont la conviction d'être parvenus à élaborer une science qui rend pleinement compte des phénomènes inconscients qu'ils veulent comprendre et de leurs causes (bien que Freud reconnaisse aussi qu'il y a une part irréductible de l'inconscient) – en quoi ils attribuent à leur propre discours le statut cartésien de l'idée claire et distincte, de la théorie débouchant enfin sur la lumière de la vérité (même si elle démontre que cette vérité est en principe inaccessible aux individus dans la vie quotidienne) ! Bref, Marx et Freud croient encore qu'une science de l'inconscient est possible, quand Schopenhauer et Nietzsche refusent absolument cette idée pour des raisons philosophiques de fond.

Ces derniers tiennent la science pour une croyance comme les autres, un symptôme parmi d'autres, un discours qui dissimule, lui aussi, de manière seulement plus habile que ses concurrents des choix irrationnels et inconscients, ouverts comme les autres sur l'abîme sans fond du vouloir aveugle (Schopenhauer), ou de la volonté de puissance (Nietzsche). Pas plus que Schopenhauer, Nietzsche ne conteste l'efficacité de la science, mais à ses yeux, il n'est pas jusqu'à la proposition « deux et deux font quatre » qui ne dissimule une forme d'évaluation de la vie, une volonté de rationaliser le monde, une volonté de clarté, une volonté de vérité : en l'occurrence, la volonté d'en finir avec la multiplicité incohérente des pulsions qui nous animent en profondeur. Comme il l'écrit dans *Le Crépuscule des idoles :*

> Des jugements, des jugements de valeur sur la vie, pour ou contre, ne peuvent au bout du compte jamais être vrais : ils n'ont de valeur que comme symptômes, ils n'entrent en ligne de compte que comme symptômes – en soi, ces jugements ne sont que des âneries. On doit absolument étendre la main pour faire la tentative de saisir cette finesse étonnante que la valeur de la vie ne peut pas être appréciée. Pas par un vivant, parce qu'il est partie, et même objet du litige ; pas par un mort, pour une autre raison[1]...

Les forts et les faibles en vie

– Quel que soit l'angle sous lequel nous abordons la pensée de Nietzsche, l'analyse finit toujours par nous ramener à « la volonté de puissance : même si nous en avons esquissé quelques définitions partielles, je crois qu'il devrait être possible maintenant d'en donner une explication plus complète.

1. Friedrich Nietzsche, *Le Crépuscule des idoles*, « Le problème de Socrate ».

– L'idée la plus fondamentale de Nietzsche réside dans la conviction que, comme il l'écrit lui-même, « la volonté de puissance est l'essence la plus intime de l'être ». Cette intuition première va l'amener à une réflexion en plusieurs étapes.

Tout d'abord, Nietzsche définit simplement le réel comme un tissu de forces, une multiplicité de « pulsions » ou d'« instincts » (ces deux termes traduisent le même mot allemand *Trieb*). Prises ensemble, ces forces coïncident avec ce que Nietzsche appelle la « vie » ou la « volonté de puissance », les deux expressions étant, chez lui, interchangeables. On voit qu'à ce premier niveau de sa réflexion, il reste très proche de Schopenhauer et de sa conception du « monde du vouloir ». Chez Nietzsche, la volonté n'est pas une intention consciente qui viserait un but lui aussi conscient : ces pulsions ne veulent pas seulement persévérer dans l'être mais *s'accroître en permanence, s'intensifier autant qu'il est possible pour se sentir vivre au maximum.* La vraie jouissance, la véritable joie, nous vient quand nous sommes saisis par ce sentiment de l'intensité de la vie. Nous sommes véritablement vivants lorsque le sentiment de notre puissance vitale s'accroît – ce qui, selon Nietzsche, est la mission même de l'art.

Puisque chacun veut intensifier sa vie, les stratégies inconscientes de la volonté de puissance différeront du tout au tout selon les individus. Les « pauvres en vie », affaiblis par le conflit incessant de leurs forces, adhéreront à des morales, des religions, des idéologies qui déprécient la vie présente au nom d'un futur radieux (un monde d'abondance et de paix, le paradis, la société sans classe, etc.), justifiant ainsi qu'on se sacrifie pour lui et qu'on remette la « vraie vie » à plus tard : en s'efforçant de faire triompher des idéaux qui imposent à tous de se contenter d'une existence conformiste, grégaire et sans relief, les « faibles » – telle est du moins la thèse de Nietzsche, tentent de ramener les « forts » à leur niveau (première intensification de leur sentiment d'exister) et s'efforcent de légitimer ainsi la conviction que leur combat pour un monde meilleur « sanctifie » leur vie (deuxième intensification de leur sentiment d'accroissement de leur force vitale). *A contrario*, les « riches en vie », ceux dont les forces diverses et puissantes s'harmonisent entre elles au lieu de se mutiler et de se contrecarrer, voudront atteindre à la plus haute intensité dans l'expression la plus achevée de toutes leurs potentialités, et cela à chaque instant, au présent, sur le modèle de l'artiste ; par définition, la voie qu'ils choisiront n'appartiendra qu'à eux et ne s'autorisera que d'eux – en quoi, nous y reviendrons, ils incarnent une vision foncièrement aristocratique du monde.

– *Dans cette perspective, les forts ne peuvent être, comme les grands artistes, que des exceptions, des individualités incomparables, au sens propre, des cas uniques ; à l'inverse, les faibles aspirent à se regrouper en nombre pour défendre des idéaux qui égalisent tous ceux qui s'en réclament. Du coup, même si le caractère violemment antidémocratique de cette analyse saute aux yeux, c'est la position des forts qui apparaît ici fragile, tandis que celle des faibles bénéficie de la puissance des masses. D'où ce surprenant aphorisme de Nietzsche : « Il faut défendre les forts contre les faibles ! »*

– C'est le moment de lever un malentendu que suscite en général la notion de volonté de puissance : on s'imagine qu'elle désigne l'appétit de pouvoir, le désir d'être chef, d'avoir de l'argent, de séduire les autres, d'exercer sur eux quelque influence que ce soit. Erreur totale. En réalité, chez Nietzsche, ce n'est pas une volonté qui veut la puissance comme un objet extérieur à elle, c'est fondamentalement une volonté qui se veut elle-même : elle veut son propre accroissement, son intensification permanente, elle veut sentir toujours davantage l'intensité de la vie. La volonté de puissance renvoie à ce que Nietzsche appelle lui-même, j'y insiste, "la volonté de volonté", une volonté qui n'a aucun but extérieur, aucun objet, pas de finalité. Cette volonté ne veut pas le pouvoir, pas davantage le bonheur, le progrès ou la liberté : elle se veut elle-même, voilà tout. » Il faut tenir compte ici du fait que les forces qui dynamisent la volonté de puissance sont à ses yeux de deux types : les forces « réactives » et les forces « actives ».

Forces réactives et forces actives

– Cette distinction est, pour le coup, tout à fait nouvelle dans l'histoire de la philosophie – elle n'a, notamment, pas d'équivalent dans la pensée de Schopenhauer. Elle est de surcroît cruciale pour comprendre comment Nietzsche peut à la fois combattre sans relâche ceux qui défendent des idéaux qui déprécient la vie et, cependant, affirmer que les forces négatives qu'ils mettent en œuvre ne doivent pas pour autant être rejetées (parce qu'elles font justement partie de la vie au même titre que les autres).

– Les forces réactives sont celles qui ne peuvent déployer leurs effets dans le monde sans nier, sans mutiler d'autres forces, à la différence des forces actives qui n'ont, justement, pas besoin d'annihiler d'autres forces ou de s'y opposer pour s'exercer efficacement. Il faut ici lever une ambiguïté qui suscite souvent d'inextricables erreurs d'interprétation : si Nietzsche critique radicalement les idéaux parce qu'ils nient la vie, il ne peut pourtant, sans se contredire, en venir à condamner les forces vitales (qui sont la vie même) sous prétexte qu'elles sont réactives et tendent à mutiler d'autres forces ; il va donc s'employer, pour rester en accord avec lui-même, à accepter toutes les forces vitales, y compris réactives.

Les forces réactives, ne pouvant se manifester qu'au détriment d'autres forces, diminuent en quelque sorte la somme globale de vie dans le monde : elles entraînent une déperdition de vie. Aux yeux de Nietzsche, le modèle en est cette « volonté de vérité » qui anime la philosophie et la science. Pourquoi ? Parce que la vérité se pose toujours contre les erreurs qui la précèdent. Toute l'histoire de la science est faite de ces remises en cause : elle ne procède pas par accumulation, mais par ruptures successives avec la tradition, qui rendent caduques les théories jusqu'alors tenues pour valides dès qu'une nouvelle expérience les a falsifiées les lois de la chute des corps de Galilée ôtent tout crédit à la théorie du mouvement d'Aristote, la physique de Newton a aboli celle de Descartes mais sera à son tour remise en cause par celle d'Einstein, etc.

Nietzsche, j'y ai déjà fait allusion, voit dans les dialogues de Platon le premier modèle, l'archétype de cette volonté de vérité : tous les efforts de Socrate visent à détruire les opinions de ses adversaires, à leur montrer qu'ils se contredisent, qu'ils parlent pour ne rien dire. C'est toujours *en s'opposant* – au mensonge, à la mauvaise foi, à l'illusion, à l'erreur, bref *à toutes les forces qui sont en jeu dans l'art* – que la vérité se pose. Dans le chapitre du *Crépuscule des idoles* consacré à Socrate, Nietzsche l'accuse d'être animé par des forces purement réactives, par des pulsions exclusivement négatives, d'être motivé par une « méchanceté de rachitique » : « Socrate manie le syllogisme comme un couteau, il adore donner le couteau à ses adversaires. » Nietzsche considère que les forces réactives sont l'arme du faible par excellence, le recours de celui qui ne peut remporter la victoire en se contentant d'affirmer des valeurs positives, mais seulement en détruisant son adversaire. C'est pourquoi la volonté de vérité qui anime la théorie traditionnelle, scientifique ou philosophique, est aussi « roturière » par essence, démocratique par nature, ce qui, sous la plume de Nietzsche, n'est évidemment pas un compliment : *parce qu'elles valent également pour tout le monde, les vérités scientifiques sont plébéiennes, anti-aristocratiques.* De là le lien étroit qui unit science et démocratie (constat largement confirmé, du reste, par l'Histoire), leur fond commun étant constitué par ces forces réactives qui ne peuvent s'imposer qu'en niant d'autres forces.

– *Qu'en est-il alors des forces actives ?*

– Ce sont celles qui s'imposent d'elles-mêmes au travers de leurs effets, sans avoir pour cela à combattre d'autres forces. Leur modèle n'est plus celui de la science mais celui de l'art. Quant à leur archétype politique, il ne s'incarne plus dans la démocratie mais dans l'aristocratie. L'artiste, nous dit Nietzsche, est un aristocrate, car l'aristocrate est celui qui « pose des valeurs sans discuter ». L'histoire de l'esthétique est bien entendu riche en querelles, mais celles-ci ressemblent davantage à la « guerre des dieux », où chacun affirme sa perspective, qu'à des discussions platement argumentées en vue d'établir une vérité unique propre à disqualifier définitivement tous ceux qui ne s'y rallieraient pas – Bach ne « réfute » pas Vivaldi ni le chant grégorien ; Mozart et Beethoven n'ont nul besoin de prouver que tel ou tel de leur prédécesseurs aurait eu tort (ce qui d'ailleurs, en art, n'a guère de sens).

De même que l'aristocrate commande, ne discute pas, ne démontre pas, l'artiste crée, il n'argumente pas. D'où la formule, déjà citée, du *Crépuscule des idoles* : « Ce qui a besoin d'être démontré ne vaut pas grand-chose. » C'est en démocratie que l'on démontre, qu'on argumente, qu'on discutaille en permanence, pour tenter de convaincre en disqualifiant les opinions des autres. Il est donc absurde de vouloir à tout prix, comme tant de commentateurs s'y sont essayés ces cinquante dernières années, faire de Nietzsche un penseur de gauche, un démocrate, voire un anarchiste, lui qui a toujours défendu (toute son œuvre en témoigne) des valeurs aristocratiques.

La morale de l'immoraliste

– *Ces réflexions nous conduisent naturellement à aborder maintenant le deuxième grand axe de la philosophie nietzschéenne, celui de l'éthique. Nous venons de voir comment Nietzsche est parvenu à développer une alternative aux théories de la connaissance qu'il dénonce comme illusoires. Comment va-t-il pouvoir élaborer des principes susceptibles de tenir lieu de morale, alors qu'il a poussé à ses dernières conséquences sa critique des valeurs et des idéaux sous quelque forme qu'ils se présentent ?*

– En quoi, en effet, peut bien consister la « morale d'un immoraliste », l'« idéal anti-idéaliste » de ce matérialiste absolu qu'est Nietzsche ? Écartons définitivement l'interprétation de ceux qui nous présentent un Nietzsche anarchiste, hédoniste, théoricien avant la lettre de la libération des corps, des sexes et des sens. Selon cette lecture, la morale nietzschéenne consisterait à rejeter les « mauvaises forces », les forces réactives, celles de la raison, de la morale chrétienne et du monde intelligible, pour les remplacer par les « bonnes forces », les forces actives, celles du sexe, des pulsions inconscientes, du corps, de la sensibilité, etc. Cette lecture est absurde, totalement contredite par Nietzsche lui-même dans des dizaines, voire des centaines de passages de son œuvre. La vérité, c'est qu'il déteste par-dessus tout l'anarchisme et l'hédonisme, de même d'ailleurs que le romantisme – et il ne cesse de le dire et de l'écrire. Il faut ne jamais l'avoir lu, ou à tout le moins ne jamais rien avoir compris de lui, pour ne pas s'en apercevoir.

Voici un exemple parmi tant d'autres de la manière dont il parle de l'anarchisme dans *Le Crépuscule des idoles* :

> Lorsque l'anarchiste, en tant que porte-voix des couches déclinantes de la société, exige avec une belle indignation « droit », « justice », « droits égaux », il ne fait en cela que subir la pression de son acculturation

> qui n'arrive pas à saisir pourquoi au juste il souffre – en quoi il est pauvre en vie... Il est au pouvoir d'une pulsion causale : ce doit être la faute de quelqu'un s'il se sent mal... Pareillement, la « belle indignation » elle-même lui fait du bien. Pour tous les pauvres diables, c'est un plaisir de fulminer – cela procure une petite ivresse de puissance[1].

Cette hostilité constante que Nietzsche exprime envers l'anarchisme répond chez lui à des motifs philosophiques profonds : c'est que l'anarchisme incarne justement l'état où les passions se déchaînent et s'entredéchirent, un déferlement par essence réactif qui ne saurait correspondre qu'à un affaiblissement de la vie, de la volonté de puissance. L'anarchisme est donc tout sauf un mouvement de création et de joie : comme le romantisme, lui aussi caractérisé par le déferlement des passions, l'anarchisme est marqué par l'automutilation des forces qui partent en tous sens dans la plus grande dysharmonie.

Quant à l'hédonisme, voilà ce que Nietzsche en dit dans un fragment de *La Volonté de puissance :* « Partout où la perspective hédoniste passe au premier plan, on peut conclure à la souffrance et à une certaine infirmité, à la maladie, à la décadence. » Aller faire de Nietzsche un apologiste des plaisirs débridés des sens et de l'anarchie relève donc du contresens le plus complet !

La réponse de Nietzsche sur le plan éthique – entendu au sens le plus large, puisqu'il s'agit pour lui de repérer ce qui peut rendre la vie meilleure

1. *Ibid.*, « Incursions d'un inactuel », § 34.

sans retomber dans les illusions de l'idéal ou des valeurs transcendantes – est à l'opposé d'un abandon débridé au jeu des passions. Son grand modèle, c'est celui que délivre en filigrane l'art classique grec, et même français : la hiérarchisation des forces en nous, s'il le faut sous le primat de la raison claire. C'est en maîtrisant les forces, en les hiérarchisant et en les organisant à l'intérieur de nous-mêmes de telle manière qu'elles ne s'annihilent pas, ne se mutilent pas et ne s'entredéchirent pas les unes les autres qu'on obtiendra le maximum de puissance, donc le maximum de joie, d'intensité, et qu'on se sentira véritablement vivre. C'est ce que Nietzsche appelle le « grand style » : une morale (ou une antimorale) de la « maîtrise de soi », de la « grandeur », de la « victoire sur l'ennemi intérieur ». Cela signifie qu'il ne s'agit en aucun cas de rejeter hors de soi les forces réactives : rejeter la raison, le désir de donner un sens à sa vie, le besoin de croire en des idoles ou le souci de se comporter moralement, même au sens ordinaire du terme, reviendrait malgré tout à rejeter des forces, et impliquerait que l'on devienne soi-même... réactif ! Bref, on ne saurait, sans appauvrir la vie, se priver de forces qui, pour être réactives, n'en font pas moins partie de la vie !

– À ce stade, on est en droit de se demander si Nietzsche n'en vient pas à proposer une chose et son contraire : après avoir constamment dénoncé les illusions dangereuses de l'idéal, des valeurs, de la raison, va-t-il nous proposer de leur rendre les armes ?

– Qu'on se rassure, Nietzsche ne tombe évidemment pas dans une contradiction aussi grossière. La « grandeur » – et ce terme est univoque chez lui, il désigne toujours sous sa plume la maîtrise de *toutes* les forces – réside dans la réconciliation et l'harmonisation de l'actif et du réactif, *sous le primat des forces actives*, nullement dans le rejet d'un terme au profit de l'autre. C'est en ce sens qu'il faut comprendre les nombreux passages où il fait étrangement l'éloge de son principal ennemi, le christianisme, pourtant présenté comme le comble du nihilisme, l'archétype de la victoire des forces réactives sur les forces actives. Bien qu'il haïsse le christianisme et le platonisme, il ne cesse de dire qu'il faut les intégrer en soi, comme le fait le classicisme : on ne doit surtout pas, affirme Nietzsche, se débarrasser de l'Église et des chrétiens, même et surtout si l'on s'oppose à leur idéal, car c'est notre intérêt d'avoir un « bon ennemi » que l'on intègre, pour ainsi dire, en soi, afin d'en faire un « ennemi intérieur » qui nous rendra encore plus forts si nous savons l'harmoniser en nous (sous le primat, je le répète, de nos forces actives). En d'autres termes, nous *spiritualisons* l'inimitié dans la mesure où nous l'intégrons en nous-mêmes et cela nous rend plus grands. Non pas à la manière hégélienne, dialectique, d'un « dépassement qui conserve » (*Aufhebung*) en partie ce qui est nié, mais au sens où il s'agit de hiérarchiser et de maintenir, en quelque sorte, les forces réactives sous le commandement des forces actives. Un passage d'*Humain, trop humain* résume cette conception du grand style de façon particulièrement lumineuse – surtout si l'on se souvient que les arts relèvent des forces actives et la science des forces réactives :

> Supposé qu'un individu vive autant dans l'amour de l'art plastique ou de la musique qu'il est transporté par l'esprit de la science, et qu'il considère comme impossible

de faire disparaître cette contradiction par la suppression de l'un et l'affranchissement complet de l'autre. Il ne lui reste qu'à faire de lui-même un édifice de culture si vaste qu'il soit possible à ces deux puissances, serait-ce à des extrémités éloignées, d'y habiter, tandis qu'entre elles des puissances conciliatrices éliront leur domicile, pourvues d'une force prééminente pour aplanir en cas de nécessité la lutte qui s'élèverait[1].

L'éternel retour

– Nous en arrivons au troisième axe de la philosophie de Nietzsche : sa conception du salut. À nouveau, après avoir totalement disqualifié tout ce qui avait toujours paru indispensable pour construire une doctrine du salut, il va réussir, paradoxalement, à en inventer une sorte de substitut, propre à en remplir la fonction, sans pour autant retomber dans l'illusion qu'il pourrait y avoir un sens de la vie ou une forme quelconque de transcendance.

– Nous l'avons vu dans notre préambule, cette sagesse culmine dans la doctrine de l'éternel retour : le critère suprême de notre réconciliation avec le présent, de notre plein accord avec la vie que nous menons, c'est que nous puissions souhaiter son éternel retour. Un tel vœu, si nous en sommes effectivement capables, est la marque que nous avons « sauvé notre vie » en lui conférant une double dimension d'éternité : celle des moments où nous sommes en totale

1. Friedrich Nietzsche, *Humain, trop humain*, trad. Henri Albert et Alexandre-Marie Desrousseaux, Le Livre de Poche, coll. « Classiques de la philosophie », 1995, livre I, § 276.

harmonie avec nous-mêmes et avec le monde – de tels moments de grâce, auxquels il ne manque rien, sont des absolus et, en ce sens, des « grains d'éternité » –, mais aussi celle du « désir d'éternel retour » que pareilles expériences de la plénitude nous inspirent.

Dans *Ainsi parlait Zarathoustra*, Nietzsche dit explicitement que sa doctrine de l'éternel retour est « appelée à prendre la place de la métaphysique et de la religion ». On doit bien comprendre qu'il s'agit d'une doctrine du salut désillusionnée, qui vient après la déconstruction du nihilisme, après que les idoles de la métaphysique et de la religion ont été abattues à coups de marteau. De même que sa théorie de la connaissance prend la forme d'une antithéorie, de même que sa morale est celle d'un immoraliste, sa doctrine du salut et de la sagesse est, bien évidemment, le contraire d'une religion ou d'un idéal qui se voudrait supérieur à la vie : c'est non seulement une doctrine du salut sans Dieu, mais encore une vision du monde qui entend tirer toutes les conséquences de la mort de Dieu, de la mise à bas de toutes les idoles, y compris celles, purement humaines, des Lumières, des droits de l'Homme et du progrès.

Écartons d'emblée l'erreur d'interprétation la plus commune : comme on l'a compris, la doctrine de l'éternel retour n'a évidemment aucun rapport avec l'idée d'un temps cyclique qu'on rencontre, entre autres, dans l'Antiquité grecque ; il ne s'agit en rien d'une thèse cosmologique, mais bien d'une méthode réflexive qui permet de sélectionner dans nos existences les *moments de grandeur*, comme celui des retrouvailles entre Ulysse et Pénélope, qui mériteraient vraiment de revenir une infinité de fois, d'être élus, si je puis dire, au rang de l'éternité.

C'est justement parce que la doctrine de l'éternel retour a cette fonction de pierre de touche des moments les plus forts de notre existence que Nietzsche en énonce le principe sous la forme de l'impératif catégorique kantien : « Agis de telle manière que la maxime de ton action [le but, la fin que tu te proposes de réaliser] puisse être érigée en loi universelle [ce qui suppose qu'elle ne vise pas seulement ton intérêt particulier, mais aussi l'intérêt général]. » Il s'agit, chez Kant, d'un principe de sélection des objectifs que l'on doit s'assigner sur le plan moral : seuls ceux qui servent le bien commun, l'intérêt général (et pas uniquement notre intérêt particulier, égoïste) peuvent être considérés comme réellement vertueux. Nietzsche parodie volontairement cette formule pour en faire celle de son propre impératif : celui de l'éternel retour. On le voit avec évidence dans ce fragment posthume de 1881 :

> Ma doctrine enseigne : « Vis de telle sorte que tu doives souhaiter de revivre, c'est le devoir – car tu revivras en tout cas ! Celui dont l'effort est la joie suprême, qu'il s'efforce ! Celui qui aime avant tout le repos, qu'il se repose ! Celui qui aime avant tout se soumettre, obéir et suivre, qu'il obéisse ! Mais qu'il sache bien où va sa préférence et qu'il ne recule devant aucun moyen ! Il en va de l'éternité ! » Cette doctrine est douce envers ceux qui n'ont pas foi en elle ; elle n'a ni enfer ni menaces. Celui qui n'a pas la foi ne sentira en lui qu'une vie fugitive.

Voilà merveilleusement résumée la sagesse de l'éternel retour, une sagesse sans sanction ni obligation, un idéal certes, mais incarné dans l'ici-bas, pas dans le ciel, mais sur la terre – dans la doctrine nietzschéenne du salut, il n'y a ni enfer ni paradis. Dès lors, si nous choisissons de revivre des moments sans intérêts personne ne vous punira : Votre vie médiocre sera remplie de moments insignifiants qui lui donneront une pâle couleur pour l'éternité, mais si c'est cela qui nous plaît, nul ne doit nous en tenir rigueur. Mais si on choisit des instants d'*amor fati* et d'innocence du devenir, d'intensification de la vie et de réconciliation avec le monde, alors on accédera à la béatitude ; bien plus, on sera débarrassé de la peur de la mort, car on habitera le présent, un présent qui, n'étant plus relativisé par le passé et le futur, fera de nous comme un « atome d'éternité ».

Une sagesse séduisante et insoutenable

– *Nous avons commencé de voir, dans l'ouverture de cet ouvrage, pourquoi la philosophie de l'*amor fati, *du oui sans réserve au monde, aboutit à des conséquences insoutenables : d'abord, la possibilité même d'une vérité et de valeurs communes a été si radicalement déconstruite qu'il ne peut plus exister, entre les individus, que des rapports de force ; ensuite, ce relativisme absolu, supposé nous prémunir contre les certitudes illusoires, en devient une à son tour, car ceux mêmes qui prétendent que les valeurs morales sont un leurre ne peuvent jamais s'empêcher de les invoquer contre les salauds, les assassins d'enfants, les tyrans ; enfin, l'exemple des négationnistes nous a montré combien un nietzschéisme conséquent mène à l'ignominie pure et simple, puisqu'il supposerait que l'on mette sur* *le même plan, comme deux interprétations également représentatives de deux types de rapports à la vie, la vérité historique de la Shoah et des chambres à gaz d'un côté et de l'autre le délire de ceux qui prétendent en contester la réalité.*

Il va de soi que l'on peut être nietzschéen sans tomber dans ces travers – c'est même le cas le plus fréquent –, sauf que cela oblige à trahir les principes auxquels on prétend adhérer. Maintenant que nous avons exploré plus en détail la pensée de Nietzsche, il me semble que nous pouvons aussi aller un peu plus loin dans la critique : pourquoi est-il presque impossible d'être nietzschéen jusqu'au bout ?

– Vivre dans l'intensité, dans l'amour de la vie, dans la joie, qui ne serait preneur ? À l'opposé de l'impératif catégorique kantien, des morales du devoir, de l'effort et du mérite, Nietzsche, rejoignant en cela Spinoza, nous propose d'en finir avec les passions tristes, les remords, les regrets, le ressentiment, les culpabilités et les punitions, et tout cela au nom d'un « oui » sans réserve à la vie, au nom de l'amour. Il faudrait être fou pour ne pas se laisser séduire !

J'aimerais pouvoir en rester là, et pourtant je ne peux pas cacher les doutes et les réserves que m'inspire cette doctrine du salut. J'aime Nietzsche, je le trouve génial, mais sa pensée de l'*amor fati* m'a toujours semblé, je dois bien le reconnaître, assez absurde ; je n'arrive pas à y croire une seconde et, pour tout dire, je n'ai encore jamais rencontré un seul disciple de Nietzsche ou de Spinoza qui soit capable de réfuter le fameux « argument du bourreau » : comment aimer le réel dans sa totalité quand il inclut Auschwitz ? On peut résumer cet argument sous la forme d'un syllogisme : il faut, comme le veulent Nietzsche et Spinoza, aimer toujours le réel tout entier, tel qu'il est, dire oui au *fatum* ; or le réel comprend des bourreaux (Auschwitz) ; donc il faut aussi aimer les bourreaux (fussent-ils nazis). Clément Rosset, un penseur que j'estime tout à fait par ailleurs et dont le petit livre sur Schopenhauer, notamment, est admirable, juge cet argument antispinoziste, antinietzschéen absurde, indécent de bêtise et d'une rare banalité. Je le trouve, au contraire, excellent, banal certes, mais parfaitement juste. On me dit que j'ai mal compris, que ce syllogisme est platement polémique, que l'*amor fati* ne nous empêche pas d'aimer *aussi* la lutte contre les méchants, que ce combat fait également partie du réel, que l'on n'est donc pas obligé d'aimer les bourreaux. Je comprends parfaitement le raisonnement : la résistance ne fait pas moins partie du réel que la collaboration, et je peux donc aimer la première plutôt que la seconde. Mais cette justification conduit à des absurdités...

On m'objecte par exemple qu'en bonne logique nietzschéenne ou spinoziste, je dois tout aimer, me réconcilier avec la totalité de ce qui est, ce qui nous met à nouveau dans unc situation grotesque : comment puis-je aimer en même temps la résistance et la collaboration ? Nietzschéens et spinozistes feront remarquer que je peux parfaitement m'identifier plutôt aux résistants si c'est cela que j'aime dans le réel. Admettons... Mais alors on se demande bien en quoi l'impératif d'aimer ce qui est se distingue un tant soit peu de la vision morale de tout un chacun, du kantisme et du christianisme vulgaires : pourquoi plaider pour une adhésion sans faille à la totalité du réel si ce réel inclut en lui... le refus du réel, le choix d'un de ses aspects (la résistance) plutôt qu'un autre (la collaboration) – thèse d'autant plus incohérente, dans le contexte de la pensée de Nietzsche ou de Spinoza, que la notion de choix n'y a, de toute façon, aucun sens ? Je ne vois franchement pas où ces sophismes nous mènent, sinon à faire comme tout le monde : ne pas aimer le monde quand il n'est pas aimable et l'aimer quand il l'est ! Conclusion de bon sens, à vrai dire, mais qui n'a nul besoin de ces contorsions conceptuelles confuses.

Du coup, non seulement l'impératif de l'*amor fati* s'avère de peu de secours, parce que totalement impraticable (personne, à moins d'être fou à lier, ne peut aimer le réel quand il est mortel), mais, pis encore, il devient par là même un idéal « au-dessus de la vie » – une nouvelle idole ! –, retombant dans ce que Nietzsche déteste par-dessus tout, à savoir le nihilisme : une injonction permanente à régler sa vie selon des exigences tellement élevées, irréelles, inaccessibles qu'elle en vient, paradoxalement à culpabiliser l'individu comme nulle autre ! Elle réintroduit ainsi les passions tristes à leur plus haut degré. Vous n'êtes pas heureux ? C'est de votre faute ! C'est que vous manquez de courage, de lucidité, de sagesse ! Ainsi nous parlent aujourd'hui certains nietzschéens qui aiment tant glorifier leur sereine grandeur sur notre dos : ils prétendent avoir la force du bonheur, tandis que nous, pauvre faiblard nihiliste, vous vivez dans la peur et le malheur au prétexte que notre fils vient de mourir ou que notre femme nous a quitté. Pleurnichard médiocre, incapable de ce « gai savoir » qui conduit le véritable sage à danser sur l'océan scintillant de la vie... Cette nouvelle figure de la culpabilisation prêterait à rire si elle n'avait rendu Nietzsche lui-même aussi tragiquement malade, le malheur qui accompagne tous les âges de sa vie, avec les femmes et ses amis comme avec le reste du monde, étant le seul trait saillant de son effroyable biographie.

Mais la « sagesse » de l'*amor fati*, outre que son relativisme absolu face au mal et sa tendance à induire une forme inédite de nihilisme mènent à des impasses, recèle une tendance structurelle à une reddition pure et simple au monde tel qu'il va : une fois détruits tous les idéaux, toutes les valeurs supérieures au nom d'un oui sans réserve au réel, n'y a-t-il pas un risque sérieux de cynisme, de renoncement à l'action ? Si l'on débarrasse le monde de tout idéal, à partir de quoi pourra-t-on formuler des critiques ? Et, dans ce cas, comment éviter de sombrer dans la realpolitik ? Allons plus loin, en suivant la voie tracée par la troisième grande interprétation de la philosophie nietzschéenne que j'évoquais plus haut, celle de Heidegger : si l'on fait l'apologie de la volonté de puissance, de la volonté qui ne veut plus rien d'extérieur à elle-même et ne veut que sa propre intensification, en voyant là ce qui doit nous tenir lieu de morale, n'est-on pas conduit à s'en remettre au « monde de la technique » qui est, par excellence, celui où règne en maître l'accroissement des moyens pour les moyens, dans une dynamique d'intensification incessante d'où toute finalité a disparu ?

CHAPITRE 17

Heidegger : le monde de la technique

Plus de fins, rien que des moyens

– Le regard que porte Heidegger (1889-1976) sur le « monde de la technique » vise à dévoiler ce qui structure et anime, au plus profond, les sociétés industrielles modernes, qui sont vouées à l'accroissement des moyens pour eux-mêmes, sans qu'aucune finalité plus haute ne vienne donner sens à ce processus. Heidegger, nous l'avons déjà relevé, reconnaît dans cette dynamique aveugle la réalisation de ce que Nietzsche appelle la « volonté de volonté » – ce dernier, soit dit en passant, aurait été horrifié qu'on puisse le tenir pour le philosophe par excellence du capitalisme libéral et démocratique, lui qui se voulait le fossoyeur des idoles ! Qu'est-ce que le « monde de la technique » à proprement parler ?

– Pour Heidegger, la technique, considérée d'un point de vue philosophique, c'est ce qui structure la totalité du monde moderne, selon la dynamique de la volonté de puissance ou de la volonté de volonté telle que Nietzsche l'a définie. C'est désormais vers la pensée de Nietzsche – et non plus seulement vers la philosophie de Descartes – qu'il faut, selon Heidegger, se tourner pour comprendre l'avènement de l'univers technicien. Dans la doctrine nietzschéenne de la volonté de puissance, Heidegger voit l'achèvement ultime de la « métaphysique de la subjectivité » – celle qui, on s'en souvient, fonde la légitimité de nos représentations sur les seules facultés du sujet humain.

Pour comprendre ce thème central dans la pensée de Heidegger – thème qui peut choquer à première vue la plupart des héritiers de Nietzsche qui considèrent ce dernier non pas du tout comme un métaphysicien, mais au contraire comme le plus grand critique des illusions de la métaphysique –, il faut bien voir sur quelle interprétation du concept nietzschéen de volonté de puissance il s'appuie : cette interprétation entend dévoiler la façon dont Nietzsche inaugure la disparition, pour ne pas dire la liquidation, des objectifs que l'idéologie rationaliste et humaniste des Lumières assignait encore au progrès. Il ne s'agit plus de maîtriser le monde pour rendre l'humanité plus libre et plus heureuse, mais de maîtriser pour maîtriser, d'accroître notre force pour le seul souci de l'intensité, pour le seul plaisir de l'accroissement en tant que tel – on pourrait aussi parler d'une substitution radicale de la raison instrumentale à la raison objective, ou encore d'un remplacement de la raison pratique (la rationalité morale) par des impératifs désormais purement techniciens. Tâchons de passer de ces formules quelque peu énigmatiques et abstraites à leur signification concrète.

Avec la volonté de puissance, le vouloir humain abandonne toute visée émancipatrice pour se retourner sur lui-même et devenir quête de la puissance en tant que telle. Dans le grand livre qu'il consacre à Nietzsche, Heidegger montre que la structure de la volonté de puissance constitue l'infrastructure métaphysique du monde de la technique ou, ce qui revient au même à ses yeux, la dernière figure de la subjectivité métaphysique. Dans la technique, en effet, on ne considère plus les fins ni les objectifs : seuls comptent, je le répète, l'accroissement des moyens, la maîtrise pour la maîtrise, la rentabilité et la productivité perçues comme des fins en soi. Le capitalisme moderne, depuis qu'il a pris la forme de la mondialisation libérale, est de ce point de vue l'archétype même d'une volonté de puissance technicienne déchaînée, dont la logique s'est propagée dans tous les secteurs de l'existence humaine, qu'il s'agisse de la recherche scientifique, de la médecine, des médias ou de la politique.

Les deux âges de la mondialisation

Qu'est-ce, en effet, que la mondialisation ? Il faut en fait distinguer deux époques. La première se confond avec la révolution scientifique, avec le moment cartésien que nous avons analysé plus haut. Pour la première fois dans l'histoire de l'humanité, la science moderne met en place un discours universel, à portée réellement mondiale, en ce sens qu'il prétend valoir pour tous les êtres humains, pour le peuple comme pour les nobles, pour les riches comme pour les pauvres, pour les puissants comme pour les faibles, pour les Français comme pour les Chinois ou les Indiens. Dans cette première mondialisation, comme dans le premier âge de l'humanisme (de la métaphysique de la subjectivité), l'humanité reste donc encore orientée vers un projet, de grands desseins extérieurs et supérieurs à la volonté des individus : on veut la liberté et le bonheur, l'émancipation de l'humanité et son bien-être. En cela, nous sommes encore dans la raison « objective » et l'idéologie du progrès.

– Comment le projet des Lumières, tourné vers le progrès et l'émancipation de l'humanité, en est-il venu à déboucher sur un monde de la technique aveugle à toute autre finalité humaine que l'innovation permanente et la croissance économique ?

La deuxième mondialisation advient lorsque cet immense projet humaniste est pour ainsi dire victime d'une chute, au sens platonicien ou biblique du terme. Au cours de la seconde moitié du XXe siècle, celui-ci tombe en effet dans la compétition généralisée, ce qu'on appelle, dans nos écoles de management, le « benchmarking », cette concurrence permanente et tous azimuts qui caractérise notre époque – compétition des entreprises entre elles, mais aussi des pays, des cultures, des universités, des laboratoires, etc. L'Histoire n'est plus animée par le projet de construire un monde meilleur, tendue vers des objectifs tels que la liberté, le bonheur et le progrès, comme pouvaient encore l'imaginer Voltaire, Hugo, Jaurès, de Gaulle, Churchill ou Adenauer. Dans le capitalisme mondialisé, les acteurs n'avancent plus que poussés par la logique de la survie, de l'adaptation et de l'urgence, par l'obligation, la contrainte absolue (mécanique, automatique, anonyme et aveugle) d'innover en permanence, d'innover pour innover, simplement pour ne pas crever, pour ne pas être balayés, un peu comme dans la sélection naturelle de Darwin où une espèce qui ne s'adapte pas est condamnée à disparaître. Dans cette mondialisation technicienne, une entreprise qui ne cherche pas à être plus compétitive, plus rentable et plus productive que sa voisine est forcément vouée à la mort.

Ce tournant historique (sur lequel nous reviendrons plus en détail dans la dernière partie) est décisif : il correspond précisément à l'avènement de ce que Heidegger appelle le « monde de la technique », en ce sens que les finalités s'estompent, voire disparaissent totalement au profit du nouveau cahier des charges de l'innovation. Nous sommes uniquement poussés par l'obligation absolue d'accroître les moyens dont nous disposons, d'augmenter les « forces productives » aurait dit Marx. Il ne s'agit plus là d'un projet, encore moins d'un grand dessein, mais simplement d'un cadre contraignant auquel nul ne peut plus se soustraire, sauf à se retrouver dans une marginalité précaire. D'où la liquidation progressive du sens qui caractérise la vie politique moderne.

Une société de concurrence généralisée

– Dans ces conditions, n'est-il pas inévitable que la concurrence généralisée se substitue au sens ? La pression concurrentielle ne tend-elle pas à devenir l'unique critère de légitimation sociale de nos actions en tous les domaines, rendant ainsi inopérantes et donc vaines les finalités qui prétendraient répondre au souci d'améliorer la condition humaine ?

– Voilà, en effet, à quoi aboutit le règne sans partage de la technique, de cette volonté de puissance qui a pris la forme de la volonté de volonté. Pour survivre, un chef d'entreprise est en permanence contraint de se renouveler, de ne pas « s'embourgeoiser », de ne pas s'endormir, d'améliorer constamment sa productivité et sa rentabilité, qu'il s'agisse de ses produits, de sa communication, de son informatisation, de la gestion de ses ressources humaines, etc. Dans tous les domaines, l'entreprise doit innover sans cesse mais, désormais, *sans savoir pourquoi ni en vue de quoi*, si bien que l'homme moderne est devenu le « fonctionnaire de la technique », selon une formule qu'emploie Heidegger dans les *Chemins qui ne mènent nulle part* (1950).

Dans ce passage du premier âge de la métaphysique de la subjectivité au second, passage qui est aussi celui de la science à la technique proprement dite, les finalités de l'Histoire et de la vie humaine se sont totalement obscurcies. D'où la grande crise de l'idée de progrès qui frappe l'Occident depuis la fin du XXe siècle et dont témoigne, entre autres, l'émergence du mouvement écologiste. Il serait bien sûr incongru, de se demander s'il y a du « progrès » dans nos existences : il est clair que la science progresse, que les techniques progressent dans tous les domaines. Mais la grande question que posent les écologistes, dans le sillage de cette critique du monde de la technique, c'est plutôt de savoir dans quelle mesure ce progrès est bien un progrès. Avons-nous vraiment le sentiment que nous serons plus libres et plus heureux parce que nos téléphones portables auront plus de mémoire et plus de pixels l'année prochaine ? Pas sûr... Ce progrès technique et *définalisé*, ce « procès sans sujet » comme disait dans le même sens Althusser à propos du capitalisme, nous apporte-t-il véritablement liberté et bonheur ?

Cette conception du monde de la technique[1] possède de multiples applications possibles : on peut en faire

1. Heidegger la développe notamment dans *La Question de la technique*, un bref essai publié dans ses *Essais et conférences*

une lecture technicienne (au sens de Heidegger) des marchés financiers, de la mondialisation économique et financière ou encore des médias, eux aussi asservis au monde de la technique puisqu'ils sont dominés par la logique de l'audimat ; de là le culte de la vitesse, de la rapidité de l'information, mais aussi la disparition progressive de celle-ci au profit de la simple communication. Pour le patron d'une chaîne de télévision ou d'un journal, il n'est pas question de perdre la course avec ses rivaux, avec la chaîne ou le journal qui lui sert de benchmark et dont il doit combattre la concurrence. En cela, la logique de l'audimat est devenue la logique même du monde, qu'il s'agisse d'être lu, écouté ou reconnu. À défaut de faire une audience suffisante, un artiste, un homme politique ou un écrivain se verront à coup sûr « sélectionnés », comme une espèce mal adaptée dans l'univers de Darwin. Quand nos altermondialistes s'inquiètent de la « marchandisation du monde », comme si plus rien ne pouvait désormais échapper à l'empire de la technique et du marché, ils se montrent, sans le savoir sans doute, plus heideggériens que marxistes.

Bien sûr, tout ce que je dis là n'est pas à proprement parler dans l'œuvre de Heidegger, il ne parle pas comme cela, c'est mon langage et mes exemples que j'utilise ici, mais il me semble qu'on peut aisément les tirer de son analyse de la technique vue comme le devenir-monde de la volonté de puissance.

On voit ainsi que les philosophes de la déconstruction ont, pour une part au moins, fait le lit d'un type de société (celui de la mondialisation capitaliste et

---

(1958), Gallimard, coll. « Tel », 1980, mais surtout dans un petit texte intitulé *Le Dépassement de la métaphysique*.

libérale) dont la structure, la dynamique et les principes vont pourtant à l'encontre de tout ce à quoi ils prétendaient aspirer. Quant à Heidegger, qui s'inscrivait dans leur sillage, même s'il a su magistralement montrer en quoi la conception nietzschéenne de la volonté de puissance était, au rebours de ce que croyait viser son auteur, la clé philosophique du monde de la technique, force est de constater qu'entre son engagement dans le nazisme et son plaidoyer pour la *Gelassenheit* (la sérénité, le « lâcher-prise »), sa pensée, par ailleurs géniale, s'est accordée avec ce que le XXe siècle a produit de pire – tant il est vrai qu'à trop se complaire dans le projet de dénier à l'homme tout accès à la vérité, à des valeurs, à des idéaux, on s'expose au risque, si grandiose et incontournable qu'ait pu être cette œuvre de libération de nos illusions, de s'accommoder de l'inhumain, sinon de s'y résoudre...

CINQUIÈME PÉRIODE

L'avènement du deuxième humanisme

La révolution de l'amour

CHAPITRE 18

Une autre modernité

Un nouveau principe de sens

– Comme nous l'avons vu en présentant nos cinq grandes périodes, les philosophes se posent maintenant la question d'un nouveau principe pour donner un sens à notre vie d'aujourd'hui, sachant tout ce que nous devons à la déconstruction qui a été opérée précédemment (disqualification radicale de toute prétention à fonder des valeurs ailleurs que dans la pure immanence de la vie, libération de dimensions jusque-là réprimées de l'existence) et connaissant les « taches originelles » du premier humanisme (vision restrictive de l'humanité conduisant au racisme et à l'impérialisme colonisateur ou néo-colonisateur, conception « métaphysique » de la transcendance de la raison, de la liberté et du progrès).

Je sais que, selon les philosophes auxquels je pourrais m'adresser, j'obtiendrais des réponses très différentes. Mais puisque j'ai l'un d'eux devant moi, le plus simple est de lui demander la sienne. C'est l'occasion de voir « en direct » un philosophe à l'œuvre, et cela éclairera de surcroît les analyses développées dans les chapitres précédents, puisqu'elles sont de la même personne. Et puis, comme on sait depuis Aristophane que les philosophes deviennent souvent ombrageux quand on se mêle d'interpréter leur doctrine, soit dit cum grano salis, *je minimise les risques en invitant l'auteur à se commenter lui-même !*

Quelles sont donc les caractéristiques nouvelles de notre époque qui appellent un changement de perspective sur ce qui donne sens à nos existences ? D'où vient que nous ne nous reconnaissons plus dans les principes que nous ont légués les générations précédentes ? À quoi pourrait bien ressembler, selon vous, une philosophie pour notre temps ?

– J'ai indiqué, en ouverture, les grandes lignes de la réponse que je propose à ces questions : si les valeurs et les idéaux traditionnels (religieux, patriotiques ou révolutionnaires) ont largement perdu leur pouvoir de donner sens à nos vies, ce que j'appelle la « révolution de l'amour », enracinée dans le passage du mariage arrangé au mariage choisi par et pour l'amour, a transformé nos existences. Cette révolution silencieuse, mais d'une profondeur abyssale, apporte un nouveau principe de sens, qui nous rend infiniment précieuses des dimensions humaines jusque-là négligées, à travers l'amour que nous portons à nos compagnes ou compagnons, à nos amis, à nos enfants, à nos parents. Or ce bouleversement, loin d'être cantonné à la sphère privée, modifie tout aussi radicalement notre rapport au collectif, car la préoccupation de laisser à ceux que nous aimons, à commencer justement par nos enfants, un monde vivable et accueillant où ils pourront s'épanouir met au cœur de notre vision du politique le souci des générations futures. Au premier humanisme, celui des Lumières et des Droits de l'homme, se substitue ainsi un deuxième, considérablement élargi : un nouvel humanisme de la fraternité et de la sympathie, qui ne sacrifie plus l'homme à la nation, à la révolution ou même au progrès (idéaux réputés extérieurs et supérieurs à l'humanité) mais trouve, dans l'immanence même de nos existences et de nos sentiments pour les autres, la source d'une utopie positive portée par le projet de transmettre à ceux qui viendront après nous un monde offrant à chacun les moyens de « se réaliser ».

La science menaçante

Je voudrais maintenant analyser les causes de ce bouleversement, tenter d'en dégager la signification et montrer pourquoi il appelle – c'est du moins ma conviction – une nouvelle approche philosophique fondée sur un principe de sens inédit. Ce qui est clair, c'est que le premier humanisme, celui des Lumières, de la science triomphante, a subi des critiques dévastatrices à l'ère de la déconstruction. Ces critiques se sont incarnées non seulement dans la philosophie savante, mais aussi dans l'air du temps, dans la politique (avec l'écologie), comme dans la vie quotidienne des Occidentaux. Il suffit, pour s'en convaincre, de mesurer à quel point notre rapport à la science a changé depuis le XVIIIe siècle.

Face au tremblement de terre qui dévasta Lisbonne en 1755 et fit plusieurs milliers de morts, la réaction des meilleurs esprits de l'époque, on l'a vu, fut unanime et confiante. Grâce aux futurs progrès des sciences et des techniques, une telle catastrophe pourrait à l'avenir être évitée. La géologie, les mathématiques et la physique permettraient de prévoir et par conséquent de prévenir les malheurs que l'absurde nature inflige si cruellement aux êtres humains. Bref, l'esprit scientifique allait nous sauver des tyrannies de la matière brute. Changement d'époque, pour ne pas dire de paradigme : c'est, à tout prendre, la nature qui nous semble aujourd'hui bienveillante et la science, menaçante ou maléfique, d'autant plus que tout ce qui peut mettre en danger nos existences nous terrorise. L'angoisse d'une mort qu'on feint de croire évitable se décline en une infinité de peurs nouvelles : de l'alcool, du tabac, de la vitesse, du sexe, de l'atome, du téléphone portable, des OGM, de la côte de bœuf, de l'effet de serre, du clonage, des nouvelles technologies, et, potentiellement, des mille et une innovations « diaboliques » que nous réservent encore les artisans d'une technoscience mondialisée.

Les mythes de Frankenstein et de l'apprenti sorcier reprennent du service. Ils nous contaient l'histoire d'une créature monstrueuse ou magique qui échappe insensiblement à son créateur et menace de dévaster la terre, c'est désormais à la recherche elle-même que s'applique la métaphore : naguère encore conduite et dominée par les êtres humains, elle menacerait aujourd'hui de leur échapper au point que nul, à la limite, ne pourrait plus garantir aux générations futures la survie de l'espèce. Cette atmosphère intellectuelle n'a guère de précédent dans l'histoire humaine.

– *Comment en est-on arrivé là ? Pourquoi tenons-nous désormais en suspicion les idéaux que, deux siècles plus tôt, les esprits éclairés considéraient comme les piliers de la civilisation européenne ?*

– C'est, en effet, toute la question. S'agit-il d'un reniement ou d'une conséquence inattendue de ces principes eux-mêmes ? Nos craintes relèvent-elles de cette pathologie bien connue qu'est la « résistance au changement », ou s'agit-il au contraire d'une étape nouvelle dans notre histoire, non d'une survivance réactionnaire donc, mais d'un produit ultime de la modernité qui serait, comme tel, promis à un bel avenir ? Questions cruciales, car selon les réponses qu'on leur apporte, les scénarios du futur seront tout différents.

Pour tenter d'y répondre ou, à tout le moins, d'y voir un peu plus clair, on ne saurait trop conseiller la lecture de *La Société du risque*, l'ouvrage majeur du sociologue allemand Ülrich Beck, auquel j'ai déjà eu l'occasion de faire référence au cours de ces entretiens[1]. Voici sa thèse centrale, qui rejoint, par un autre biais et en la complétant sur des points cruciaux, l'analyse que nous faisions plus haut des deux âges de la mondialisation : après une première modernité, qui prit son essor au XVIIIe siècle, domina le XIXe et s'achève aujourd'hui, nos sociétés occidentales seraient entrées dans une deuxième phase, marquée par une prise de conscience des risques engendrés en son propre sein par le développement, puis la mondialisation des sciences et des techniques. C'est tout à la fois l'opposition frontale et les liens secrets qu'entretiennent ces deux modernités qu'il faudrait d'abord comprendre pour saisir la situation radicalement nouvelle dans laquelle est plongé l'Occident le plus avancé. Arrêtons-nous un instant à ce diagnostic, il en vaut la peine.

1. Rédigé en 1986, juste après la catastrophe de Tchernobyl, il a conquis un large public au Canada, aux États-Unis et en Europe du Nord. La traduction française, publiée en 2001 chez Aubier, est aujourd'hui disponible dans la collection « Champs-Flammarion ».

Une première modernité, incomplète et dogmatique

La première modernité se caractérisait par plusieurs traits fondamentaux, indissociables les uns des autres.

D'abord, une conception encore autoritaire et dogmatique de la science : sûre d'elle-même et dominatrice à l'égard de son principal objet, la nature, elle prétendait, sans le moindre doute ni esprit d'autocritique, rimer avec émancipation et bonheur des hommes. Comme nous l'avons déjà souligné, elle leur faisait promesse de les affranchir de l'obscurantisme religieux des siècles passés, et de leur assurer en même temps les moyens de se rendre, selon la fameuse formule cartésienne, « comme maîtres et possesseurs » d'un univers utilisable et corvéable à merci pour réaliser leur bien-être matériel.

Solidement ancrée dans cet optimisme de la science, l'idée de progrès, définie en termes de liberté et de bonheur, s'inscrivait très logiquement dans les cadres de la démocratie parlementaire et de l'État nation. Science et démocratie nationale allaient de pair : ne va-t-il pas de soi que les vérités dévoilées par la première sont, à l'image des principes qui fondent la seconde, par essence destinés à tous ? Comme les Droits de l'homme, les lois scientifiques possèdent une prétention à l'universalité : elles doivent, du moins en principe, être valables pour tous les êtres humains, sans distinction de race, de classe ni de sexe.

Dès lors, l'affaire majeure des nouveaux États-Nations « scientifico-démocratiques » était la production et le partage des richesses. En quoi leur dynamique était bien, comme l'avait dit Tocqueville, celle de l'égalité ou, si l'on préfère les formulations marxiennes, de la lutte contre les inégalités. Et dans ce combat difficile mais résolu, la confiance en l'avenir était de rigueur, de sorte que la question des risques s'y trouvait très largement reléguée au second plan.

Enfin, les rôles sociaux et familiaux étaient encore figés, voire « naturalisés » : les distinctions de classe et de sexe, pour ne rien dire des différences ethniques, bien que fragilisées en droit et problématiques en principe, n'en demeuraient pas moins, *de facto*, perçues comme intangibles. De même, on parlait alors de *la* civilisation au singulier, comme s'il allait de soi qu'elle était d'abord européenne, blanche et masculine – je ne reviens pas sur ce thème que nous avons développé en nous penchant sur les « taches originelles » du premier humanisme.

Sur tous ces points, la seconde modernité va entrer en rupture avec la première. Mais elle va le faire non par l'effet d'une critique externe, en s'appuyant sur un modèle social et politique nouveau, mais au contraire par l'approfondissement de ses propres principes.

La seconde modernité : de la foi dans le progrès à la société du risque

– Ce formidable paradoxe, auquel nous avons plusieurs fois fait allusion, est encore, à ce stade de nos échanges, énigmatique : comment expliquer que l'humanisme démocratique issu des Lumières en soit venu à engendrer une nouvelle figure de la modernité qui en renverse les perspectives ?

– Du côté de la science tout d'abord, et de ses rapports avec la nature, le XXe siècle finissant est le lieu d'une véritable révolution : ce n'est plus aujourd'hui à la nature que l'on tend à imputer les risques majeurs, mais (hélas) à la recherche scientifique ; ce n'est donc plus la première que l'on aspire à dominer, mais bien la seconde car, pour la première fois dans son histoire, la science fournit à l'espèce humaine les moyens de sa propre destruction. Cela, bien entendu, vaut non seulement pour les risques engendrés à l'intérieur des sociétés modernes par l'usage industriel des nouvelles technologies, mais aussi pour les risques qui subviendraient de leur utilisation par d'autres que nous. Si le terrorisme inquiète davantage aujourd'hui qu'hier, c'est aussi parce que nous avons pris conscience qu'il peut désormais – ou pourra bientôt – se doter d'armes chimiques, voire nucléaires redoutables. Le contrôle des usages et des effets de la science moderne nous échappe et sa puissance débridée inquiète.

Du coup, face à ce « procès sans sujet » d'une mondialisation dont nous avons le sentiment qu'aucune gouvernance mondiale ne parvient à la maîtriser, le cadre de l'État-Nation et celui des formes traditionnelles de la démocratie parlementaire paraissent étriqués, pour ne pas dire dérisoires. Le nuage de Tchernobyl ne s'arrête pas, par quelque miracle républicain, aux frontières de la France. De leur côté, les processus qui commandent la croissance économique ou les marchés financiers n'obéissent plus au diktat de représentants du peuple désormais bien incapables de tenir les promesses qu'ils voudraient lui faire. De là, bien sûr, le succès de ceux qui entendent nous convaincre, à l'image de nos néorépublicains, qu'un retour en arrière est possible, que la vieille alliance de la science, de la Nation et du progrès n'est qu'affaire de « civisme » et de « volonté politique » – on aimerait tant y croire qu'un potentiel non négligeable de sympathie s'attache inévitablement à leurs propos nostalgiques...

Face à cette évolution des pays les plus développés, la question du partage des richesses tend à passer au second plan. Non qu'elle disparaisse, bien sûr, mais elle s'estompe devant les nécessités nouvelles d'une *solidarité devant des risques* d'autant plus menaçants qu'étant mondialisés, ils échappent aux États-Nations et aux procédures démocratiques ordinaires.

Enfin, sous les effets d'une autocritique ou, si l'on préfère, d'une *autoréflexion* désormais généralisée, les anciens rôles sociaux sont remis en question. Déstabilisés, ils cessent d'apparaître comme inscrits dans une éternelle nature, ainsi qu'en témoignent de manière exemplaire les multiples facettes du mouvement de libération des femmes, ou encore, plus récemment, la revendication du mariage homosexuel.

On pourrait bien sûr compléter et discuter longuement ce tableau. Il mériterait sans nul doute plus de détails et de couleurs. Son intérêt n'en est pas moins grand si l'on veut bien admettre qu'il tend à montrer de façon convaincante comment la seconde modernité, malgré les contrastes et les oppositions qu'on vient d'évoquer, n'est rien d'autre, en vérité, que l'inéluctable prolongement de la première : si les visages traditionnels de la science et de la démocratie républicaines sont aujourd'hui fragilisés, ce n'est pas simplement par irrationalisme, ni seulement par manque de civisme, mais paradoxalement *par fidélité aux principes des Lumières* ! Rien ne le montre mieux que l'évolution actuelle des mouvements écologistes dans les pays qui, contrairement au nôtre, possèdent déjà une longue tradition en la matière (au Canada et en Europe du Nord par exemple) les débats sur le principe de précaution ou le développement durable y recourent sans cesse davantage à des arguments *scientifiques* ainsi qu'à une volonté démocratique affichée.

Dès lors que l'on distingue deux modernités, il nous faut aussi apprendre à ne plus confondre deux figures bien différentes de l'antimodernisme. La première, apparue avec le romantisme en réaction aux Lumières, s'appuyait sur la nostalgie des paradis perdus pour dénoncer les artifices de l'univers démocratique ; elle soulignait, nous l'avons vu, la richesse des sentiments et des passions de l'âme, contre la sécheresse de la science ; une bonne part de l'écologie contemporaine y puise sans doute encore ses racines. Mais une autre figure de l'antimodernité s'en est émancipée : si elle remet en question la science et la démocratie d'État-nation, c'est au nom d'une scientificité et d'un idéal démocratique élargis aux dimensions du monde et soucieux de pratiquer l'introspection ; autrement dit, c'est désormais à l'hypermodernisme et non à l'esprit de réaction, que les principales critiques du monde moderne s'alimentent. Ce constat, s'il est juste, emporte une conséquence décisive : la société du risque, fondée sur la peur et l'autoréflexion, n'est pas derrière nous, mais bel et bien devant ; elle n'est pas un archaïsme, une survivance des anciennes figures de la résistance au progrès, mais au contraire le dernier avatar du progrès !

Le progrès sans but

– Il y a une convergence évidente entre cette analyse et celle de Heidegger sur le monde de la technique, bien que l'une et l'autre, ne partant des mêmes préoccupations, mettent l'accent sur des traits différents.

En tout cas, elles se retrouvent pour dévoiler une technoscience et une économie dont le développement incessant a fini par devenir à lui-même sa propre fin.

– Le monde ressemble, dans cette perspective, à un gyroscope qui doit tout simplement tourner pour ne pas tomber, indépendamment de tout projet. Poursuivons l'analogie un instant. Dans l'économie de compétition mondialisée, le progrès est devenu une nécessité quasi biologique ; nous l'avons vu, une entreprise qui ne se comparerait pas aux autres pour tenter sans cesse de progresser serait très rapidement vouée à la disparition pure et simple. Autrement dit, comme dans le cas du gyroscope, le progrès est définalisé, il relève des causes efficientes, mécaniquement engendré qu'il est par la simple logique de la concurrence sans que nul projet global ne soit requis pour l'animer. De là le sentiment que le cours du monde nous échappe, qu'il échappe même, à dire vrai, à nos représentants, voire aux leaders économiques et scientifiques eux-mêmes ! De quoi, donc, donner à la notion de risque une dimension supplémentaire. De quoi, aussi, nous inciter à réfléchir sur les nouveaux statuts possibles d'une politique digne de ce nom à un âge, celui de la mondialisation et de la société du risque, où les compétences de l'État-Nation, n'en déplaise à nos néo-républicains, ne peuvent plus prétendre fournir des réponses suffisantes.

Le mariage d'amour et la famille moderne, enfants du capitalisme

– À mesure que s'éclaire cette métamorphose par laquelle l'idéal de progrès des Lumières s'est changé en dépossession de notre destin, confisqué par la

logique aveugle de l'innovation pour l'innovation qui nous plonge dans une société du risque, un autre mystère se profile, plus surprenant encore : si l'on comprend facilement que l'univers de concurrence généralisée mais sans but, où nous sommes désormais plongés ait contribué à décrédibiliser les grands récits (religieux, patriotiques, révolutionnaires ou même humanistes), comment expliquer qu'il ait pu, dans le même temps, participer à promouvoir comme jamais les valeurs de l'amour ?

– L'explication la plus convaincante nous est donnée par l'historien américain Edward Shorter, un disciple de Philippe Ariès, spécialiste de la France, dans son beau livre *Naissance de la famille moderne*[1]. Ce qu'il montre, c'est que la naissance du mariage d'amour en Europe – ne l'oublions pas, toute l'histoire de ces traits caractéristiques du temps présent n'est au départ qu'européenne – est un effet direct du capitalisme moderne. Voici pourquoi.

Lorsque le capitalisme se met en place et subvertit de l'intérieur le régime féodal, il invente le salariat en même temps que le marché du travail. Sous l'effet de ces deux innovations, les individus vont alors s'arracher à leur village d'origine pour monter travailler à la ville.

Mettons-nous un instant à la place de la jeune Bretonne de quatorze ou quinze ans qui quitte son village pour aller travailler dans un grand centre urbain, par exemple à Nantes, dans une usine où l'on fabrique des boîtes de sardines. Cette jeune fille va bénéficier d'un coup d'une double liberté,

1. Le Seuil, 1977.

pour elle totalement inimaginable quelques années auparavant.

La première liberté c'est, tout simplement, celle de la distance d'avec son village ou, si l'on veut, celle de l'anonymat. Pour la première fois de sa vie, elle échappe au regard des autres, à l'œil des villageois, de sa famille, du curé, de la vieille qui, derrière les rideaux, observe à travers ses fenêtres la vie des autres et répand les rumeurs – fonction essentielle encore dans les villages du Berry de mon enfance. D'autre part notre jeune fille, là aussi pour la première fois de sa vie, est payée pour son travail, elle reçoit un salaire qui, si maigre soit-il, va lui assurer une certaine autonomie matérielle. Là encore, le regard moderne, sous l'influence de Marx et plus généralement de la pensée anticapitaliste, n'a tendance à voir dans le salaire qu'une nouvelle forme d'« exploitation de l'homme par l'homme ». Ce faisant on occulte, évidemment à tort, l'extraordinaire émancipation qu'a pu représenter le fait d'être payé pour son travail. Autrefois, notre jeune fille, n'en doutez pas, travaillait aussi, et même dur, du matin jusqu'au soir ; simplement, il fallait l'y contraindre, parfois la malmener, et elle ne recevait pour autant nulle rétribution.

Libérée du poids de la communauté et désormais autonome sur le plan financier, notre jeune fille va découvrir qu'elle est ainsi en position de déterminer elle-même, au moins pour une part, ce qu'elle veut faire de son existence. Elle va être progressivement portée à s'affranchir des contraintes de la vie traditionnelle et, comme les enfants dans *L'Avare* de Molière, à se rebeller contre ceux qui voudraient encore la marier de force, mais cette fois-ci avec de réelles chances de succès. Et que va-t-elle choisir à la place du « mariage de raison » ? Très naturellement, elle va chercher à se marier avec un jeune homme « bien fait », pour lequel elle « éprouve du sentiment ». C'est ainsi que le mariage d'amour va devenir peu à peu la règle de nos unions.

Ce processus, bien entendu, prendra plusieurs siècles et connaîtra des rythmes différents selon les classes sociales. C'est dans les classes populaires que le mariage d'amour prendra le plus vite sa place, que le consentement des jeunes époux échappera le plus tôt au diktat des parents. Le monde bourgeois, une fois n'est pas coutume, suivra plus tard le mouvement – et ce pour des raisons patrimoniales évidentes. Reste qu'aujourd'hui plus personne ne songerait à se marier autrement que par amour – sauf, justement, dans les continents et les civilisations « holistes » où, le capitalisme étant embryonnaire ou encore absent, l'individu n'est pas encore né comme être indépendant de sa communauté d'origine.

Comme on le voit, cette explication historique pourrait recevoir l'aval aussi bien de Marx que de Tocqueville, qui, au fond, ne disaient pas autre chose que Shorter. Que l'on parle avec Marx de « capitalisme » ou avec Tocqueville de « démocratie », ce qui dans les deux cas définit le monde moderne, c'est d'abord et avant tout cet avènement de l'individu qui s'arrache progressivement, mais définitivement, à toutes les formes anciennes de communautarisme ou, comme dira Louis Dumont, à toutes les formes de « holisme », d'emprise du tout (en grec *holos*) sur ses parties, sur les membres de la communauté.

Les enfants d'abord

Cette révolution de l'amour aura deux conséquences cruciales. La première, bien sûr, c'est la légalisation du divorce (la loi essentielle à cet égard étant, en France, celle de 1884), puisque en fondant le couple sur l'amour, sur le sentiment et la passion amoureuse, on le fonde sur quelque chose qui est, par nature, variable et fragile. Aujourd'hui, 60 % des mariages d'amour se soldent par un divorce – d'où l'illusion, souvent présente à droite, que « la famille fout le camp ». En réalité, elle va plutôt mieux que jamais, car même si on divorce beaucoup, ce n'est pas parce que les valeurs familiales seraient mourantes, mais parce qu'elles sont maintenant fondées sur l'amour, ce qui n'est pas exactement la même chose ! Disons les choses comme elles sont, quitte à choquer certains : la passion érotico-amoureuse dure en général trois ou quatre ans ; du coup sauf exceptions quelque peu miraculeuses, le grand problème du couple moderne est de trouver comment transformer l'amour passion des débuts en un lien durable, une amitié amoureuse par exemple. Manifestement, cela ne va pas de soi. Bien sûr, les enfants en souffrent, parfois terriblement, mais tel est le prix de la liberté, le revers de la médaille. Sans eux, il est probable que le taux de divorce passerait de 60 % à 95 % !

La deuxième conséquence, justement, c'est une formidable montée en puissance de l'amour envers les enfants, sentiment qui, à l'encontre d'une idée reçue, n'existait certainement pas à cette échelle au Moyen Âge. Bien entendu, il y avait des exceptions, mais malgré la croyance tenace selon laquelle l'amour maternel serait naturel, instinctif et, par là même, présent de toute éternité, nos meilleurs historiens du Moyen Âge, Philippe Ariès en tête, ont montré combien, dans l'Ancien Régime, la mort d'un petit était en général tenue pour beaucoup moins grave que celle d'un cochon ou d'un cheval. Au XVIIIe siècle encore, seul un enfant sur deux parvenait à l'âge de dix ans. À l'inverse d'une opinion souvent tenue pour évidente, la mortalité enfantine n'était pas essentiellement due à l'état embryonnaire de la médecine et de l'hygiène, mais bel et bien à des pratiques néfastes, aussi courantes qu'intentionnelles. La mise en nourrice notamment, si fréquente à l'époque dans les villes, y compris et même surtout dans les familles pauvres, équivalait pratiquement à une mise à mort. Jean-Louis Flandrin rapporte le cas, nullement exceptionnel, d'une nourrice à laquelle on avait confié douze enfants en vingt ans... et qui n'en rendit pas un seul vivant au bout du compte ! Ce qui sidère, c'est qu'elle ne fut aucunement inquiétée : de tels faits étaient trop fréquents pour que l'on ne s'y soit pas accoutumé comme à un risque inévitable. L'abandon sévissait aussi dans des proportions considérables, comme on en voit la trace dans les contes, celui du Petit Poucet par exemple, dont le thème, à l'encontre des lectures psychanalytiques, n'a malheureusement rien d'un fantasme. On estime en effet qu'au XVIIIe siècle, l'oblation (l'offrande à Dieu) touchait encore au moins 30 % des petits. Mais une troisième habitude venait, si l'on ose dire, parachever le travail : aussi invraisemblable que cela puisse paraître, les parents avaient alors coutume de dormir avec les nourrissons, au risque – mais c'était un risque calculé – de les étouffer pendant la nuit. La chose était si courante encore à l'aube du XVIIIe siècle que l'Église en faisait un thème omniprésent dans ses homélies et ses sermons. Ce n'est donc pas seulement parce qu'ils mouraient tôt qu'on s'abstenait d'aimer les enfants ; dans une certaine mesure, c'est aussi parce qu'on ne les aimait pas beaucoup qu'ils mouraient tôt. Aujourd'hui, et c'est bien sûr un effet direct du mariage d'amour, non seulement nous sommes attachés comme jamais à nos enfants, mais leur mort est à coup sûr la chose la plus atroce qui puisse arriver au sein d'une famille.

De l'amour des proches au souci du prochain

– Jusque-là, la révolution de l'amour concerne essentiellement la sphère privée, même si elle a déjà des conséquences évidentes sur la vie collective : la famille, cellule de base de la société, reposant désormais sur les sentiments et non plus sur les traditions communautaires, les pratiques sociales vont en être changées, notamment dans les domaines de l'éducation, de la santé, du droit... Il nous reste cependant à voir comment ce nouveau principe va étendre ses conséquences dans l'ensemble de la sphère publique.

– À l'encontre d'un poncif qu'on entend répéter à satiété, cette évolution de la famille n'a nullement entraîné un repli sur la sphère privée. Bien au contraire, elle est largement à l'origine de la naissance de l'humanitaire moderne, qui est exactement contemporaine de celle de la famille fondée sur les affinités sentimentales. Le sentiment d'amour qui s'épanouit progressivement dans la famille a induit une montée en puissance de la sympathie pour autrui. La naissance de la Croix-Rouge et les premiers développements de ses activités, par exemple, sont rigoureusement parallèles à l'expansion de cette nouvelle logique de la famille moderne dans la classe ouvrière – et plus tard, dans la classe bourgeoise.

Même si cela peut sembler paradoxal à une approche hâtive et superficielle – dès qu'on parle de la famille, certains, comme animés par un réflexe à la Pavlov, entendent « Pétain », « valeurs refuges », « repli sur soi et désertion civique » –, il est en réalité parfaitement compréhensible que le développement des valeurs de l'intimité et celui du sentiment humanitaire vont de pair. Entre le souci des proches et la compassion pour le prochain, il n'y a pas conflit mais plutôt synergie, le premier renforçant évidemment le second. Ce n'est donc nul hasard si la naissance de l'humanitaire moderne coïncide historiquement avec celle de la famille moderne. L'amour qui infiltre le lien familial est désormais, sinon le seul, du moins le premier sentiment susceptible de nous faire oublier le « moi », le premier à nous rendre, par extension de la sympathie, moins indifférents aux autres, aux proches mais aussi au « prochain », aux étrangers et à leur détresse. Lorsqu'on voit un père de famille au fin fond de l'Afrique ou de l'Irak en train de pleurer un enfant mort dans ses bras, on se dit que son cœur est à l'évidence habité des mêmes sentiments que ceux que nous aurions à sa place.

Qu'est-ce que l'humanitaire ? Un jour, alors que je donnais une conférence sur ce thème, Robert Badinter m'a fait très justement observer que sa formule partant de la sentence traditionnelle « Ne fais pas à autrui ce que tu ne veux pas qu'on te fasse », en était l'extension : « Ne laisse pas faire à autrui ce que tu ne voudrais pas qu'on te fasse. » L'humanitaire, c'est la lutte contre l'indifférence, et ce combat est né de ce sentiment d'amour qui envahit la vie privée et rejaillit bien évidemment sur le collectif.

CHAPITRE 19

Le réenchantement du monde

Le déclin de la nation et de la révolution

– On a vu pourquoi les valeurs et les grandes formes d'idéal qui régissent la sphère politique paraissent de moins en moins en phase avec les attentes des citoyens : issues, pour la plupart, de la première modernité, celle de l'humanisme des Lumières, elles s'appliquent de plus en plus difficilement aux sociétés de la deuxième modernité, dont la dynamique est celle de la concurrence généralisée, de plus en plus immaîtrisable et dangereuse. Dans la mesure où la révolution de l'amour est née de ce nouveau contexte, elle devrait être mieux à même de fonder une perspective politique adaptée à notre temps, elle qui donne une place centrale au souci des générations futures.

– La révolution de l'amour provoque aussi en effet un bouleversement dans la sphère publique, y compris en un domaine dont les passions intimes sont réputées exclues au profit des seuls intérêts : la politique. Elle induit une reconfiguration profonde de nos idéaux et de nos pratiques politiques, dont la dynamique est appelée à métamorphoser bientôt le visage de nos démocraties.

On a vu plus haut combien les idées de nation et de révolution étaient liées à l'esprit des Lumières ; on peut même dire qu'elles ont constitué les deux grands foyers de sens qui ont animé la vie politique européenne depuis la Révolution française. J'emploie le mot « foyer » pour suggérer quelque chose d'analogue au point de fuite dans un tableau en perspective, ce *focus* à partir duquel tous les aspects particuliers de la représentation s'organisent, trouvent leurs proportions justes, et prennent leur sens véritable. De la même façon, depuis 1789, nation et révolution ont donné une signification d'ensemble à tous les projets particuliers, économiques, sociaux, éducatifs, culturels, dont les ministères étaient porteurs dans les différents gouvernements. À droite, on privilégiait l'idée nationale ou patriotique ; à gauche, l'idée révolutionnaire. Il y avait, bien entendu, des points de passage possibles entre les deux : l'idéal révolutionnaire pouvait se colorer de nationalisme et de patriotisme. Reste que chacun conservait son système de valeurs et d'interprétation propre, dont la logique excluait celle de l'autre.

Quand j'étais étudiant, le journal des gaullistes s'appelait encore *La Nation* et tous mes amis, en Mai 68, qu'ils fussent trotskistes, maoïstes, libertaires ou communistes, étaient ou se disaient forcément « révolutionnaires ». Il y avait, comme on dit, de grands « desseins » et de l'utopie, à gauche et même à droite où une « certaine idée de la France », qu'incarnait le général de Gaulle, représentait pour ses sympathisants un idéal de grandeur supérieur aux intérêts particuliers et aux querelles partisanes. Signe des temps, quand le général de Gaulle est mort, plusieurs journaux ont trouvé le même titre : « La France est veuve ». Sans vouloir être cruel, pour quel homme politique d'aujourd'hui, un journal pourrait-il mettre un tel titre à la Une sans paraître totalement ridicule ?

– *C'est évidemment l'effet de la déconstruction des valeurs traditionnelles dont nous avons longuement analysé les causes et les modalités.*

– Cela va de soi. Si bien que les deux foyers de sens en question – la nation et la révolution – sont désormais, pour les jeunes générations, et même pour la mienne, sinon entièrement morts, du moins éventés, comme une coupe de champagne qui n'a plus de bulles. Bien sûr, il reste, et restera sans doute encore longtemps, une poignée de nationalistes extrêmes, de patriotes à l'ancienne, comme subsisteront aussi quelques révolutionnaires en paroles. La démocratie est, par essence, le lieu de toutes les contre-cultures – ce pourquoi leur disparition ne peut jamais être totale. Mais c'est plus une pose qu'un combat réel, davantage une posture qu'une vision réaliste du monde, et nul ne croit sérieusement que les leaders de ces mouvements extrémistes puissent un jour exercer le pouvoir. Du reste, ceux qui, en Europe de l'Ouest, se réclament encore du nationalisme pur et dur ou des utopies révolutionnaires cherchent à rallier le soutien de leurs concitoyens dans les urnes, non à imposer leur programme par la violence, ce qui marque une différence notable avec le discours maoïste des années 1960 qui en appelait, selon la formule canonique, à « pendre le dernier patron avec les tripes du dernier curé ».

Le sacré à visage humain

L'agonie des grands desseins nationalistes ou révolutionnaires annonce-t-elle le « désenchantement du monde », pour reprendre le titre, en forme d'hommage à Max Weber, que Marcel Gauchet a donné à l'un de ses plus beaux livres ? Allons-nous inaugurer l'« ère du vide », comme le suggère Gilles Lipovetsky ? Sommes-nous voués à la « mélancolie démocratique », selon l'expression de Pascal Bruckner ? Ces trois formules expriment, au fond, des idées voisines quant au diagnostic (la fin des utopies et des grandes passions politiques) et au pronostic (l'avènement d'une époque dépourvue de convictions durables ou de projets collectifs enthousiasmants, tiraillée entre des engouements excessifs mais éphémères et un individualisme sceptique vaguement dépressif). Est-ce vraiment cela qui nous guette ? Je n'en crois rien. Si ces expressions renferment indéniablement une part de vérité que dégagent ces trois thèses au demeurant fort intéressantes, elles manquent, selon moi, l'essentiel. Ce que nous vivons, ce n'est pas la fin du sacré ou du sens en politique, c'est au contraire l'émergence d'une nouvelle figure du sacré, ce que j'appelle « le sacré à visage humain », autrement dit la *sacralisation de l'autre*, liée à l'émergence d'une problématique collective tout à fait nouvelle, en quelque sorte préformée par le modèle du mariage d'amour, et qui, je le répète, va *s'exprimer sans cesse davantage dans un souci inédit des générations futures*. Il y a là comme une réfraction de la vie privée dans la vie publique, une sorte de croisée des chemins, parce que l'histoire de la vie privée impacte en quelque sorte aujourd'hui de plein fouet la grande histoire politique. Elle y installe le souci des générations futures comme un nouveau foyer de sens dont le rôle va peu à peu devenir, dans les années qui viennent, analogue à celui que jouaient les idées nationalistes ou révolutionnaires.

– *Les valeurs privées sont donc désormais ce qui fonde les attentes les plus fortes de la société dans la sphère publique et, par conséquent, le débat et l'action politiques. C'est de plus en plus le cas dans les domaines de la santé, de l'éducation, de l'environnement, de l'emploi et de la reconversion, la prévention des risques, etc.*

– Quel monde allons-nous laisser à ceux que nous aimons le plus, à savoir nos enfants, et, plus généralement, aux jeunes, c'est-à-dire à l'humanité qui vient après nous ? Voilà la question politique nouvelle, à vrai dire la seule innovation depuis deux siècles, comme en témoigne le fait que le mouvement écologiste, parce qu'il est le premier à l'avoir prise en compte, est lui aussi le seul mouvement politique nouveau depuis la Révolution française.

Le libéralisme et le socialisme ont dominé nos représentations politiques depuis le début du XIXe siècle, sous les critiques croisées de l'extrême droite contre-révolutionnaire et d'une extrême gauche communiste (hébertiste, babouviste) ou anarchiste. En d'autres termes, le paysage politique était déjà pratiquement au complet dès les lendemains de 1789. Si l'écologie vient aujourd'hui contester le monopole dont jouissaient depuis si longtemps ces doctrines, c'est justement parce qu'elle représente le seul mouvement qui, par-delà ses nombreuses faiblesses, a le mérite, en posant la question des générations futures, de réinstaller les deux éléments sans doute les plus fondamentaux de toute politique digne de ce nom : d'abord, une problématique du long terme dans une société où le court-termisme, propre au capitalisme mondialisé et aux démocraties d'opinion, est devenu un véritable fléau pour la politique, la finance ou la vie médiatique ; ensuite, une dimension en quelque façon sacrificielle, en ce sens qu'il nous faut faire des efforts pour préserver les chances d'une *vie bonne dans l'avenir* pour ceux que nous aimons, et leur laisser un monde où ils puissent s'épanouir. Il n'y a là nul hasard : c'est tout simplement une conséquence directe de la montée en puissance du souci des enfants, de la jeunesse, lui-même engendré par la révolution du mariage d'amour.

Le souci des générations futures ouvre donc un espace commun entre la sphère privée (le sentiment qui s'épanouit dans la famille et conduit à sacraliser ceux qu'il transfigure littéralement) et la sphère publique (l'avenir des jeunes et, au-delà, de l'humanité entière). Car, d'une part, le monde que nous allons laisser à nos enfants se confond par définition avec celui que nous allons laisser à tous les humains et, d'autre part, en choisissant pour tous des orientations politiques dont nous jugeons qu'elles seraient les meilleures possibles pour nos propres enfants, nous partons d'un critère assez fiable pour chercher les solutions les plus justes, les plus généreuses et les mieux réfléchies... Par exemple, quand j'étais ministre de l'Éducation nationale, il ne me venait pas à l'idée de faire une réforme pour mes trois filles seulement, je la faisais, cela va de soi, pour tous les enfants de France. Cela relevait du collectif, et non de la vie privée. Mais je me posais pourtant sans cesse cette question qui, je crois, constitue le meilleur critère : si cette réforme devait s'appliquer à celles que j'aime le plus, est-ce que je la ferais dans les mêmes termes, est-ce que c'est bien celle-là que je choisirais ?

Une politique de l'amour

C'est ce que j'appelais, dans *La Sagesse des Modernes*, une « politique de l'amour » ; j'ai employé cette formule face à André Comte-Sponville, avec lequel je dialoguais dans ce livre, et qui, en héritier de Marx et de Hobbes, défendait l'idée que la politique est mue par les seuls intérêts. Je pense au contraire que le deuxième humanisme introduit, ou du moins appelle, dans la politique une dimension de sympathie et de fraternité beaucoup plus présente et déterminante qu'on ne l'imagine, à laquelle les politiques gagneraient, me semble-t-il, à s'attacher davantage qu'ils ne le font.

Dans cette perspective, j'ai proposé, dans mon livre intitulé *De l'amour* (en hommage, bien sûr, à Stendhal), un nouvel impératif, démarqué de l'impératif catégorique kantien (que Nietzsche avait déjà parodié, nous l'avons vu, mais que j'empruntais dans un tout autre esprit –, formulé à peu près ainsi : « Agis de telle sorte que la maxime de ton action puisse être appliquée à ceux que tu aimes le plus. » Il me semble que si l'on se conformait à une telle maxime, on traiterait les étrangers ou les chômeurs autrement qu'on ne le fait. Imaginons que nos enfants soient à leur place : que ferions-nous ? Autre manière d'exprimer le même impératif : « Agis de telle manière que la maxime de ton action puisse être universalisée pour tous ceux que tu aimes, non pas comme loi de la nature, à la manière de Kant, mais comme loi de l'amour. » Si l'on examinait toutes les décisions politiques à cette aune, nul doute que les choix retenus sur ce critère pourraient être fort différents de ce qu'ils sont dans le cadre habituel. Il y a évidemment une part d'utopie dans un tel impératif mais, contrairement à celles qui ont ensanglanté le XXe siècle, elle est exclusivement humaine et, par construction, non mortifère.

– *On voit par là que la politique de l'amour et le souci des générations futures, liés à la place centrale prise par l'amour dans la constitution de la famille moderne (sous ses formes de plus en plus variées), ne s'incarnent pas seulement dans la problématique de l'environnement. J'ai suggéré tout à l'heure que les valeurs privées étaient en train de se transformer en enjeux publics et en projets politiques dans plusieurs domaines ; quels sont les autres champs dans lesquels la préoccupation des générations futures introduit des changements majeurs ?*

– Elle met également au cœur de nos préoccupations l'impératif de réduire la dette publique (allons-nous en faire peser le poids sur nos enfants ?), la nécessité d'éviter un « choc des civilisations » (va-t-on laisser à notre jeunesse un monde en guerre avec des peuples gagnés par le fondamentalisme et l'intégrisme ?), mais aussi la question de l'avenir de la protection sociale dans ce jeu de dumping économique et monétaire qu'est la mondialisation aujourd'hui (nos jeunes pourront-ils encore payer leur retraite, financer le chômage, l'assurance maladie, etc. ?). Autrement dit, et c'est là l'essentiel, *ce sont bien toutes les grandes questions politiques, pas seulement les questions de vie privée, qui vont se réorganiser sous l'égide de ce nouveau foyer de sens que constitue la problématique des générations futures*, ce qui n'est plus le cas des autres foyers de sens, désormais abstraits, affadis, pour ne pas dire purement verbaux, que sont la nation et la révolution.

Cette réorientation complète de la politique autour de la question des générations futures est la traduction, dans la sphère publique, de ce que j'appelle le « deuxième humanisme ». Et cet humanisme de l'amour, né de la révolution qui a bouleversé la famille depuis le Moyen Âge, engendre ce que j'appelle une « deuxième idée républicaine », qui élargit et reconstruit à nouveau frais le premier républicanisme, celui du droit et des Lumières, de l'effort pour la patrie, républicanisme tout à la fois révolutionnaire (ou réformiste) et nationaliste incarné d'abord par les jacobins, puis par des « grands hommes » tels que Jules Ferry (dont nous avons rappelé combien il fut colonialiste et raciste) et Clemenceau, et dont se réclament encore les hommes politiques « souverainistes », à droite comme à gauche.

La sagesse de l'amour

– Au fond, tout se passe comme si la démocratie, pour la première fois de son histoire, était requise de tenir sa promesse d'instaurer un gouvernement, non seulement par *le peuple, mais* pour *le peuple et même pour chacun des individus qui le composent. Sa grandeur n'est plus, comme nous l'avons dit, dans celle de la nation ou de la révolution au nom desquelles elle exigeait des citoyens qu'ils se sacrifient mais, à l'inverse, dans sa capacité à donner à chaque individu le maximum de moyens de « se réaliser ». Dans notre récit de l'histoire de la philosophie, nous avons vu qu'à chaque grande époque correspondait un rapport singulier à l'existence, un principe original*

du sens que l'on donnait à la vie, et une doctrine du salut qui en découlait. Quelle sagesse propose le deuxième humanisme, cet humanisme de l'amour ?

Pour répondre à cette question, il nous faut en effet revenir de l'Histoire et de la politique – deux dimensions cruciales de la vie de l'esprit – vers la philosophie, qui me paraît toujours en être l'expression la plus haute, et plus particulièrement à la question du sens de la vie qui se dégage en filigrane derrière notre récit au fil duquel j'ai tenté d'expliquer comment l'amour accédait au rang de nouveau principe de sens. En guise de réponse et de conclusion, je voudrais citer ce passage du poème de Victor Hugo intitulé *Booz endormi* :

Booz était bon maître et fidèle parent
Il était généreux quoi qu'il fût économe
Les femmes regardaient Booz plus qu'un jeune homme
Car le jeune homme est beau mais le vieillard est grand.
Le vieillard qui revient vers la source première
Entre aux jours éternels et sort des jours changeants
Et l'on voit de la flamme aux yeux de jeunes gens
Mais dans l'œil du vieillard, on voit de la lumière.

Rien n'est plus juste à mes yeux que cette idée exprimée par Hugo, qu'au fond, la chance nous est donnée, à nous autres humains, d'élargir notre horizon. C'est bien cet élargissement qui donne un sens au fait même de vieillir et de gagner en expérience pour nous arracher à nos petites particularités originaires, en voyageant, en apprenant des langues étrangères, en découvrant l'altérité des autres cultures et des autres humains. Si « connaître » et « aimer » sont, dans la Bible, des synonymes, ce n'est pas par hasard :

l'élargissement de l'horizon, par opposition à l'esprit borné, refermé sur sa particularité et toujours jaloux de la préserver, est sans nul doute ce qui nous permet de mieux connaître et par là même de mieux aimer les autres. C'est ce qui nous humanise. Comme j'y ai fait allusion plus haut, Kant, bien avant Hugo, mais dans le même sens déjà, désignait sous l'expression de « pensée élargie » ce mouvement qui, dans une discussion, oblige à se mettre à la place d'autrui pour saisir son point de vue.

Je donnerai volontiers à cette formule un champ d'application beaucoup plus étendu afin qu'elle ne désigne pas seulement une exigence de la pensée rationnelle, mais une nouvelle façon de répondre à la question du sens de la vie : dans la mesure où l'idéal de la pensée élargie nous exhorte à sortir de nous-mêmes, il peut donner à la fois une signification et une orientation à notre existence, y compris au fait de prendre de l'âge – comme Booz, ce vieillard qui va épouser une jeune et ravissante jeune femme. À quoi cela sert-il de vieillir ? Peut-être, justement, à rien d'autre qu'à élargir la vue, à ouvrir l'horizon. Car c'est en inscrivant son expérience particulière dans les formes de l'intersubjectivité – ces lieux universels du sens que sont la vérité, la justice, la beauté et l'amour – que l'individu tout à la fois se singularise et s'humanise.

Philosophes et penseurs

évoqués dans ce livre

(par ordre chronologique)

Hésiode (VIIIe-VIIe siècle av. J.-C.)
Thalès de Milet (VIIe-VIe siècle av. J.-C.)
Héraclite (vers 576-480 av. J.-C.)
Parménide (vers 544-450 av. J.-C.)
Platon (428-348 av. J.-C.)
Aristote (384-322 av. J.-C.)
Augustin (354-430)
Averroès (1126-1198)
Maïmonide (1135-1204)
Thomas d'Aquin (1227-1274)
Jean Pic de la Mirandole (1463-1494)
Michel de Montaigne (1533-1592)
René Descartes (1596-1650)
John Locke (1632-1704)
Baruch Spinoza (1632-1677)
Gottfried Wilhelm Leibniz (1646-1716)
Bernard Mandeville (1670-1733)
Montesquieu (1689-1755)
Voltaire (1694-1778)
David Hume (1711-1776)
Jean-Jacques Rousseau (1712-1778)
Denis Diderot (1713-1784)
Adam Smith (1723-1790)

Emmanuel Kant (1724-1804)
Friedrich Heinrich Jacobi (1743-1819)
Georg Wilhelm Hegel (1770-1831)
David Ricardo (1772-1823)
Friedrich Karl von Savigny (1779-1861)
Arthur Schopenhauer (1788-1860)
Alexis de Tocqueville (1805-1859)
Karl Marx (1818-1883)
Friedrich Nietzsche (1844-1900)
Sigmund Freud (1856-1939)
Edmund Husserl (1859-1938)
Ludwig Wittgenstein (1889-1951)
Martin Heidegger (1889-1976)
Max Horkheimer (1895-1973)
Hans Georg Gadamer (1900-2002)
Theodor W. Adorno (1903-1969)
Jean-Paul Sartre (1905-1980)
Hannah Arendt (1906-1975)
Emmanuel Levinas (1906-1995)
Simone de Beauvoir (1908-1986)
Claude Lévi-Strauss (1908-2009)
Gilles Deleuze (1925-1995)
Michel Foucault (1926-1984)
Jürgen Habermas (né en 1929)
Félix Guattari (1930-1992)
Jacques Derrida (1930-2004)
Marcel Gauchet (né en 1946)
André Comte-Sponville (né en 1952)

Table

PREMIÈRE PÉRIODE

L'Antiquité

L'ordre harmonieux du monde

DEUXIÈME PÉRIODE

L'âge judéo-chrétien

Le salut par Dieu et la foi

TROISIÈME PÉRIODE

Le premier humanisme

Le salut par l'Histoire et le progrès

QUATRIÈME PÉRIODE

Le temps de la déconstruction

CINQUIÈME PÉRIODE

L'avènement du deuxième humanisme

La révolution de l'amour

DES MÊMES AUTEURS

De l'amour
Une philosophie pour le XXIe siècle
Odile Jacob, 2012

PRINCIPAUX OUVRAGES DE LUC FERRY

Philosophie politique I
Le Droit : La nouvelle querelle des Anciens et des Modernes
PUF, 1984

Philosophie politique II
Le système des philosophies de l'histoire
PUF, 1984

Philosophie politique III
Des droits de l'homme à l'idée républicaine
PUF, 1985 (Prix des droits de l'Homme, 1985)

La Pensée-68
Essai sur l'anti-humanisme contemporain
(avec Alain Renaut)
Gallimard, 1985

Système et critiques
(avec Alain Renaut)
Ousia, 1985

68-86
Itinéraires de l'individu
(avec Alain Renaut)
Gallimard, 1987

Heidegger et les Modernes
(avec Alain Renaut)
Grasset, 1988

Homo aestheticus
L'invention du goût à l'âge démocratique
Grasset, 1990

Pourquoi nous ne sommes pas nietzschéens
(ouvrage collectif)
Grasset, 1991

Le Nouvel Ordre Écologique
(Prix Médicis de l'essai, Prix Jean-Jacques Rousseau)
Grasset, 1992

Des animaux et des hommes
Une anthologie
(avec Claudine Germe)
Le Livre de poche, 1994

L'Homme-Dieu ou le sens de la vie
Grasset, 1996

La Sagesse des Modernes
(avec André Comte-Sponville)
(Prix Ernest Thorel de l'Académie française)
Robert Laffont, 1998

Le Sens du beau
Cercle d'art, 1998

Philosopher à dix-huit ans
(avec Alain Renaut)
Grasset, 1999

Qu'est-ce que l'homme ?
(avec Jean-Didier Vincent)
Odile Jacob, 2000

Qu'est-ce qu'une vie réussie ?
Grasset, 2002

Lettre ouverte à tous ceux qui aiment l'école
(avec Xavier Darcos et Claudie Haigneré)
Odile Jacob, 2003

La Naissance de l'esthétique moderne
Cercle d'art, 2004

Le Religieux après la religion
(avec Marcel Gauchet)
Grasset, 2004

Comment peut-on être ministre ?
Réflexions sur la gouvernabilité des démocraties
Plon, 2005

Apprendre à vivre I
Traité de philosophie à l'usage des jeunes générations
(Prix Aujourd'hui)
Plon, 2006

Kant
Grasset, 2006

Vaincre les peurs
Odile Jacob, 2006

Familles, je vous aime
Politique et vie privée à l'âge de la mondialisation
XO éditions, 2007

Apprendre à vivre II
La sagesse des mythes
Plon, 2008

Pour un service civique
Rapport au Président de la République
Odile Jacob, 2008

Pourquoi le christianisme ?
(avec Lucien Jerphagnon)
Grasset, 2009

Quel devenir pour le christianisme ?
(avec Philippe Barbarin)
Salvator, 2009

Face à la crise
Matériaux pour une politique de civilisation
(avec le Conseil d'analyse de la société)
Odile Jacob, 2009

Paroles de philosophes
Qu'est-ce qu'une vie bonne ?
Dalloz, 2009

Combattre l'illettrisme
(avec Alain Béreau, Claude Capelier et Mara Goyet)
Odile Jacob, 2009

La Révolution de l'amour
Pour une spiritualité laïque
Plon, 2010

Faut-il légaliser l'euthanasie ?
(avec Axel Kahn)
Odile Jacob, 2010

L'Anticonformiste
Une autobiographie intellectuelle
(entretiens avec Alexandra Laignel-Lavastine)
Denoël, 2011

La Politique de la jeunesse
Rapport au Premier ministre
(avec Nicolas Bouzou)
Odile Jacob, 2011

Chroniques du temps présent
Plon, 2011

L'Invention de la vie de bohème
1830-1900
Cercle d'art, 2012

Sagesses d'hier et d'aujourd'hui (collection)
Flammarion, Le Figaro, Le Point, *2012*

Le Cardinal et le Philosophe
(avec Gianfranco Ravasi), Plon, 2013

Collection dirigée par Dominique Simonnet

DANS LA MÊME COLLECTION

Aux Éditions du Seuil

La Plus Belle Histoire du monde
Les secrets de nos origines
Hubert Reeves, Joël de Rosnay, Yves Coppens et Dominique Simonnet
Seuil, 1996
et « Points », n° P897

La Plus Belle Histoire de Dieu
Qui est le Dieu de la Bible ?
Jean Bottéro, Marc-Alain Ouaknin, Joseph Moingt
Seuil, 1997
et « Points », n° P684

La Plus Belle Histoire de l'homme
Comment la Terre devint humaine
André Langaney, Jean Clottes,
Jean Guilaine et Dominique Simonnet
Seuil, 1998
et « Points », n° P779

La Plus Belle Histoire des plantes
Les racines de notre vie
Jean-Marie Pelt, Marcel Mazoyer,
Théodore Monod, Jacques Girardon
Seuil, 1999
et « Points », n° P999

La Plus Belle Histoire des animaux
Pascal Picq, Jean-Pierre Digard,
Boris Cyrulnik, Karine-Lou Matignon
Seuil, 2000
et « Points », n° P997

La Plus Belle Histoire de la Terre
André Brahic, Paul Tapponnier,
Lester R. Brown et Jacques Girardon
Seuil, 2001
et « Points », n° P998

La Plus Belle Histoire de l'amour
Dominique Simonnet et Jean Courtin, Paul Veyne,
Jacques Le Goff, Jacques Solé, Mona Ozouf,
Alain Corbin, Anne-Marie Sohn, Pascal Bruckner, Alice Ferney
Seuil, 2003
et « Points », n° P1790

La Plus Belle Histoire du bonheur
André Comte-Sponville, Jean Delumeau, Arlette Farge
Seuil, 2004
et « Points », n° P1427

La Plus Belle Histoire du langage
Pascal Picp, Laurent Sagart, Ghislaine Dehaene, Cécile Lestienne
Seuil, 2008

La Plus Belle Histoire de la liberté
André Glucksmann, Nicole Bacharan, Abdelwahab Meddeb
Seuil, 2009
et « Points », n° P2664

La Plus Belle Histoire des femmes
Françoise Héritier, Michelle Perrot, Sylviane Agacinski, Nicole Bacharan
Seuil, 2011
et « Points », n° P3346

Aux Éditions Robert Laffont

La Plus Belle Histoire de la naissance
René Frydmann, Henri Atlan, Jacques Gellis
Robert Laffont, 2012

La Plus Belle Histoire de la philosophie
Luc Ferry et Claude Capelier
Robert Laffont, 2014

RÉALISATION : NORD COMPO MULTIMÉDIA À VILLENEUVE-D'ASCQ
IMPRESSION : CPI BRODARD ET TAUPIN À LA FLÈCHE
DÉPÔT LÉGAL : AVRIL 2015. N° 122077 (3009090)
IMPRIMÉ EN FRANCE